墨人著

本全集保留作者手批手稿

墨人博士作品全集【全60冊】

第四十八冊 水仙花

文史哲出版社印行

國家圖書館出版品預行編目資料

墨人博士作品全集 / 墨人著 -- 初版 -- 臺北
市:文史哲, 民 100.12
頁： 公分
ISBN 978-957-549-987-7 (全套 60 冊：平裝)

1.現代文學 2. 中國文學 3.別集

848.6 100022602

墨人博士作品全集【全60冊】

第四十八冊 水仙花

著　　者：墨　　人
出 版 者：文史哲出版社
http://www.lapen.com.tw
登記證字號：行政院新聞局版臺業字五三三七號
發 行 人：彭正雄
發 行 所：文史哲出版社
印 刷 者：文史哲出版社
臺北市羅斯福路一段七十二巷四號
郵政劃撥帳號：一六一八〇一七五
電話886-2-23511028・傳真886-2-23965656
【全60冊】定價新臺幣 36,800 元
中華民國一百年（2011）十二月初版

ISBN 978-957-549-987-7 08992

墨人博士著作品全集　總目

一、散文類

二、長篇小說

三、中短篇小說散文合集

四、詩詞及論評

墨人的一部文學千秋史

張萬熙先生，筆名墨人，江西九江人，民國九年生。爲一位享譽國內外名小說家、詩人、學者。歷任軍、公、教職。六十五歲始自從國民大會簡任一級加年功俸的資料組長兼圖書館長公職崗位退休，但已是中國文壇上一位閃亮的巨星。出版有：《全唐詩尋幽探微》、《紅樓夢的寫作技巧》、二百九十多萬字的大長篇小說《紅塵》、《白雪青山》、《春梅小史》；詩集：《哀祖國》；散文集：《小園昨夜又東風》……。民國五十年、五十一年連續以短篇小說，兩次入選維也納納富出版公司出版的《世界最佳小說選集》。七十歲時自東吳大學中文系教席二度退休，仍著述不輟，爲國寶級文學家。墨人博士在臺勤於創作六十多年（在大陸時期已創作十年），並以其精通儒、釋、道之學養，綜理戎機、參贊政務、作育英才，更以其對傳統文學的精湛造詣，與對新文藝的創作，在國際上贏得無數榮譽，如：美國世界大學榮譽文學博士、美國馬奎士國際大學榮譽文學博士、美國艾因斯坦國際學院榮譽人文學博士（包括哲學、文學、藝術、語言四類）、英國劍橋國際傳記中心副總裁（代表亞洲）、英國莎士比亞詩、小說與人文學獎得主，現在出版《全集》中。

壹、家世．堂號

張萬熙先生，江西省德化人（今九江），先祖玉公，明末時以提督將軍身份鎮守雁門關，蒙古騎兵入侵，戰死於東昌，後封爲「河間王」。其子輔公，進士出身，歷任文官。後亦奉召領兵「三定交趾」，因戰功而封爲「定興王」。其子貞公亦有兵權，因受奸人陷害，自蘇州嘉定（即今上海市一區），謫居潯陽（今江西九江）。祖宗牌位對聯爲：嘉定源流遠，潯陽歲月長；右書「清河郡」、左寫「百忍堂」。

貳、來臺灣的過程

民國三十八年，時局甚亂，張萬熙先生攜家帶眷，在兵荒馬亂人心惶惶時，張先生從湖南長沙火車站，先將一千多度的近視眼弱妻，與四個七歲以下子女，從車窗口塞進車廂，自己則擠在廁所內動彈不得，千辛萬苦的從湖南長沙搭火車南下廣州，從廣州登商輪來臺。七月三日抵基隆，由同學顧天一先生，接到臺北縣永和鎮鄉下暫住。

參、在臺灣一甲子奮鬥的過程

一、初到臺灣的生活

家小安頓妥後，張萬熙先生先到臺北萬華，一家新創刊的《經濟快報》擔任主編，但因財務不濟，四個月不到便草草結束。幸而另謀新職，舉家遷往左營擔任海軍總司令辦公室秘書，負責紀錄整理所有軍務會報紀錄。

民國四十六年，張先生自左營來臺北任職國防部史政局編纂《北伐戰史》（歷時五年多浩大工程，編成綠布面精裝本、封面燙金字《北伐戰史》叢書），完成後在「八二三」炮戰前夕又調任國防部總政治部，主管陸、海、空、聯勤文宣業務，四十七歲自軍中正式退役後轉任文官，在臺北市中山堂的國民大會主編研究世界各國憲法政治的十六開大本的《憲政思潮》，作者、譯者都是台灣大學、政治大學的教授、系主任，首開政治學術化先例。

張先生從左營遷到臺北大直海軍眷舍，只是由克難的甘蔗板隔間眷舍改爲磚牆眷舍，大小一般，但邊間有一片不小的空地，子女也大了，不能再擠在一間房屋內，因此，張先生加蓋了三間竹屋安頓他們。但眷舍右上方山上是一大片白色天主教公墓，在心理上有一種「與鬼爲鄰」的感覺。張夫人有一千多度的近視眼，她看不清楚，子女看見嘴裡不講，心裡都不舒服。張先生自軍中假退役後，只拿八成俸。

張先生因爲有稿費、版稅，還有些積蓄，除在左營被姓譚的同學騙走二百銀元外，剩下的積蓄還可以做點別的事。因爲住左營時在銀行裡存了不少舊臺幣，那時左營中學附近的土地只要三塊多錢一坪，張先生可以買一萬多坪。但那時政府的口號是「一年準備，兩年反攻，三年掃蕩，五年成功。」張先生信以爲真，三十歲左右的人還是「少不更事」，平時又忙著上班、寫作，實在不懂政治、經濟大事，以爲政府和「最高領袖」不會騙人，五年以內真的可以回大陸，張先生又有「戰士授田證」。沒想到一改用新臺幣，張先生就損失一半存款，呼天不應。但天理不容，姓譚的同學不但無后，也死了三十多年，更沒沒無聞。張先生作人、看人的準則是：無論幹什麼都是「誠信」第一，因果比法律更公平、更準。欺人不可欺心，否則自食其果。

二、退休後的寫作生活

張先生四十七歲自軍職退休後，轉任台北市中山堂國大會主編十六開大本研究各國憲法政治的《憲政思潮》十八年，時任簡任一級資料組長兼圖書館長。並在東吳大學兼任副教授二十年、香港廣大學院指導教授、講座教授、指導論文寫作、不必上課。六十四歲時即請求自公職提前退休，以業務重要不准，但取得國民大會秘書長（北京朝陽大學法律系畢業）何宜武先生的首肯，六十五歲依法退休。當時國民大會、立法院、監察院簡任一級主管多延至七十歲退休，因所主管業務富有政治性，與單純的行政工作不同，六十五歲時張先生雖達法定退休年齡，還是延長了四個月才正式退休，何秘書長宜武大惑不解地問張先生：「別人請求延長退休而不可得，你為什麼反而要求退休？」張先生答以「專心寫作」，何秘書長才坦然不疑。退休後日夜寫作，因胸有成竹，很快完成了一百九十多萬字的大長篇小說《紅塵》，在鼎盛時期的《臺灣新生報》連載四年多，開中國新聞史中報紙連載最大長篇小說先河。但報社還不敢出版，經讀者熱烈反映，才出版前三大冊。當年十二月即獲行政院新聞局「著作金鼎獎」與嘉新文化基金會「優良著作獎」，亦無前例。《台灣新生報》又出九十三章至一百二十二章，只好名為《續集》。墨人在書前題五言律詩一首：

浩劫未埋身，揮淚寫紅塵，非名非利客，孰晉孰秦人？
毀譽何清問？吉凶自有因。天心應可測，憂道不憂貧。

二〇〇四年初，巴黎 youfeng 書局出版豪華典雅的法文本《紅塵》，亦開「五四」以來中文作家大長篇小說進入西方文學世界重鎮先河。時為巴黎舉辦「中國文化年」期間，兩岸作家多由政府資助出席，張先生未獲任何資助，亦未出席，但法文本《紅塵》卻在會場展出，實為一大諷刺。張先生一生「只問耕耘，不問收穫」的寫作態度，七十多年來始終如一，不受任何外在因素影響。

肆、特殊事蹟與貢獻

一、《紅塵》出版與中法文學交流

《紅塵》寫作時間跨度長達一世紀，由清朝末年的北京龍氏家族的翰林第開始，寫到八國聯軍、滿清覆亡、民國初建、八年抗日、國共分治下的大陸與臺灣，續談臺灣的建設發展、開放大陸探親等政策。空間廣度更遍及大陸、臺灣、日本、緬甸、印度，是一部中外罕見的當代文學鉅著。墨人五十七歲時應邀出席在西方文藝復興聖地佛羅倫斯所舉辦的首屆國際文藝交流大會，會後環遊地球一周。七十歲時應邀訪問中國大陸四十天，次年即出版《大陸文學之旅》。《紅塵》一書最早於臺灣新生報連載四年多，並由該報連出三版，臺灣新生報易主後，將版權交由昭明出版社出版定本六卷。由於本書以百年來外患內亂的血淚史為背景，寫出中國人在歷史劇變下所顯露的生命態度、文化認知、人性的進取與沉淪，引起中外許多讀者極大共鳴與回響。

旅法學者王家煜博士是法國研究中國思想的權威，曾參與中國古典文學的法文百科全書翻譯工作，他認為深入的文化交流仍必須透過文學，而其關鍵就在於翻譯工作。從五四運動以來，中西文化交流一直是西書中譯的單向發展。直到九十年代文建會提出「中書外譯」計畫，臺灣作家才逐漸被介紹到西方，如此文學鉅著的翻譯，算是一個開始。

王家煜在巴黎大學任教中國上古思想史，他指出《紅塵》一書中所引用的詩詞以及蘊含中國思想的博大精深，是翻譯過程中最費工夫的部分。爲此，他遍尋參考資料，並與學者、詩人討論，歷時十年終於完成《紅塵》的翻譯工作，本書得以出版，感到無比的欣慰。他笑著說，這可說是「十年寒窗」。

《紅塵》法文譯本分上下兩大冊，已由法國最重要的中法文書局「友豐書店」出版。友豐負責人潘立輝謙沖寡言，三十年多來，因對中法文化交流有重大貢獻而獲得法國授予文化「騎士勳章」的榮譽。他於五年前開始成立出版部，成爲歐洲一家以出版中國圖書法文譯著爲主業的華人出版社。

潘立輝表示，王家煜先生的法文譯筆典雅、優美而流暢，使他收到「紅塵」譯稿時，愛得不忍釋手，他以一星期的時間一口氣看完，經常讀到凌晨四點。他表示出版此書不惜成本，不太可能賺錢，卻感到十分驕傲，因爲本書能讓不懂中文的旅法華人子弟，更瞭解自己文化根源的可貴之處，同時，本書的寫作技巧必對法國文壇有極大影響。

二、不擅作生意

張先生在六十五歲退休之前，完全是公餘寫作，在軍人、公務員生活中，張先生遭遇的挫折不少。軍職方面，張先生只升到中校就不做了，因爲過去稱張先生爲前輩、老長官的人都成爲張先生的上司，張先生怎麼能做？因爲張先生的現職是軍聞社資料室主任（他在南京時即任國防部新創立的「軍事新聞總社」實際編輯主任，因言守元先生是軍校六期老大哥，未學新聞，不在編輯之列）。但張先生以不求官，只求假退役，不擋人官路，這才退了下來。那時養來亨雞風氣盛行，在南京軍聞總社任外勤記者的姚秉凡先生頭腦靈活，他即時養來亭雞，張先生也「東施效顰」，結果將過去稿費積蓄全都賠光。

三、家庭生活與運動養生

張先生大兒子考取中國廣播公司編譯，結婚生子，廿七年後才退休，長孫修明取得美國南加州大學電機碩士學位，之後即在美國任電機工程師。五個子女均各婚嫁，小兒子選良以獎學金取得美國華盛頓大學化學工程博士，媳蔡傳惠爲伊利諾理工學院材料科學碩士，兩孫亦已大學畢業就業，落地生根。

張先生兩老活到九十一、九十二歲還能照顧自己。（近年以一印尼女「外勞」代做家事）張先生一伏案寫作四、五小時都不休息，與臺大外文系畢業的長子選翰兩人都信佛，六十五歲退休後即吃全素。低血壓十多年來都在五十五至五十九之間，高血壓則在一百一十左右，走路「行如風」，年輕人很多都跟不上張先生，比起初來臺灣時毫不遜色，這和張先生運動有關。因爲張先生住大直後山海軍眷舍八年，眷舍右上方有一大片白色天主教公墓，諸事不順，公家宿舍小，又當西曬，張先生靠稿費維持七口之家和五個子女的教育費。三伏天右手墊塡著毛巾，背後電扇長吹，三年下來，得了風濕病，手都舉不起來，花了不少錢都未治好。後來章斗航教授告訴張先生，圓山飯店前五百完人塚廣場上，有一位山西省主席閻錫山的保鑣王延年先生在教太極拳，勸張先生天一亮就趕到那裡學拳，一定可以治好。張先生一向從善如流，第二天清早就向王延年先生報名請教，王先生有教無類，收張先生這個年已四十的學生，王先生先不教拳，只教基本軟身功攀腿，卻受益非淺。

四、耿直的公務員性格

張先生任職時向來是「不在其位，不謀其政」。後來升簡任一級組長，有一位「地下律師」的專員，平時鑽研六法全書，混吃混喝，與西門町混混都有來往，他的前任爲大畫家齊白石女婿，平日公私不分，是非不明，借錢不還，沒有口德，人緣太差，又常約那位「地下律師」專員到家中打牌。那專員平日不簽到，甚至將簽到簿撕毀他都不哼一聲，因爲爲他多報年齡，屆齡退休時想更改年齡，但是得罪人太多，金錢方面更不清楚，所以不准再改年齡，組長由張先生繼任。

張先生第一次主持組務會報時，那位地下律師就在會報中攻擊圖書科長，張先生立即申斥，並宣佈記過。簽報上去處長都不敢得罪那地下律師，又說這是小事，想馬虎過去，張先生以秘書處名譽紀律爲重，非記過不可，讓他去法院告張先生好了。何宜武祕書長是學法的，他看了張先生簽呈同意記過，那位地下律師「專員」不但不敢告，只暗中找一位不明事理的國大「代表」來找張先生的麻煩。因事先有人告訴他，張先生完全不理那位代表，他站在張先生辦公室門口不敢進來，幾分鐘後悄然而退。人不怕鬼，鬼就怕人。諺云：「一正壓三邪」，這是經驗之談。直到張先生退休，那位專員都不敢惹事生非，西門町流氓也沒有找張先生的麻煩，當年的代表十之八九已上「西天」，張先生活到九十二歲還走路「行如風」，一坐到書桌，能連續寫作四、五小時而不倦，不然張先生怎麼能在兩岸出版約三千萬字的作品？

（原載新文豐《紮根台灣六十年》，墨人民國一百年十一月十三日校正）

墨人博士作品全集

文學是千秋藝業
秦皇漢武今何在
李白杜甫仍風流

全集共分四大類
一散文類 二小說類
三文學理論類
四新詩古典詩詞類

我出生於一個「萬般皆下品，惟有讀書高」的傳統文化家庭，且深受佛家思想影響，因祖母信佛，兩個姑母先後出家，大姑母是帶著賠嫁的錢購買依山傍水風景很好，上名山廬山的必經之地的「天后宮」出家的，小姑母的廟則在鬧中取靜的市區。我是父母求神拜佛後出生的男子，並寄名佛下，乳名聖保，上有二姊下有一妹都夭折了，在那個重男輕女的時代！我自然水漲船高了。我記得四、五歲時一位面目清秀，三十來歲文質彬彬的李晧子替我算命，母親問李晧子，我的命根穩不穩？能不能養大成人？李晧子說我十歲行運，幼年難免多病，可以養大成人，但是會遠走高飛。母親聽了憂喜交集，在那個時代不但妻以夫貴。也以子貴，有兒子在身邊就多了一層保障。母親的心理壓力很大，李晧子的「遠走高飛」那句話可不是一句好話。

到現在八十多年了，我還記得十分清楚。母親暗自憂心。何況科舉已經廢了，不必「進京趕考」，更不會「當兵吃糧」，安安穩穩作個太平紳士或是教書先生不是很好嗎？我們張家又是大族，人多勢眾，不會受人欺侮，何況二伯父的話此法律更有權威，人人敬仰，去外地「打流」又有什麼好處？因此我剛滿六歲就正式拜孔夫子入學啓蒙，從《三字經》、《百家姓》、《千字文》、《千家詩》、《論語》、《大學》、《中庸》……《孟子》、《詩經》、《左傳》讀完了都要整本背，在十幾位學生中，也只有我一人能背，我背書如唱歌，窗外還有人偷聽，他們實在缺少娛樂。除了我父親下雨天會吹吹笛子、簫，消遣之外，沒有別的娛樂，我自幼歡喜絲竹之音，但是很少聽到。讀書的人也只有我們三房、二房兩兄弟，二伯父在城裡當紳士，偶爾下鄉排難解紛，他是一族之長，更受人尊敬，因爲他大公無私，又有一百八十公分左右的身高，眉眼自有威嚴，能言善道，他的話比法律更有效力，加之民性純樸，真是「夜不閉戶，道不失遺」。只有「夏都」廬山才有這麼好的治安。我十二歲前就讀完了四書、詩經、左傳、千家詩。我最喜歡的是《千家詩》和《詩經》。

關關睢鳩，在河之洲，
窈窕淑女，君子好逑。

我覺得這種詩和講話差不多，可是更有韻味。我就喜歡這個調調。《千家詩》我也喜歡，我背得更熟。開頭那首七言絕句詩就很好懂：

雲淡風清近午天，傍花隨柳過前川。
時人不識余心樂，將謂偷閒學少年。

老師不會作詩，也不講解，只教學生背，我覺得這種詩和講話差不多，但是更有韻味。我也了解大意，我以讀書爲樂，不以爲苦。這時老師方教我四聲平仄，他所知也止於此。

我也喜歡《詩經》，這是中國最古老的詩歌文學，是集中國北方詩歌的大成。可惜三千多首被孔子刪得只剩三百首。孔子的目的是：「詩三百，一言以蔽之，曰思無邪。」孔老夫子將《詩經》當作教條。詩是人的思想情感的自然流露，是最可以表現人性的。先民質樸，孔子既然知道「食色性也」，對先民的集體創作的詩歌就不必要求太嚴，以免喪失許多文學遺產和地域特性。楚辭和詩經不同，就是地域特性和風俗民情的不同。文學藝術不是求其同，而是求其異。這樣才會多彩多姿。文學不應成爲政治工具，但可以移風易俗，亦可淨化人心。我十二歲以前所受的基礎教育，獲益良多，但也出現了一大危機，沒有老師能再教下玄。幸而有一位年近二十歲的姓王的學生在盧山一未立案的國學院求學，他問我想不想去？我自然想去，但盧山夏涼，冬天太冷，父親知道我的心意，並不反對，他對新式的人手是刀尺的教育沒有興趣，我便在飄雪的寒冬同姓王的爬上盧山，我生在平原，這是第一次爬上高山。

在盧山我有幸遇到一位湖南岳陽籍的閣毅字任之的好老師，他只有三十二歲，飽讀詩書，與民國初期的江西大詩人散原老人唱和，他的王字也寫的好。有一天他要六七十位年齡大小不一的學生各寫一首絕句給他看，我寫了一首五絕交上去，盧山松樹不少，我生在平原是看不到松樹的，我是即景生情，信手寫來，想不到閣老師特別將我從大教室調到他的書房去，在他右邊靠牆壁另加一桌一椅，教我讀書寫字，並且將我的名字「熹」改爲「熙」，視我如子。原來是他很欣賞我那首五絕中的「疏松月影亂」這一句。我只有十二歲，不懂人情世故，也不了解他的深意。時任漢口市長張群的侄子張繼文還小我一歲，卻是個天不怕、地不怕的小太保，江西省主席熊式輝的兩個小舅子大我幾歲，閣老師的侄子卻高齡二十八歲。學歷也很懸殊，有上過大學的、高中的，多是對國學有興趣，支持學校的袞袞諸公也都是有心人士，新式學校教育日漸西化，國粹將難傳承，所以創辦了這樣一個尚未立案的國學院，也未大張旗鼓正式掛牌招生，但聞風而至的要人子弟不少，校方也本著「有教無類」的原則施教，閣老師也是義務施教，他與隱居盧山的要人嚴立三先生也有交往。（抗日戰爭一開始嚴立三即出山任湖北省主席，諸閣老師任省政府秘書，此是後話。）同學中權貴子弟亦多，我雖不是當代權貴子弟，但九江先組玉公以提督將軍身分抵抗蒙古騎兵入侵雁門關戰死東昌（雁門關內北京以西縣名，一九九〇年我應邀訪問大陸四十天時去過。）而封河間王；其子輔公。以進士身分出仕，後亦應昭領兵三定交趾而封定興王；其子貞公亦有兵權，因受政客讒害而自嘉定謫居潯陽。大詩人白居易亦曾謫爲江州司馬，我另一筆名即用江州司馬。我是黃帝第五子揮的後裔，他因善造弓箭而賜姓張。遠祖張良是推薦韓信爲劉邦擊敗楚霸王項羽的漢初三傑之首。他有知人之明，深知劉邦可以共患難，不能共安樂，所以悄然引退，作逍遙遊，不像韓信爲劉邦拼命打天下，立下汗馬功勞，雖封三齊王卻死於未央宮呂后之手。這就是不知進退的後果。我很敬佩張良這位遠祖，抗日戰爭初期（一九三八）我爲不作「亡國奴」，即輾轉赴臨時首都武昌以優異成績考取軍校，一位落榜的姓熊的同學帶我們過江去漢口。中共未公開招生的「抗日大學」（當時國共合作抗日，中共在漢口以「抗大」名義吸收人才。）辦事處參觀，接待我們的是一位讀完大學二年級才貌雙全，口才奇佳的女生獨對我說負責保送我免試進「抗大」一期，因未提其他同學，我不去。一年後我又在軍校提前一個月畢業，因我又考取陪都重慶中央政府培養高級軍政幹部的中央訓練團，而特設的新聞「新聞研究班」第一期，與我同期的有爲新詩奉獻心力的覃子豪兄（可惜五十二歲早逝）和中央社東京分社主任兼國際記者協會主席的李嘉兄。他在我訪問東京時曾與我合影留念，並親贈我精裝《日本專欄》三本。他七十歲時過世，這兩張照片我都編入「全集」一百九十多萬字的空前大長篇小說（紅塵）照片類中。而今在台同學只有兩位了。

民國二十八年（一九三九）九月我以軍官、記者雙重身分，奉派到第三戰區最前線的第三十二集團軍上官雲相總部所在地，唐宋八大家之一，又是大政治家王安石，尊稱王荊公的家鄉臨川，（屬撫州市）作軍事記者，時年十九歲，因第一篇戰地特寫《臨川新貌》經第三戰區長官部主辦的行銷甚廣的《前線日報》發表，隨即由淪陷區上海市美國人經營的《大美晚報》轉載，而轉爲文學創作，因我已意識到新聞性的作品易成「明日黃花」，文學創作則可大可久，我爲了寫大長篇《紅塵》、六十四歲時就請求提前退休，學法出身的秘書長何宜武先生大惑不解，他對我說：

「別人想幹你這個工作我都不給他，你爲什麼要退？」我幹了十幾年他只知道我是個奉公守法的張萬熙，不知道我是「作家」墨人，有一次國立師範大學校長劉真先生告訴他張萬熙就是墨人，劉校長看了我在當時的「中國時報」發表的幾篇有關中國文化的理論文章，他希望我繼續寫，劉校長真是有心人。沒想到他在何宜武秘書長面前過獎，使我不能提前退休，要我幹到六十五歲多四個月才退了下來。現在事隔二十多年我才提這件事。鼎盛時期的（台灣新生報）連載四年多的拙作《紅塵》出版前三冊時就同時獲得新聞局著作金鼎獎和嘉新文化基金會「優良著作獎」，劉真校長也是嘉新文化基金會的評審委員之一，他一定也是投贊成票的。「世有伯樂而後有千里馬」。我九十二歲了，現在經濟雖不景氣，但我還是重讀重校了拙作「全集」我一向只問耕耘，不問收穫，我歷任軍、公、教三種性質不同的職務，經過重重考核關卡，寫作七十三年，經過編者的考核更多，我自己從來不辦出版社。我重視分工合作。我頭腦清醒，是非分明，歷史人物中我更敬佩遠祖張良，不是劉邦。張良的進退自如我更歎服。在政治角力場中要保持頭腦清醒，人性尊嚴並非易事。我們張姓歷代名人甚多，我對遠祖張良的進退自如尤爲歎服，因此我將民國四十年在台灣出生的幼子依譜序取名選良。他早年留美取得化學工程博士學位，雖有獎學金，但生活仍然艱苦，美國地方大，出入非有汽車不可，這就不是獎學金所能應付的，我不能不額外支持，他取得化學工程博士學位與取得材料科學碩士學位的媳婦蔡傳惠雙雙回台北探親，且各有所成，幼子曾研究生產了飛機太空船用的抗高溫的纖維，媳婦則是一家公司的經理，下屬多是白人，兩孫亦各有專長，在台北出生的長孫是美國南加州大學的電機碩士，在經濟不景氣中亦獲任工程師，我不要第三代走這條文學小徑，是現實客觀環境的教訓，我何必讓第三代跟我一樣忍受生活的煎熬，這會使有文學良心的人精神崩潰的。我因經常運動，又吃全素二十多年，九十二歲還能連寫四、五小時而不倦。我寫作了七十多年，也苦中有樂，但心臟強，又無高血壓，一是得天獨厚，二是生活自我節制，我到現在血壓還是60—110之間，沒有變動，寫作也少戴老花眼鏡，走路仍然「行如風」，十分輕快，我在國民大會主編《憲政思潮》十八年，看到不少在大陸選出來的老代表，走路兩腳在地上蹉跎，這就來日不多了。個人的健康與否看他走路就可以判斷，作家寫作如在八十歲以後還不戴老花眼鏡，沒有高血壓，長命百歲絕無問題。如再能看輕名利，不在意得失，自然是仙翁了。健康長壽對任何人都很重要，對詩人作家更重要。

一九九〇年我七十歲應邀訪問大陸四十天作「文學之旅」時，首站北京，我先看望已九十高齡的老前輩散文作家，大家閨秀型的風範，平易近人，不慍不火的冰心，她也「勞改」過，但仍心平氣和。本來我也想看看老舍，但老舍已投湖而死，他的公子舒乙是中國現代文學館的副館長，他也出面接待我，還送了我一本他編寫的《老舍之死》，隨後又出席了北京詩人作家與我的座談會，參加七十賤辰的慶生宴，彈指之間卻已二十多年了。我訪問大陸四十天，次年即由台北「文史哲出版社」出版照片文字俱備的四二五頁的《大陸文學之旅》。不虛此行。大陸文友看了這本書的無不驚異，他們想不到我七十一高齡還有這樣的快筆，而又公正詳實。他們不知我行前的準備工作花了多少時間，也不知道我一開筆就很快。

我拜會的第二位是跌斷了右臂的詩人艾青，他住協和醫院，我們一見如故，他是浙江金華人，卻體格高大，性情直爽如燕趙之士，完全不像南方金華人。我們一見面他就緊握著我的手不放，侃侃而談，我不知道他編《詩刊》時選過我的新詩。在此之前我交往過的詩人作家不少，沒有像他如此豪放真誠，我告別時他突然放聲大哭，陪我去看他的北京新華社社長族侄張選國先生，陪我四十天作《大陸文學之旅》的廣州電視台深圳站站長高麗華女士，文字攝影記者譚海屏先生等多人，不但我為艾青感傷，陪同我去看艾青的人也心有戚戚焉，所幸他去世後安葬在八寶山中共要人公墓，他是大陸唯一的詩人作家有此殊榮。台灣單身詩人同上校軍文黃仲琮先生，死後屍臭才有人知道，他小我二歲，如我不生前買好八坪墓地，連子女也只好將我兩老草草火化，這是與我共患難一生的老伴死也不甘心的，抗日戰爭時她父親就是我單獨送上江西南城北門外義山土葬的。這是中國人「入土為安」的共識。也許有讀者會問這和文學創作有什麼關係?但文學創作不是單純的文字工作，而是作者整個文化觀、文學觀，人生觀的具體表現，不可分離。詩人作家不能「瞎子摸象」，還要有「舉一反三」的能力。我做人很低調。寫作也不唱高調，但也會作不平之鳴、仗義直言。我不鄉愿，我重視一步一個腳印，「打高空」可以譁眾邀寵於一時，但「旁觀者清」，讀者中藏龍臥虎，那些不輕易表態的多是高人。高人一旦直言不隱，會使洋洋自得者現出原形。作品一旦公諸於世，一切後果都要由作者自己負責，這也是天經地義的事。

我寫作七十多年無功無祿，我因熬夜寫作頭暈住馬偕醫院一個星期也沒有人知道，更不像大陸的當代作家、詩人是有給制，有同教授的待過，而稿費、版稅都歸作者所有。依據民國九十八年一月十日「中國時報」A十四版「二〇〇八年中國作家富豪榜單」二十五名收入人民幣的數字統計，第一高的郭敬明一年是一千三百萬人民幣，第二名鄭淵潔是一千一百萬人民幣，第三名楊紅櫻是九百八十萬人民幣。最少的第二十五名的李西閩也有一百萬人民幣，以人民幣與台幣最近的匯率近一比四・五而言，現在大陸作家一年的收入就如此之多，是我一九九〇年應邀訪問大陸四十天作文學之旅時所未想像到的，而現在的台灣作家與我年紀相近的二十年前即已停筆，原因之一是發表出版兩難，二是年齡太大了。民國九十八年（二〇〇九）以前就有張漱菡（本名欣禾）、尹雪曼、劉枋、王書川、艾雯、嚴友梅六位去世，嚴友梅還小我四、五歲，小我兩歲的小說家楊念慈則行動不便，鬍鬚相當長，可以賣老了。我托天佑，又自我節制，二十多年來吃全素，又未停止運動，也未停筆，最近在台北榮民總醫院驗血檢查，健康正常。我也有我的養生之道，每天吃枸杞子明目，吃南瓜子抑制攝護腺肥大，多走路、少坐車，伏案寫作四、五小時而不疲倦，此非一日之功。

民國九十八（二〇〇九）己丑，是我來台六十周年，這六十年來只搬過兩次家，第一次從左營搬到台北大直海軍眷舍，在那一大片天主教白色公墓之下，我原先不重視風水，也無錢自購住宅，想不到鄰居的子女有得神經病的，有在金門車禍死亡的，大人有坐牢的，有槍斃的，也有得神經病的，我退役養雞也賠光了過去稿費的積蓄，讀台大外文系的大兒子也生病，我則諸事不順，直到搬到大屯山下坐北朝南的兩層樓的獨門獨院自宅後，自然諸事順遂，我退休後更能安心寫作，遠離台北市區，真是「市遠無兼味，地僻客來稀。」同里鄰的多是市井小民，但治安很好，誰也不知道我是爬格子的，連警察先生也不光顧舍下，除了近十年常有人打電話來騙我，幸未上大當外，我安心過自己的生活。當年「移民潮」去不了美國的也會去加拿大，我是「美國人」的祖父，我不移民美國，更別說去加拿大了。娑婆世界無常，早年即移民美國的琦君（本名潘希真）、彭歌，最後還是回到台灣來了，這不能說台灣是「天堂」，以我的體驗而言是台北市氣候宜人，夏天三十四度以上的日子少，冬天十度以下的日子也很少，老年人更不能適應零度以下的氣溫，我只有冬天上大屯山、七星山頂才能見雪。有高血壓、心臟病的老人更不能適應。我不想做美國公民，做台灣平民六十多年，也沒有自卑感。

娑婆世界是一個無常的世界，天有不測風雲，人有旦夕禍福，老子早說過：「福兮禍所倚，禍兮福所伏。」禍福無門，唯人自招。我一生不起歪念，更不損人利己，與人爲善。雖常吃暗虧，只當作上了一課。這個花花世界是我學不完的大教室，萬丈紅塵其中也有黑洞，我心存善念，更不造文字孽，不投機取巧，不違背良知，蒼天自有公斷，我本著文學良心寫作，盡其在我而已，讀者是最好的裁判。

民國一〇〇年（二〇一一）辛卯七月二十九日下午六時二十三分於紅塵寄廬

1951 年墨人 31 歲與夫人曾麗春女士（30 歲）結婚十周年紀念合影於左營

墨人博士七十壽辰與夫人曾麗春女士合影。此照為大翻譯家、文學理論家黃文範先生所攝，並在照片背後題「南山北海惟仁者壽」。

民國二十九年（1940）作者墨人在江西南城戎裝照。

1939 年墨人即自戰時陪都四川重慶奉派至江西臨川王安石家鄉，第三戰區前線任軍事記者創辦軍報，提供抗日官兵精神食糧。時年 19 歲。

2010 年「五四」作者墨人 91 歲在花蓮和南寺家人合影

2003 年 8 月 26 日作者墨人（中）在含鄱口觀山景點與
作者長女韻華、長子選翰、三女韻湘、二女韻真合影。

2005 年 2 月作者次子選良（右一）回台北與父（右二）及
作者夫人（中）三女韻湘（左二）二女韻真（左一）合影。

作者墨人在書房留影，時年八十五歲。

《墨人博士大長篇小說〈紅塵〉法文譯本封面照片》

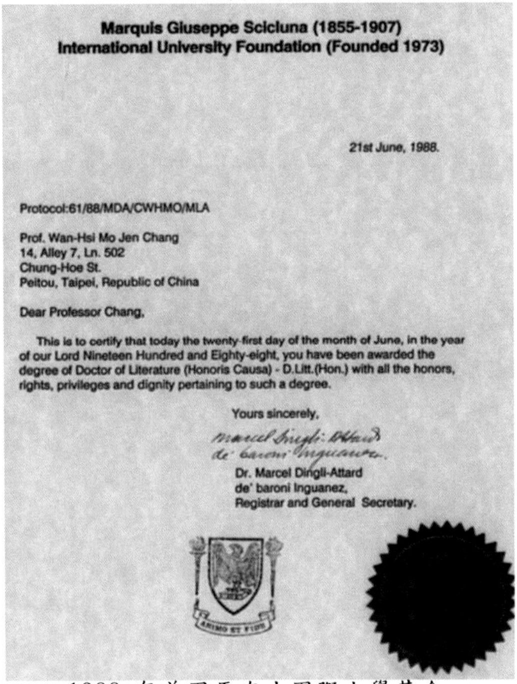
Marquis Giuseppe Scicluna (1855-1907)
International University Foundation (Founded 1973)

21st June, 1988.

Protocol:61/88/MDA/CWHMO/MLA

Prof. Wan-Hsi Mo Jen Chang
14, Alley 7, Ln. 502
Chung-Hoe St.
Peitou, Taipei, Republic of China

Dear Professor Chang,

This is to certify that today the twenty-first day of the month of June, in the year of our Lord Nineteen Hundred and Eighty-eight, you have been awarded the degree of Doctor of Literature (Honoris Causa) - D.Litt.(Hon.) with all the honors, rights, privileges and dignity pertaining to such a degree.

Yours sincerely,

Dr. Marcel Dingli-Attard
de' baroni Inguanez,
Registrar and General Secretary.

1988 年美國馬奎士國際大學基金會，授予張萬熙墨人教授榮譽文學博士學位證書。

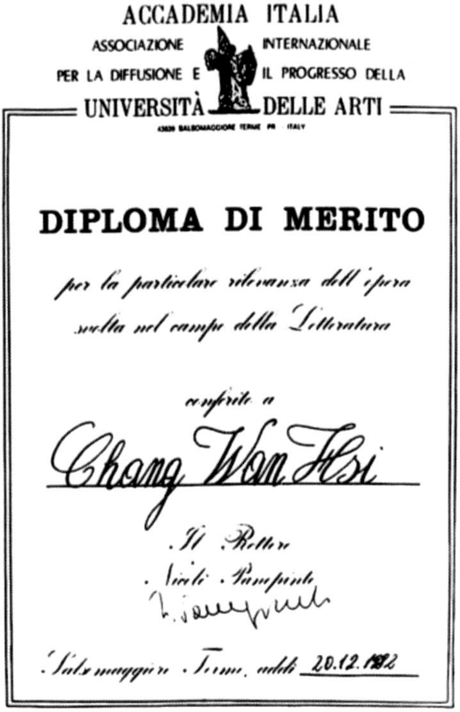
ACCADEMIA ITALIA
ASSOCIAZIONE INTERNAZIONALE
PER LA DIFFUSIONE E IL PROGRESSO DELLA
UNIVERSITÀ DELLE ARTI
43039 SALSOMAGGIORE TERME PR · ITALY

DIPLOMA DI MERITO

per la particolare rilevanza dell'opera svolta nel campo della Letteratura

conferito a

Chang Wan Hsi

Il Rettore

Salsomaggiore Terme, addì 20.12.1982

義大利出版英、法、德、義四種文字的「國際文學史」的 ACCADEMIA ITALIA，1982 年授予墨人的文學功績證書。

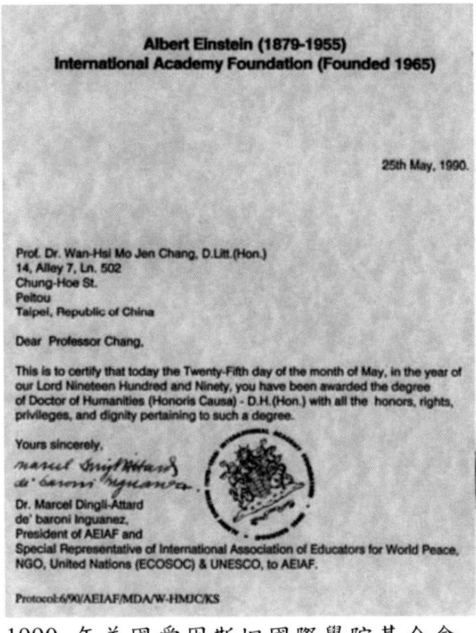
Albert Einstein (1879-1955)
International Academy Foundation (Founded 1965)

25th May, 1990.

Prof. Dr. Wan-Hsi Mo Jen Chang, D.Litt.(Hon.)
14, Alley 7, Ln. 502
Chung-Hoe St.
Peitou
Taipei, Republic of China

Dear Professor Chang,

This is to certify that today the Twenty-Fifth day of the month of May, in the year of our Lord Nineteen Hundred and Ninety, you have been awarded the degree of Doctor of Humanities (Honoris Causa) - D.H.(Hon.) with all the honors, rights, privileges, and dignity pertaining to such a degree.

Yours sincerely,

Dr. Marcel Dingli-Attard
de' baroni Inguanez,
President of AEIAF and
Special Representative of International Association of Educators for World Peace, NGO, United Nations (ECOSOC) & UNESCO, to AEIAF.

Protocol:6/90/AEIAF/MDA/W-HMJC/KS

1990 年美國愛因斯坦國際學院基金會授予張萬熙墨人教授榮譽人文學（含哲學文學藝術語言四種）博士學位

WORLD UNIVERSITY ROUNDTABLE
In Corporate Affiliation with the World University
Greetings
In recognition of Distinguished Achievement within the principles and purposes of the World University development, the Trustees of the Corporation, upon the nomination of the Secretariat, confer doctoral membership and this honorary award upon
Chang Wan-Hsi (Mo Jen)
The Cultural Doctorate in Literature
with all rights and privileges there to pertaining.

Witness our hand and seal at the International Secretariat Regional Campus, Benson, Arizona
April 17, 1989
President of the Board of Trustees
Secretary of the Board of Trustees

1989 年美國世界大學授予張萬熙墨人榮譽文學博士學位，文化大學創辦人張其昀（曉峰）先生亦獲此榮譽。

THIS PICTORIAL TESTIMONIAL OF ACHIEVEMENT AND DISTINCTION
proclaims throughout the world that

DR. CHANG WAN-HSI (MO JEN)

is the recipient of the above-mentioned Honour,
granted by the Board of Editors of the

2000 OUTSTANDING SCHOLARS OF THE 20TH CENTURY

meeting in Cambridge, England, on the date set out below,
AND that the Board also resolves that a portrait photograph of

DR. CHANG WAN-HSI (MO JEN)

be attached to this Testimonial as verification
of the Honour bestowed.

2000 OUTSTANDING SCHOLARS OF THE 20TH CENTURY

First Edition

Signed and sealed on the
14th December 1999

Authorized Officer

1999 年 10 月張萬熙墨人博士榮登英國劍橋國際傳記中心《二十世二千位傑出學者》第一版證書。

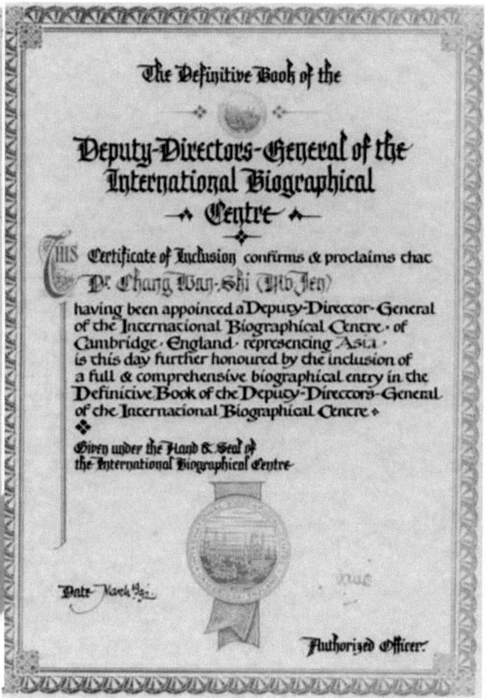

The Definitive Book of the

Deputy-Directors-General of the International Biographical Centre

THIS Certificate of Inclusion confirms & proclaims that

Dr. Chang Wan-Shi (Mo Jen)

having been appointed a Deputy-Director-General of the International Biographical Centre of Cambridge England representing Asia is this day further honoured by the inclusion of a full & comprehensive biographical entry in the Definitive Book of the Deputy-Directors-General of the International Biographical Centre

Given under the Hand & Seal of the International Biographical Centre

Date March 1992

Authorized Officer

1992 英國劍橋國際傳記中心（I.B.C.）任張萬熙墨人博士為代表亞洲的副總裁。

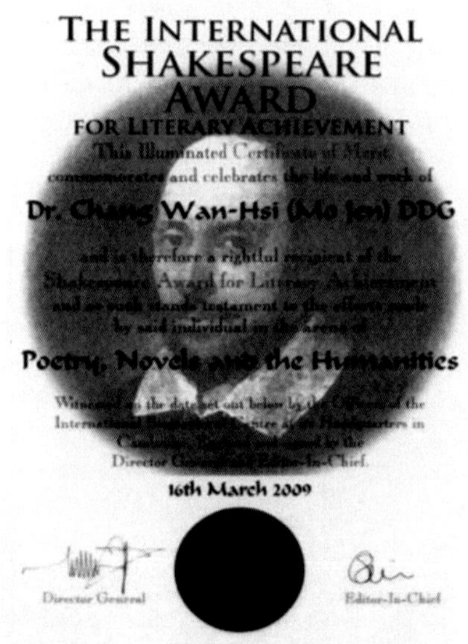

THE INTERNATIONAL SHAKESPEARE AWARD FOR LITERARY ACHIEVEMENT

This Illuminated Certificate of Merit commemorates and celebrates the life and work of

Dr. Chang Wan-Hsi (Mo Jen) DDG

and is therefore a rightful recipient of the Shakespeare Award for Literary Achievement and as such stands testament to the efforts made by said individual in the arena of

Poetry, Novels and the Humanities

Witnessed on the date set out below by the Officers of the International Biographical Centre at its Headquarters in Cambridge, England and signed by the Director General and Editor-In-Chief.

16th March 2009

Director General　　Editor-In-Chief

2009 年 3 月 16 日英國劍橋國傳記中心總裁與總編輯聯合授予張萬熙墨人博士國際莎士比亞文學成就獎。

International Biographical Centre Cambridge CB2 3QP England
Telephone: +44 (0) 1353 646600 Facsimile: +44 (0) 1353 646601

IBC

REF : LAA/MED/MW-13640

13 November 2002

Dr Chang Wan-Hsi (Mo Jen) DDG
14 Alley 7, Lane 502
Chung Ho Street
Peitou
Taipei
Taiwan

Dear Dr Chang

Please find enclosed the Medal in respect of the **Lifetime Achievement Award** which I hope meets with your approval.

Yours sincerely

MICHELLE WHITEHALL
Personal Assistant to the Director General

Enc

英國劍橋國傳記中心(I.B.C.)2002 年頒發詩人作家張萬熙（墨人）博士終身成就獎，英文信及金牌正反面照片墨人早年即被 I.B.C.推選為副總裁。

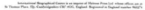

自序

四十五年底，我從左營來到台北，起初幾年，天天忙着上班下班，連在交通車上所費的時間，每天總在十小時以上；退役以後，原希望建立一點經濟基礎，安心寫作，養了兩三年雞，時間精力完全浪費在雞的身上；隨後又籌辦函授，時間精力亦浪費不少。這五六年中，是一個歉收時期。

前年底，我痛下決心，不再作謀殺時間的事，專心寫作，雖然每天只寫五六小時，但一年下來，約略統計，竟寫了上百萬字。其中除了一個長篇「白雲青山」之外，絕大多數是短篇小說。因爲短篇需時不太多，隨寫隨發表，雖然救不了窮，倒可以救急。可是剪稿太多，保存不易，因此我才想到出版。

第一個短篇集是「花嫁」，六月十日在香港出版。這裡面選了「敎師爺」，「劉二爹」，「二媽」，「異鄉人」，「古寺心聲」，「花嫁」，「南海屠鮫」，「心聲淚影」，「高山曲」，「誘惑」，「隱情」，「美珠」，「新苗」，「扶桑花」等十四個短篇，三百四十五頁。

「水仙花」，「白夢蘭」，「颱風之夜」，「百合花」與長篇「白雲青山」則在台灣出版。這四個短篇小說集一共選了在「華副」，「中副」，「今日世界」，「蕉風」……等海內外刊物發表的「圓房記」，「水仙花」，「黃龍」，「銀杏表嫂」，「天鵝」，「百合花」等及入選維也納納富出版公司編選的世界最佳小說選集的兩個短篇，總共六十多個短篇，七十來萬字。

以上五個短篇集子是從連年所寫的百餘萬字短篇中初選出來的，十之七八是最近一兩年的作品。現在還沒有到出版全集和「代表作」的時候，只能這樣一本一本地呈獻讀者。

最近幾年來，出版家和讀者的興趣，偏重長篇，而報紙和刊物因爲版面和篇幅的關係，又偏重短篇，因此造成短篇出版和發表的不均衡現象。但是站在作者的立場來講，是寧願寫長篇，不願寫短篇的。爲什麼？因爲長篇的題材故事想好之後，可以一直寫下去，從一二十萬字到一百多萬字，都無問題。短篇却不然，麻雀雖小，肝膽俱全，而結構必須比長篇更嚴密，甚少迴旋餘地，一節鬆懈，全篇失敗，文字是一小段一句話也不能浪費的。必須天衣無縫，活龍活現，才能算是一個好的短篇。而短篇題材之難構想，亦非局外人所能想像。以我自已的經驗來講，一個短篇通常要想兩三天才能動筆，有時甚至靠在椅上沉思一個禮拜，還是不能寫一個字，想的時間比寫的時間多。如果題材沒有想好，急着動筆一定失敗，寫上三五千字，仍然得把它丟掉，另起爐灶，結果徒然浪費時間。朋友中還有不少人認爲我是快手，但不大知道此中艱苦。目前一個短篇，最多只能寫兩萬字，再長就會影響發表。寫完一個必須另換一個，想不出來就是「江朗才盡」，一千塊錢一千字的稿費也只能望之興嘆。這件事殘酷而又公平，誰也幫不了忙，而我的短篇都是在這種殘酷公平的情形之下產生的。

寫短篇既然如此艱苦，我爲什麼不專寫長篇？這理由很簡單，我的經濟情況不容許我這麼作。一個二三十萬字的長篇，得寫三四個月。從前一個月寫一個長篇不算稀奇，現在我不會讓它走得那麽快，我要考慮更多的東西，一句對話有時就得想一兩個鏡頭。我現在是早晨栽樹，晚上就要乘陰，「白雪青山」之能完成就是得力於這些短篇。假如我手邊有幾萬元的生活基金，那部四年前就開始了的一百多萬字的長篇「大地龍蛇」，已經完成，決不致於寫了五十多萬字中途停擺。幾年前我決心養雞，就是為了想在深山古廟安安靜靜地完成這部著作，結果反而把我過去積的一點稿費賠光，還得負債。這一年多靠寫短篇才挺了下來。

寫作本來是一件非常艱苦的工作，賣大力賺小錢，甚至不討好，因此聰明人都不願走這條路。我既不會做官，又不會做生意，只好走這條死衖子。別人視為畏途，引以為苦，我卻「樂此不疲」。好在老天待我不算太薄，我的身體還經得起煎熬，如果核子彈不在我頭上爆炸，我相信還可以寫三四十年。過去為五斗米浪費了太多的時間精力，今後要彌補起來。已往業餘寫作了二十多年，只有最近這一年多專心寫作，內心感到極為充實愉快。能夠獻給讀者這點微不足道的禮物，總算沒有白白糟蹋五穀糧食。

最後我要特別感謝許多愛護我的，賜寄剪稿的讀者。

墨人

五十三年六月臺北大直
（一九六四）

水仙花 目次

水仙花

一

天寒，地凍，雪，像天女散花，瀟瀟洒洒，凌空而下，一連兩三天，沒有一會兒停，眼看雪深快要過膝了。

剛磨好的墨，不到兩分鐘就結成冰，我手上的大字筆，也硬得像鐵錐，我口裏的熱氣無法把它融開，我的手指凍得像落鍋的紅蝦。

這種數九寒天，滴水成冰的日子，一個人寫對聯眞是一件苦事！但是沒有辦法，讀書人都逃走了，連我們趙家的老秀才，也在義不帝秦的心情下，逃到後方抗日去了。剩下我這個小不點兒，是唯一的「讀書種子」，可以提起筆來寫大字，別的人頂多只能記一筆流水帳哪！

這麼多人家的對聯，都交在我一個人手下，從二十四過小年開始，我就手不停揮，鬼畫胡桃，總算把別人的對聯交了差，我自己家裏的大門對子「瑞雪兆豐年」這個下聯却遲遲不能落筆，筆硬手僵，我簡直要哭了。

就在這尷尬時刻，舅舅家裏的長工江老七，像個大雪人，突然出現在大門口。他把一隻大蔴袋，摺成個觀音兜，罩在頭上背上，他先取下蔴袋在門外抖抖，然後拍拍身上的雪，脫掉棉鞋，把鞋裏的雪倒掉。

「老七，這樣的大雪天，你來幹什麼？」我走到門口問。

「小龍，我無事不登三寶殿，自然有來由。」他伸出那長滿了凍瘡厚繭的大手，在我頭上一按一旋。

我母親聽見老七的聲音，從灶下趕了出來，笑着問老七：

「老七，這麼大風大雪的，是什麼皇命欽差呀？」

「姑奶奶，」老七雙手一拱：「一不是皇命，二不是欽差，是舅爺要我接小龍去寫幾副對子。」

一聽說寫對子我就大火直冒，我把長袖一拂，嘴裏乾乾脆脆地蹦出兩個字：

「不去！」

「喲！想不到小龍人小架子大？」老七望着我笑，一點也不生氣。

「老七，難怪得，這幾天小龍的手都凍腫了。」母親說。

「姑奶奶，其實舅爺不光是要他寫對子，也想看看小龍，您也不是不知道舅爺疼他？」老七說。

母親聽老七這樣說，自然鬆了口，反而慫恿我去，我直搖頭。母親笑着走進厨房，讓老七和我慢慢磨菇。

「喲！小龍，你該不是發了擺頭風吧？」老七走近我，笑嘻嘻地說。

「老七，過年過節的，你別胡說八道好不好！」我嘟着嘴說。

老七看看桌上的筆墨，凍在一塊，借故走了過去，拿在銅脚爐上烘化，笑着對我說：

「小龍，現在你可以寫了。」

我看筆墨已經化開，連忙烘烘手，抓起筆來就寫，一個字還沒有寫完，筆就凍住了。老七捧着脚爐，給我烘墨烘筆烘手，寫完「瑞雪兆豐年」五個字，老七就笑嘻嘻地問我：

「小龍，你到底去是不去？」

「不去。」我執拗地回答。

「拗相公，你的水仙表姐要你去你也不去？」老七在我耳邊輕輕地說，陝陝眼睛一笑。

該死，我一肚皮的悶氣，像猪油蒙了心，幾乎忘記了水仙表姐！老七看我不作聲，悄悄地塞給我一把大紅棗，我高興得雙脚一跳，笑着問他：

「老七，誰叫你帶來的？」

「還不是你水仙表姐？」老七要死不活地回答。

我不管他，拿了一粒大紅棗，往嘴裏一塞，自顧自地吃起來。

老七看着我好笑，像耍猴子。

「喂，小龍，你去是不去？」老七看我吃完一粒紅棗，彎着腰，低着頭問我。

「我怕東洋鬼子。」我拿日本人作擋箭牌。到舅舅家裏一定要經過劉家祠堂，那裏駐了二三十個日本兵。他們的頭子井口那傢伙一臉橫肉，一撮仁丹鬍子，樣子更怕人。

「他們都在祠堂裏烤火，我們是良民，怕他幹什麼？」老七掏出新領的良民證，在我面前一晃：「你嘴裏還有奶花香，他們決不會把你當游擊隊。」

「這麼深的雪，你叫我怎麼走？」我望望外面一尺多深的雪，一脚踩下去，準會淹過我的膝蓋。

「好，你不要儘刁難我，」老七用食指敲敲我的腦袋：「千不該，萬不該，我不該出這趟欽差，說不得，我只好來個老背少。」

聽說他背我，我心裏就樂了起來。早幾年，我曾經把他當馬騎，彷彿騰雲駕霧，怪舒服的。

這時我母親走了出來，笑問老七：

「老七，你們兩人的『官司』打得怎樣了？」

「姑奶奶，『官司』是我打贏了，虧也是我吃了，這麼個大雪天，我要背着他這麼個大烏龜殼，眞比馱廬山還累。」老七叫屈。

「老七，這是周瑜打黃蓋，一個願打，一個願挨，怪不得誰。」母親笑着說。

「老七，你要是想圖個輕快，最好你怎麼來，怎麼去。」我接着說。

「我的小相公！」老七嘆口大氣說：「要不是水仙那位少姑奶奶，我就一個人回去！」

他說是這麼說，卻隨手抓起凍了的硯台筆墨，往大口袋裏一塞，又對我把背一弓，屁股一翹：

「上吧，我的小相公！」

母親替我戴好手套，繫好觀音兜，我往老七的背上一跳，雙手摟着他的脖子，老七腰一直，人就站了起來。他把大麻袋往頭上一搭，把我沒頭沒腦地罩住，轉身對我母親說：

「姑奶奶，小龍今天恐怕不能回來，舅爺要留他住。」

「使得，只要放他回家過年就行。」母親說。

二

老七一脚踩在雪裏，像踩進棉花簍裏，我的身子跟着一晃。

他背着我在雪中跋涉，嘴裏直呼白氣，像一團團濃霧，凝聚不散。他鬍樁上的水氣，結成了粟米大小的冰珠。

「小龍，你舅舅要你寫對子，你表姐要借機會親親你，我老七背你這個大烏龜壳，爲了什麼？」老七頸上直冒汗，嘴裏氣呼呼，邊走邊和我打「官司」。

「你雪天無事幹，找我開心。」我說。

「招哇！我放下黃鼠狼不打，找你窮開心！」老七委屈地說。這種雪天，正是捕黃鼠狼的好日子，一隻黃鼠狼賣給筆店可以賣兩三塊袁大頭，每年雪天他總要捕牠十隻二十隻，今天他如果不來接我，一定捕黃鼠狼去了。

「你不來找我我正好在家裏享福，鬼才願意在這種大雪天出門。」

「你再不到你舅舅家來，你水仙表姐要害相思病了。」老七陰陽怪氣地一笑。

水仙表姐十五歲，大我五歲，她沒有兄弟姊妹，孤孤單單一人；我也是獨龍過江，因此她待我特別好。日本鬼子來了以後，我就很少到舅舅家來，她想念我自然是眞的。但是老七說的相思病究竟是什麼意思？我並不瞭解，因爲我從來沒有聽說過這種怪病，也許是無名腫毒吧？

「老七，那是什麼怪病？怎麼我不到舅舅家來，表姐就會得那種病？」

老七噗哧一笑，差點摔倒。停了一會才說：

「小龍，看你蠻聰明，想不到你的心還沒有開竅。你表姐是白費了心，我也懶得對牛彈琴。

」

「老七，我也懶得聽你的鬼話。」他不願講，我更不願聽，他身上出汗，我身上發冷，我的兩隻腳懸在空中，眞快要凍僵了，我希望早點趕到舅舅家，烤烤火。「你快點走吧！」

「別伏在我背上說風凉話，你下來走走看？」老七氣息呼呼地說，他鬍子樁上的冰珠越來越多了。

我的頭罩在蔴袋裡面，他的頭又遮住我的眼睛，我看不見前面，只能打量打量兩邊，兩邊一片白，白得刺眼，雪花成簇地擁擠下來。

突然，老七把我往地上一放，我的兩脚已經凍僵，站立不住，倒了下去。恰好有兩隻柔軟的手把我托住，我掀開蔴袋一看，水仙表姐雙手抱住我，笑盈盈地對我說：

「哦，龍表弟，你的脚凍僵了是不是？」

兩三個月不見，水仙表姐好像又長大了一些，有點像個小大人的樣子。說不定是冷的關係，她兩頰緋紅，像秋天的兩片烏柏葉子。她穿着絲絲絨緊身短襖，黑嗶嘰棉褲，背後拖着一條烏油油的大辮子。我呆呆地看了她一會，才笑着點點頭。

她把我抱到火盆旁邊坐下，舅舅握着我的手，舅母在我臉上親了一下，輕柔地說：

「小龍，舅舅把你凍壞了！」

「他可把我累壞了！」老七接着說：「我情願挑一擔黃豆，也不願背他這麼個烏龜殼。」

「老七，你也來烤烤火。」表姐對他說。

「算了，我一肚子的火！」老七笑着搖搖頭，他頭上的熱氣直往上冒。

舅母抓了一盤她新做的芝麻糖給我吃，我手腳僵硬，表姐替我端着盤子，撿了一塊塞進我的嘴裏。

「龍表弟，這是媽剛做的，又香又脆。」

舅母做的芝麻糖，眞的比街上賣的還好，我吃在嘴裏，甜在心裏，笑在臉上，老七看了調侃我說：

「你還拿架子不肯來，這你可沒有吃虧吧？」

表姐側着頭望望我，我不好意思作聲。

烤了一會火，我的手脚纔活起來，我對老七說：

「老七，你把硯台筆墨擺好，我要寫對子了。」

「表弟，你何必這麼性急？明天再寫不遲。」表姐說。

舅舅、舅母也是這樣說。可是我的性子急，遲早是要寫的，遲寫不如早寫，現在動筆，天黑之前，大概可以寫完舅舅家裏的對子。

老七已經把筆墨硯台放在桌上，我要他把紅紙拿出來。舅母看我眞要動筆，她也起身去弄晚飯，舅父到柴房裏去劈柴火，老七拿過紅紙就去牛欄裏餵牛，只留下水仙表姐替我牽紙磨墨。天氣實在太冷，表姐蹲在火盆旁邊把墨磨好，一拿上桌來就凍住了。她弄了兩隻脚爐，一隻烘筆烘墨，一隻給我烘手。

她磨墨時我已經把紅紙裁好。她端了一隻小板櫈給我墊脚。我先寫字角，試試手氣。表姐沒有讀書，却認識春字、福字。她小心地替我牽紙，我寫一個字她問一個字，非常留心，記性很好，當我寫第二個相同的字時，她便立刻認了出來。

舅舅的房子大，門房很多，因此對聯也要多寫好幾副，好在我記的對聯不少，可以够用。不過臥房的橫條我只記得「早生貴子」這幾個字。我寫表姐房門口的橫條也是依樣葫蘆，表姐問我這是幾個什麼字時，我得意地回答她：

「早生貴子。」

她聽了兩頰緋紅，滿臉嬌嗔，把脚輕輕一頓：

「表弟，我房門口怎麼能寫這幾個字？」

「表姐，不管是誰的房門口，都是這幾個字。」我說。

「不通，不通！」她的頭搖得像貨郎手裡的布郎鼓兒：「表弟，這應該有個分別。」

「表姐，我肚子只有這點兒貨，小麥韮菜分不清楚，將就一下算了。」我只好直說。

「要是被人家讀書先生看見了，那眞會羞死。」她一臉啼笑皆非的樣子。

「表姐，你放心，都是捋牛尾巴的，像老七那樣的亮眼睛瞎子。」我輕輕地說。「他們會以為這是一道符，誰認識這是早生貴子？」

表姐噗的一笑，又勸告我說：

「你小心陽溝裏翻船，還是多學幾手兒好些。」

「現在是山中無老虎，猴子充霸王，要是在平時，這份差事怎麼會落到我頭上？」

「我看你這幾筆字兒倒是寫得橫輕直重的。」表姐故意誇獎我，我看得出來。

「鬼畫胡桃，當票。」我看看自己的字，好笑。

表姐迷迷惑惑地望着我，她拿不定是壞是好？

寫完時已到天黑時分，不過雪大，晝夜難分。

晚飯很豐盛，舅母弄了臘鷄臘魚臘肉款待我。表姐儘揀好的往我盌裏夾，其中有一隻大鷄腿。外甥吃鷄腿，老規矩。

飯後圍爐烤火，表姐坐在我身邊，她手裏握着鐵火箸，不時撥動老樹梢，火焰照着她的兩頰格外紅豔。

舅父和老七在談天款古，老七講的是黃鼠狼偷鷄、狐狸嫁女兒、石頭人招親之類的故事。舅父講的是薛仁貴征東、羅通掃北、趙子龍救主，這都是年晝兒上看來的。難得的是舅母也講了個牛郎織女的故事，表姐聽得格外出神，不時望我一眼。

火盆裏的火很旺，舅母早就在灰燼裏煨了兩個大芋頭娘，噴出陣陣香味。表姐用火箸扒到旁邊，用手指在上面一按，向我一笑說：

「熟了！」

她用火箸輕輕地敲掉上面的黑殼，讓它在火盆架上凉着，過了一會，她先遞一個給我，又遞一個給舅母，舅母沒接受，笑着對她說：

「這是特爲煨給表弟和你吃的，不要孝敬我了。」

她把芋頭娘分作兩半，一半給舅母，舅母不要，她又分給舅父，舅父也不要，她往老七的懷裏一塞，笑着說：

「老七，今天你辛苦了，你也嘗嘗。」

老七拿起半邊芋頭望望，又故意看看我：

「應該小龍分給我吃才對。」

「我分給你不是一樣？」表姐接着說。

我不作聲，我已經把皮剝掉，吃了兩口，這種香中帶甜的味道，眞有點像煨猪肝，我實在捨不得分給老七。

表姐一吃完就去打水洗手，但是缸裏的水冰了兩三寸厚，臉盆裏剩餘的水也凍得結結實實，她把臉盆倒拿過來，放在灰爐上面，又用冲壺裏的開水向冰上一冲，冰漸漸化了。

洗過手，舅母笑着對我和表姐說：

「好，時間不早了，現在你們去睡。」

我和母親在舅舅家作客時，一向是和表姐睡在一床，現在舅母要我和表姐一道去睡，沒有人覺得奇怪，只是老七開我的玩笑：

「小龍，天氣冷，你可不能來尿，一下把表姐冲到龍王廟？明天早晨變成兩根冰棍兒。」

舅父舅母笑了起來，表姐牽着我的手對老七說：

「老七，你別信口開河，他前年就不來尿了。」

老七哈哈大笑，嘴巴張得很大，可以塞進一個大芋頭娘。

表姐很愛乾淨，她房裏打掃得一塵不染，被子叠得很整齊，褥子牽得非常平坦，一張古式棗紅大木床，最少可以睡四個人，她卻一個人獨睡。

我一走進她房裏就聞到一股花香，原來她梳粧台上挿了一枝蠟梅，飄着陣陣淸香。

她把被子拉開，拿銅脚爐先把我睡的地方烘熱，然後替我脫棉袍，笑眯眯地說：

「龍表弟，說眞的，你晚上可不能來尿啊！」

「表姐，你信老七胡說八道？他那張臭嘴，應該拿草紙擦擦。」

「你不來尿就好，」表姐高興地一笑：「不然明天眞見不得人啦。」

脫好衣服，我高興地在床上翻了一個跟斗。表姐怕我受寒，連忙把脚爐取出來，把被子替我蓋上，被子裏煖烘烘的，一點不冷。

隨後她背着我脫下自已的綠絲絨緊身短襖，黑嗶嘰棉褲，把美孚燈扭小，鑽到被子裏來，和我貼身睡下。

我兩手腫得像駱駝背，她把我的雙手握在她的掌心以內，她的手心又暖又軟，我感到非常熨貼。

「表姐，老七在路上說，我不來你會害相思病，那是一種什麼怪病？」我忽然想起老七的話，望着她臉上問。

她的臉一紅，像烤了火，隨即嬌嗔地罵老七：

「老七眞是一張臭嘴，他幾十歲的人了，還盆裏扯到缽裏。」

聽她這樣說我還是如在霧裏。本來我還想打破沙鍋問到底，表姐卻先開口了：

「表弟，你好久不到我家來，想不想表姐？」我笑着點點頭，她蜻蜓點水地在我臉上親了一下。隨後又輕輕嘆口氣，遺憾地說：

「表弟，再過兩年你就不能在我床上睡了。」

「爲什麽？」我覺得表姐的床比我的床柔軟、乾淨、舒服，又烘得這樣暖，我實在很歡喜在她床上睡，爲什麽再過兩年就不能睡？

「唉，你不懂。」她笑着搖搖頭，笑得有點悽迷。

我突然覺得她比我大了很多，不止五歲。

三

初三這天，我到舅舅家來拜年，舅舅家裏佈置得煥然一新，我寫的對子也湊了一份熱鬧，我望望表姐房門口的「早生貴子」心裏又慚愧又好笑。表姐穿了一身嶄新的紅緞緊身襖，絲棉褲、綉花鞋，腦後拖着烏溜溜的長辮子，額前垂着兩寸流海，像一株臨風玉樹。她和舅母差不多高了，身腰比舅母窈窕得多，皮膚比景德鎮御窰裏的細瓷還細還白。她彷彿天天在變，三天不見，她變得完全像個閨大姐了。

我也是穿的新長袍，新鞋新禮帽，一身花團錦簇。可是我老長不高，去年的衣服今年還很合身，我和表姐站在一塊矮她一個頭。

「表弟，你這一身打扮，眞像個秀才先生了。」表姐看看我，十分高興，低着頭，彎着腰，湊近我說。

「表姐，我是個矮人國，白吃了五穀雜糧，不長，那會像個秀才先生？」我說。

「表弟，你才過十歲，還早得很，一旦長起來，就會一天一個樣子，像春風吹綠草，那才叫快！」

「表姐，我能長到你這樣高就好。」

「你男子漢，大丈夫，將來一定比我高。」表姐笑着摸摸我的臉。

我向舅父舅母正式磕過頭之後，舅父舅母一人塞了我一個紅包，表姐把我帶到她房裏，她留了紅棗、貢糖、甜豆、桂圓……許多東西給我吃。還教我擲骰子，玩紙牌。

舅父家裏不時有客人來拜年，我和表姐在房裏玩得很起勁，懶得出去。可是當警備隊的翻譯吳國忠來拜年時，我不能不趕出去看看，表姐也趕到房門口望望。

吳國忠以前雖然是個剃頭匠，可是現在却是一個大紅人，誰見了他都得像見了「皇軍」一樣鞠躬，他居然到舅舅家裏來拜年，這是一件不平常的事。

表姐一出現在房門口，吳國忠就瞟了她幾眼，臉上有一種陰陽怪氣的笑。

舅父對於這位不速之客，像迎接聖駕一般誠惶誠恐。他對舅父却滿臉堆笑，左一句恭喜，右一句恭喜，弄得舅父半天摸不着頭腦。只好拱拱手向他請教：

「吳翻譯，大駕來到寒舍，不知有何見敎？」

「我一來是向你拜年，二來——」吳國忠說了半截突然停住，兩眼向表姐溜溜。

舅父的腦殼上直冒冷汗，結結巴巴地說不出話來，吳國忠卻接着說：

「二來是替令嫒作個媒。」

表姐臉色一變，馬上退到房裏。

「我水仙還很年輕，暫時不準備出嫁。」舅父連忙說：「謝謝吳翻譯的盛意。」

「江老板，這是天上掉下來的機會，不是普通人家。」

「謝謝吳翻譯的好意，我水仙實在不打算在這兵荒馬亂的年頭出嫁。」舅父拱手作揖。

「要是井口少尉看中了令嫒呢？」吳國忠望着舅父陰陽怪氣地一笑。

舅父一屁股跌在椅子上，舅母站在廚房門口目瞪口呆，表姐氣得面如死灰。

「吳翻譯，你不是開玩笑吧？」過了半天，舅父氣促地說。

「大年初三，我怎麼開你這個玩笑？井口大人是皇軍，人家巴結都巴結不上，你怎麼不識抬舉？」吳國忠打起官腔來了。

「吳翻譯，」舅父雙手不停作揖：「求求你在井口大人面前方圓方圓，小女實在不配。」

「他自己看中了的，你怎麼說不配？」吳國忠笑了起來。

舅父一句話也說不出來，只知道向吳國忠作揖，吳國忠輕視地站起來，向表姐房裏瞟了一眼，大步走了出去，走到門口又回過頭來對舅父說：

「江老板，你不要擀麵棍吹火，一竅不通！要是結了這門親，包你榮華富貴，過幾天我再來聽你的回信。」

舅父癡癡呆呆地望着他，一句話也不會講。吳國忠一離開，舅母連忙從房裏拿出一個厚實的紅包，遞給舅父，用力把舅父一推：

「快點送去，你呆頭呆腦地站在這裏幹什麼？木頭！」

舅父如夢初醒，隨手把棉袍一撩，連忙追了出去。

「走狗！漢奸！」表姐脚一頓，破口大罵，倒在床上大哭起來。

我不知道如何是好？舅母趕了過來，陪着表姐流眼淚，輕輕地安慰表姐說：

「兒，不要急壞了身體，說不定二十塊銀洋能够買通狼心狗肺？」

「殺千刀的，壞良心不得好死！」表姐擦着眼淚說。

舅父氣吁吁地跑回來，大雪天，一頭的汗。舅母連忙問他：

「怎樣？接了沒有？」

「這班狗腿子，見錢眼開，怎麽會不接？」舅父擦擦額上的汗。

「不曉得他在鬼子面前會不會打破嘴？」舅母擔心。

「我向他下了一跪，他應該有點良心？」舅父屈辱地說。

表姐又啊的一聲哭了起來。舅父摟着她，摸摸她的頭，寬慰她說：

「你寬心點，我會和你媽商量個法子。」

舅父舅母相偕出去。

表姐紅着眼睛悶悶不樂，我要她玩紙牌、擲骰子，她一概不幹，反而望着我艾怨地說：

「表弟，你眞不懂事！」

表姐從來沒有講過我一句重話兒，這句話却有點兒責備意味，我臉上沒有光彩，心裏也悶悶不樂起來。

晚飯的菜非常豐富，九大海盌擺滿了一桌，可是舅父舅母愁眉苦臉，好像沒有想出什麽法子？舅父一個人喝悶酒，不時憐愛地望望表姐，我和表姐坐在一方，他也不時望望我。

表姐低着頭吃飯，像吃藥，一粒粒地往嘴裏挑，她自己不揀菜，也忘記給我揀菜，我揀了一個她最喜歡吃的鷄肝給她，她却望望我，眼淚像數不盡的珍珠滾進盌裏。

表姐不是一個好哭的人，她怎麽會有這麽多的眼淚？我不敢看她，假如我講一句話逗她，她一定會大哭起來。

舅母先放下盌筷，她做了一個勉強的笑容對我說：

「小龍，你陪表姐慢慢吃。」

我點點頭，表姐却悄悄放下盌筷，她一盌飯都沒有吃完。

我連忙扒完飯，陪表姐到房裏去。

「表姐，你一定沒有吃飽。」我望着她說。

「我心裏有塊大石頭，怎麽吃得下飯？」她抆抆眼淚。

老七也吃完了，桌上只剩舅舅一個人在自斟自酌，他臉孔通紅，連眼睛也是紅的。

最後舅母不讓他再喝，他才搖搖幌幌地走進房去，完全是醉八仙的步子。

表姐既不和我玩紙牌，也不擲骰子，我覺得非常無聊，禁不住問她：

「表姐，你不理我了？」

她眼裏又滾出兩顆珍珠，向我悽然一笑：

「表弟，你不明白我的心事。」

「表姐，我不是你肚子裏的蛔虫，我怎麽明白？」

她輕輕地嘆口氣，勉強一笑。

「好，我陪你玩骨牌。」

她從抽屜裏拿出一付竹製的骨牌，和我玩「搬家」。

平時我玩不過她，她總是把我手邊的牌搬得光光的，今天她不行，一連輸了兩盤。她抓着兩塊天牌感慨地說：

「表弟，我們都是長三板櫈，要是有兩塊大天牌就好！」

「表姐，我們要是能請來天兵天將，就不怕東洋鬼子了。」

「唉！我眞希望有個趙子龍救駕，不要落入虎口才好！」

我們都是睜開眼睛講夢話。表姐知道根本不可能，她心裏還是苦惱得很，我也不好意思再要她陪我玩牌，我自己脫衣服睡覺。

她還是小心地替我把被子烘熱，再讓我鑽進去睡。

她自己並不睡，我也不好催她，起先我看見她坐在燈下流淚，後來我就什麽都不知道了。

半夜，我突然醒來，我發覺表姐的臉貼在我的臉上，她正在汩汩地流淚，我臉上也濕膩膩的。

第二天清早起來，表姐的眼睛紅得像水蜜桃。

舅舅已經完全清醒了，他打發老七去請我父親母親過來，好像要商量什麽大事似的。

我父親母親大概已經從老七嘴裏知道是怎麽一回事，他們來的時候臉色都很凝重。我母親先到表姐房裏來，表姐一看見我母親就撲上去伏在她懷裏哭泣，邊哭邊說：

「姑，您想個法子救救我！」

我母親拍拍表姐，叫表姐不要哭。然後一手牽着表姐，一手牽着我，牽到後面的客房，父親正和舅父舅母在磋商。

「妹夫，你知道有出息的年輕人都逃難去了，剩下來的都是粗人，一來我不願意委屈水仙，二來我這份家財也不想好給外人，肥水不落外人田，我們到底是至親——」舅父說。

表姐聽出舅父是談她的婚事，便悄悄地溜走。

「哥哥，你是不是說小龍？」母親問舅舅。

舅舅點點頭。

「本來我們也早有這個意思。」母親說。

「可是小龍太小，還不懂人事。」父親說。

「妹夫，這完全是障眼法，做給鬼子看。小龍雖然不懂人事，也沒有什麽關係，反正你不急着抱孫子，我也不急着抱外孫，我只求度過目前這一關，他們兩人日後的事好說得很，一切由他們自定。」舅父說。

「是呀，姑爹，救救水仙要緊！我看他們兩人也很投緣，水仙對他好得很，」舅母指指我說：「萬一小龍長大了變心，一切聽他的便好了。我們自己人，難道還會打官司告狀不成？」

「嫂嫂的話對，我們自己人還有什麽事不好商量的？我看救水仙要緊，就這麽決定吧！」母親對父親說。

「好吧！但願他們天長地久。事不宜遲，初七就是個黃道吉日，事前我們不要聲張，事後不妨放水。」父親說。

「爲了不走漏風聲，就在我這裏拜堂怎樣？」舅父徵詢父親的意見。

「哥哥，要是在平時，這件事我萬萬不能答應，現在也只好閉着眼睛吃毛虫，囫圇吞了。」父親說。

舅父高興地一笑，又摸摸我的頭。

吃過午飯後，我和父親母親一道回家，表姐送我們到大門口，她顯得很高興。

回家以後，母親教了我一些有關拜堂的事，我覺得非常好笑，我說：

「媽，那有我這麽一點大的人圓房，人家不會笑話？」

「你不要管那許多，你只當辦家家酒好了。」母親笑着說。

不錯，辦家家酒也有拜堂的節目，很好玩，和表姐拜堂，自然更有意思。

「記住，小龍，拜堂時你可不能哭啊！」母親叮囑我說。「那是好日子，要圖個吉兆。」

我點點頭，我沒有傷心的事，我爲什麽哭呢？

初七這天，我吃過午飯就和父親母親一道出來，我一身新，我們裝作出來吃春酒和拜年的樣子。我們經過劉家祠堂時，我看見井口在裏面背着手踱來踱去，那雙羅圈腿裏在馬褲裏顯得又短又粗，他整個人就像一隻矮脚虎。光頭，難看得要死！

一到舅舅家，我就看到不少客人，有些還是我們趙家的，不知道他們是怎麽來的？

我走到表姐的房裏，表姐已經打扮得像個新娘子，坐在床上，她身邊還有一位伴娘。我走上前去叫了聲「表姐」，她握住我的手高興地一笑。

沒有多久，鞭炮響了，伴娘陪着表姐出來，老七牽着我，看見人多我有點兒緊張，母親低着頭在我耳邊輕輕地說：

「小龍，不要慌，像辦家家酒一樣。」

我完全聽老七支使，他要我跪就跪，拜就拜。表姐站着比我高一個頭，跪着也比我高一個頭。

拜到最後我有點兒腿酸膝痛，我眞想哭，但一想起這是個好日子，表姐臉上又很高興，我還是強打精神拜完最後一個客人。幸好這有點像辦家家酒，否則我們兩家的客人全到，那得拜好幾個鏰頭。

拜完以後我又縮進表姐的房裏，直到開席才和表姐一道出來。

客人一共三桌，不像吃喜酒，倒像吃春酒。我們沒有向客人敬酒，客人也沒有向我們敬酒，腈子吃湯糰，心裏有數。

散席後我和表姐回到「洞房」，沒有誰來過鬧房，伴娘也走了。我母親臨走時特別進來囑咐我兩句：

「小龍，晚上不要來尿，小心受凉。」

我聽了有點兒不高興，表姐卻嘻嘻地笑，她在我臉上親了一下，輕輕地說：

「表弟，現在我是你的人了，快點兒長吧！」

四

第三天，吳國忠又來了。大概是舅母那二十塊大洋的關係吧？他一進門就是一張笑臉，舅父也不像上次那麼緊張，他好像吃了定心丸似的。

舅父替他倒茶，敬烟，他不抽舅父的水烟袋，逕自掏出旭光香烟，還遞了一枝給舅父，舅父有點受寵若驚的樣子。

吳國忠點燃了烟，又瞟瞟表姐的房，表姐在房裏替我做鞋，不願出來，我站在房門口把風。

「江老板，我今天是來討回信的，希望不要讓我空跑一趟。」吳國忠終於開了腔。

「吳翻譯，眞對不起，小女前天已經成親了。」舅父彎腰打躬地回答。

吳國忠大笑起來，望望舅父，調侃地說：

「江老板，看你是個老實人，你還在我們面前使什麼花槍？」

「吳翻譯，小女是眞的成了親，一點不假。」舅父一板一眼說。

「江老板，新郎倌呢？我倒要看看？」吳國忠戲弄地說。

「喏，」舅父向我一指：「就是我那個外甥，我們是親上加親。」

吳國忠用眼角瞟了我一眼，哈哈大笑，背着手在堂屋裏轉了兩轉，要死不活地說：

「我道是誰？原來是個沒有開口的小鷄公！江老板，這也算數？」

表姐的臉色突變，霍地站起，扶着桌子微微顫抖。

舅父楞了半天，過後指指我說：

「他們正式拜了天地，怎麽不算數？」

吳國忠又笑了起來，也指着我說：

「他嘴上無毛，乳臭未乾，也配作新郎倌？」他又哈哈大笑，把食指向舅父一指：「江老板，你不要把日本人當『洋盤』，井口大人精靈得很，他認定令嬡還是淸水貨。」

表姐氣得眼淚直流。舅父面色如紙，一個字也說不出來。

舅母却突然出現在堂屋裏，對着吳國忠一字一句地說：

「吳翻譯，強盜也講三分理，井口大人總不能霸佔民妻？」

吳國忠輕鬆地笑了起來，指着舅母說：

「江老板娘子，你這張嘴倒很會打官司。可是你知道現在是誰的天下？你還打得起官司告得起狀不成？」

「這不黑了天？」舅母氣得微微顫抖。

「其實是你們想不開，令嬡跟上了井口大人，就是官太太，吃的是油，穿的是綢，你們也有說不盡的好處，說不定皇軍還會發給你們一張『日支親善』的奬狀？」

「揩屁股我還嫌它硬哩！」舅母沒有好氣地回答。

「江老板娘子，就憑你這句話就犯了侮辱皇軍的罪名，我要是翻給井口大人聽，你賠了一個女兒還不够，保險叫你吃不了兜着走啦！」吳國忠冷冷地說。

舅母不再回嘴，舅父像打擺子樣渾身在抖。

吳國忠看他們不作聲，朗朗地說：

「今天我來給你們報個信，井口大人明天下午親自來接人，你們準備一下。我先提醒你們一句，跑得了和尚跑不了廟，一切歪主意都不必打，孫悟空總翻不過如來佛的手掌心。」

舅母連連倒退，舅父一屁股攤在椅子上。

吳國忠趾高氣揚地走出去，舅母突然追了上去，大聲地說：

「吳翻譯，我們都是中國人，你總不能吃裏扒外？求你做做好事，我會給你供個長生祿位，塑個金人。」

「江老板娘子，荒木大人要的是妳家千金，你給我一座金山銀山也不成。」

舅母啊的一聲哭了出來。表姐已經哭成了一個淚人。

舅父從椅上跳了起來，要老七去找我父親。

我父親氣急敗壞的趕來，郎舅兩人却面面相覷，再也拿不出一個主意。

老七對於這件事始終沒有作聲，現在却突然開口了：

「我看這麼的吧：我捨了這條命，今天晚上摸到劉家祠堂，把井口那個狗東西宰了，去掉這個禍根！」

起先舅舅和我父親一喜，過了一會，又搖搖頭。

「不行，不行，你會白送一條性命，我們這裏還要殺個鷄犬不留，賀家莊就是一個樣子。」

父親說。

「那就沒有別的辦法了！」老七嘆口氣：「我們又不能撒豆成兵。」

隨後他們又商量逃的辦法，但是天寒地凍，處處關卡，與國忠又留下了那樣的話，顯然他和荒木早就考慮到了，甕中的鱉，往那裏逃？

父親是白來了一趟，只是陪着舅舅嘆氣。

表姐知道沒有挽救的辦法，哭得更傷心，舅母也陪着她哭，母女兩人抱頭抱腦，哭成一團。

表姐在我面前完全像個大人，在舅母懷裏還是個孩子。

晚上，房裏只有表姐和我兩人，她總是催我去睡，我不敢睡，因爲舅母曾經暗暗囑咐我對表姐要小心照應，怕她尋短見。

表姐看我對她寸步不離，她就瞭解我的心意，她哭着對我說：

「表弟，你還是讓我死了吧，將來我怎麽對得住你？」

「表姐，你不能死，你沒有什麽對不住我的事。」我說。

「唉，表弟，你太小，你不懂，女人不比你們男人。」

「表姐，你放心，長大了我一定替你報仇。」

「你眞有這種志氣？」表姐泫然一笑。

「男子漢，大丈夫！」我拍拍胸脯。

表姐把我往懷裏一摟，在我臉上親親，悠悠地說。

「你日後要是眞能報仇，我死了才閉眼睛。」

這天晚上我們兩人都沒有睡，舅舅和父親好像也沒有睡。

第二天舅舅家裏仍然是愁雲慘霧，母親也趕了過來。

下午，井口騎了一匹棗紅的大馬，帶了一頂小轎，一個全副武裝的士兵和吳國忠一道到舅舅家來，舅父和父親忍氣吞聲地招待他們。老七怒目地望着井口。舅母，母親，表姐在房裏輕輕地哭泣。

井口把舅舅的房子掃了一眼，然後又掃視舅舅和父親，吳國忠向他唧噥了幾句，大概是介紹，他向舅舅和父親點點頭，勉強做出一個親善的表情，但臉上的橫肉，嘴上的一撮鬍髭，仍然十分怕人。

隨後井口向吳國忠嘀咕了幾句，吳國忠連連點頭，馬上轉過臉來對舅舅說：

「請令嫒上轎。」

舅父像接到催命符一樣，馬上失魂落魄，呆若木鷄。父親問吳國忠：

「吳翻譯，眞的軍令如山嗎？」

「這是什麼節骨眼兒？井口大人還會和你們開玩笑？」吳國忠把嘴巴一撇。

父親悲憤地大吼一聲：

「水仙上轎！」

表姐像殺豬樣地哭叫起來，舅母和母親傷心欲絕地扶着她一步步走出房門，不敢反抗。

井口又和吳國忠嘀咕了幾句，吳國忠馬上傳話。

「井口大人有令，不許哭哭啼啼！」

表姐果然不哭，經過我身邊時她低沉地對我說：

「表弟，記住你的話！」

我含淚點點頭。

她不再要舅母和母親扶持，昂然走進小轎。

井口騎上他棗紅的大馬，神氣活現地走在小轎前面。馬蹄揚起一朵朵雪花。

表姐的轎子一抬起，全家人都啊啊地哭了起來，舅父和父親哭得像牛叫。

老七猛力一拳捶在桌上，茶杯滾到地上跌得粉碎。

幾天後，放牛的孩子編了這麼一支歌：

一朵水仙花

挿上牛屎巴
井口矮子鬼
活像個癩蛤蟆

五

我本家的趙秀才和一個做官的親戚在後方來信說「生意」做得很好，因此父親和舅父籌了一筆巨款，悄悄地送我到後方讀書。

我始終記住我對表姐講過的我要替她報仇的話，所以高中畢業那年，我放棄了升大學的機會，響應了「一寸河山一滴血，十萬青年十萬軍」的號召，當了個二等兵。不久鬼子投降，我想趕回家找荒木算帳，但我已經穿了二尺半，不能自由行動，隨着部隊推進接收，管理俘虜。在那一聯隊「皇軍」當中，我留意調查有沒有井口這傢伙？結果失望。我也想對別的「蘿蔔頭」報復，我相信他們每一個傢伙都欠了我們的血債。但是上面的命令嚴得很，我不敢傷他們一根毛。那些蘿蔔頭變得也真快，不論官長士兵，走過我的崗位時，戴帽的行擧手禮，未戴帽的九十度鞠躬，一個個像龜孫子，和我在家時見的井口那些趾高氣揚，把我們中國人當狗的「皇軍」，完全兩樣，簡直使我不敢相信這就是日本人？

臘月底，我請准了一個星期的假，大雪紛飛的日子趕回家。在八里坡我趕上了一個挑着年貨——香燭、鞭炮、黃裱、紅紙的跛脚小販，我回頭一看，不是別人，正是老七。

我一眼就認出是他，他楞了半天才想起是我。他驚喜得眼裏滾出兩顆大珍珠，滴水成冰的日子，那兩顆珍珠就掛在臉上。

「唉！小龍，你到底長大了！」

的確，我已經和他一般高。

「老七，你怎麽變成了鐵拐李？」

「小龍，這還得感謝水仙姑娘，不然井口早就把我下湯圓，一麻袋沉到江底餵魚了！」

「爲什麽？」

「我當了游擊隊，被鬼子逮住了！」

「老七，水仙表姐呢？」

老七像挨了一榔頭，兩眼翻了幾翻，沒有作聲，過後眼圈一紅，我抓着他一再追問，他嘆了一口大氣，幽幽地說：

「唉！坟上的草都有兩尺高了！」

我倒退幾步，差點跌倒。

「老七，你要醒着說話！」我攀着他的肩膀搖了兩搖。

「小龍，我何曾睡着？」他眼睛翻了幾翻。

「老七，她是怎麼死的？」

「上吊！」

「她為什麼要走這條絕路？」

「小龍，這事得從頭說起。水仙姑娘十八歲那年，井口調走，要她跟着去，她不肯。井口這傢伙也真缺德，把她當件禮物送給新來的伊藤。伊藤是個色鬼，照收。你說水仙姑娘怎麼能忍辱偷生？」

我的心像要爆炸，身子在顫抖。

「那兩個畜牲呢？你怎麼不把他們幹掉？」

「唉！別提吧！我想宰他們的時候宰不到；能宰他們的時候又不准我宰，眼巴巴地看着他們離開！天下再沒有這樣窩囊的事！」

「吳國忠你總可以宰！」

「小龍，這雜種脚底板揩油，溜了！」

「老七，你真是個窩囊肺！」

「小龍，你到底長大了，你罵得好！罵得好！」老七似哭非哭，似笑非笑。

「少廢話，水仙表姐留下什麽沒有？」

「留，留，留下了一個孽！」老七結結巴巴。「是井口那畜牲的！」

我以爲水仙表姐一定會留幾句話或是一點什麽東西給我，想不到老七給我這樣的回答！我咆哮起來：

「帶我上坟！住嘴！」

老七一聲不響地領着我走。雪很大，他一隻脚高，一隻脚低，像隻大燈籠樣一幌一幌。

水仙表姐葬在舅舅家的祖坟山上，墳上一片白雪，一塊小小的碑石也被大雪掩蓋，我用手輕輕一拂，露出「愛女水仙之墓」這幾個字，我雙脚跪了下去。

老七從籃子裏抽出三柱長香，一束黃裱，點燃，焚化。香揷在墳頭雪上，他也在我旁邊跪了下來，像個老太婆一樣，嘴裏嘮嘮叨叨：

「水仙姑娘，小龍長大了，小龍回來了。你在世之日，天天惦着他，陰陽一張紙，現在你們總算團圓了。鬼子已經投降滾蛋，不用怕，你可以在五殿閻王面前告狀了。……」

我不知道水仙表姐是不是地下有知？聽淸楚了老七的嘮叨？我活着都未能替她報仇，她就是敢在閻王面前告狀，閻王也未必肯主持公道。

雪，劈頭蓋腦地落着，很快地掩蓋了「愛女水仙之墓」這幾個字。

我沒有臉向水仙表姐解釋，眼淚也洗不掉她的恥辱，我抬不起頭。

銀杏表嫂

一

像啄木鳥啄着老楊樹，大門剝剝地輕叩兩聲。

「誰呀？這麼半夜三更的？」母親的耳朵很靈，心情可有點兒緊張，細聲細氣地問。

「舅媽，是我，銀杏。」門外響起八角亭上風鈴似的聲音，脆而輕，顫而媚人。

母親「哦」了一聲，連忙掌起菜油燈。我一聽是銀杏表嫂的聲音，三步併作兩步奔過去，把門拴一抽，雙手用力一拉，一個大元寶，往門裏一栽，撲通一聲，我嚇了一跳，倒退兩步。

表嫂往門裏一竄，腰一彎，伸手一拉，珠走玉盤地說：

「爺，花朝都過了，你還拜什麼年？」

母親搖幌着走了過來，一手掩着燈，低着頭，向地上一打量，捉摸地說：

「是長庚？」

「舅媽，是我。」長庚表哥蹭蹬着爬起來，背上像叫化子馱了一隻討飯袋。

銀杏表嫂迅速地轉身關上門，背脊靠在門上悠悠地吁了一口氣。我這才看清楚她頭上包着一幅褪了色的藍布頭巾；身上罩着姑姑那件長大的藍布褂，像半截道袍；一臉的鍋烟。那張可愛的俏臉，變成了一個母夜叉。

「銀杏，你怎麼變成了戲台上的包大人？」母親舉起菜油燈，向他臉上照照，嗤的一聲。

「舅媽，媽不給我搽胭脂水粉，倒搽了我一臉的鍋烟。」銀杏表嫂有點哭笑不得。

「姑姑發了什麼瘋？把你這個俏媳婦打扮成這個怪模樣？」

「舅媽，說不得，鬼子在我們那邊要花姑娘，媽先得到風聲，要我們脚底板抹油，漏夜向您這邊溜。」

母親啊了一聲，微微嘆口氣。長庚表哥抱怨地說：

「害得我兎兒下嶺，趕了這麼遠的夜路！」

「爺，你還叫什麼屈？我差點兒被你累死。」銀杏表嫂取下藍布頭巾，露出一截白嫩的腦売和半截粉頸。隨後又脫下姑姑那件藍布大褂，露出新的紅綾短襖，完全一副新娘神態。

長庚表哥也脫掉姑爹在世時穿的那件黑短罩褂，這件短褂一直罩到他的膝蓋，空空蕩蕩，兩隻袖子拖出半截，搖搖擺擺，那模樣兒有幾分像戲台上的小丑。

他把那件黑短褂往銀杏表嫂手上一搭，雙手拍拍身上天藍色的絲棉長袍，一身新氣，背上還像背着一隻大口袋，高高隆起。

「長庚，剛才小汾冒冒失失，你跌傷了那兒沒有？」母親摸摸長庚表哥的扣子頭和駱駝背。

「舅媽，您不用擔心，他是烏龜過門檻，跌跌爬爬，慣啦。」銀杏表嫂掩着嘴兒一笑。

「你眞是一張狗嘴，吐不出象牙。」長庚表哥揚手向她一指。

「好了，你們夫妻兩別鬪嘴。」母親望望他們兩人一笑：「先洗洗臉，我煎點印兒粑給你們充充饑。」

銀杏表嫂乖巧地跟着母親走向厨房，隨手在厨房門口的洗臉架上取了面盆進去。母親把燈放在洗臉架上層，將燈芯撥大一點，這樣可以照着厨房和堂屋，兩面光。

「表哥，剛才我沒有想到你也在門外，你怎麼一個元寶滾進來？」我拉拉長庚表哥的衣袖。

「我靠在門上喘氣，沒想到你老弟挖我的牆脚？」長庚表哥的小眼睛向我翻翻。「弄得我烏龜過門檻，四脚朝天！」

我把右手向他一伸，掌心向上，認錯：

「表哥，你罰吧。」

「五十，還是一百？」他的小嘴巴咧開。

「聽便。」

於是，他揚起瘦骨嶙峋的小手，高高舉起，輕輕落下，一五，一十，邊打邊數，數到五十，停手一笑：

「好了，老規矩，就此打住。」

我們打手心，很少超過五十虛數。

銀杏表嫂絞了一個熱手巾，笑盈盈地遞給長庚表哥：「爺，你是大人了，還好意思和汾表弟打手心？」

「你別狗咬耗子，這是我們的見面禮。」長庚表哥接過熱手巾，鬼畫胡桃地在臉上亂抹了一下，又交還銀杏表嫂：「你自己撒泡尿照照吧？瞧你像閻羅殿上的那一尊？」

銀杏表嫂將手巾在自己臉上擦擦，將鍋烟完全擦掉，露出雪白的瓜子臉兒。長庚表哥拍手一笑：

「嘿！這才像個賽觀音！」

「饞你貧嘴。」銀杏表嫂右手食指在他腦壳上輕輕一點。

長庚表哥身子向後一退，駱駝背抵在我的肚子上，尖聲尖氣的笑起來。

擦掉了鍋烟的銀杏表嫂，眞的俏極了，我實在想不出什麽來比她？長庚表哥到底大我幾歲，「賽觀音」，虧他這一提，才使我想起天后宮裏的玉面觀音，那是個瓜子臉、長眉、秀眼、紅嘴唇的美人，可惜不會說話。銀杏表嫂眉眼含笑，嘴甜，所以還勝她三分。身子也比她高得多，眞像一株亭亭玉立的銀杏。

「你眞不識抬舉，我封你作賽觀音，你不過癮？」長庚表哥歪着扣子頭。

「我的爺，你小心癀了神，一輩子也是個三寸釘。」銀杏表嫂抿着嘴兒一笑。

「嘿！生米煮成了熟飯，我還怕你嫌我矮？」長庚表哥得意地說。

「你墊着枕頭睡覺，不要想歪了。我嫁鷄隨鷄，嫁狗隨狗，誰嫌你來着？」銀杏表嫂笑盈盈地，手裏扭着面巾。

「招哇！」長庚表哥雙手一拍：「不是寃家不聚頭，我癩蛤蟆偏吃你這塊天鵝肉，命大勒！」

母親端着一盤紅糖菜油煎的印兒粑出來，笑着對長庚表哥說：

「長庚，快吃個印兒粑甜甜嘴，不要儘講餿話。」

「舅媽，您要是再不塞住他的嘴，葷的素的他都會端出來。」銀杏表嫂接嘴。

「男不和女鬬，我饒了你這張八哥兒嘴。」長庚表哥接過母親手上的筷子，遞了一雙給我，拉着我走近桌邊。

「爺，你呀，你湯罐裡煨鴨，獨出一張嘴，快修你的五藏廟吧，」銀杏表嫂柳腰兒一扭，拾着手巾打轉兒，然後放進臉盆裏面濯乾淨，再回到桌邊來吃印兒粑。

她在長庚表哥身邊坐下，她坐着比表哥站着還高。

長庚表哥十七，年年一般高；銀杏表嫂十五，却像春筍兒直往上冒，前年就冒過了他的頭，現在長庚表哥踮起脚來也只够得上她的肩膀。我十三，他比我還矮一拳頭，小手小脚，說話還是童音，他好像放少了酵麵的饅頭，怎麽也發不大。

母親望着他們好笑，她自己不吃，却一個個地夾給表哥吃。

「長庚，你多吃兩個吧？我眞盼望你一夜長大。」

「舅媽，他是個鼓不起氣的皮球，你別燒錯了香。」銀杏表嫂說。

「你也別性急啥，」長庚表哥望了她一眼：「寶塔天高，也不是一夜砌起來的。」

「你們夫妻倆在我家裏多住幾天，長庚，明天我殺隻童子鷄給你吃。」母親說。「剛開口的！」

「舅媽，鬼子爛了心，看樣子這次我們有得住。」銀杏表嫂接嘴。

「有沒有人點妳的水？」

「那可保不定，要不是媽檄瞥，說不定遭了殃。」

「我家一無壯丁，二無閨女，你放心住。」

「舅媽，剛開口的童子鷄我也放心吃？」長庚表哥望着母親一笑。

「外甥是外婆家的狗，吃了就走，你儘管放心。」母親摸摸表哥的頭。

「爺，我說呀，你是烏龜吃大麥，糟踏糧食。還是留給汾表弟吃吧，他會日長夜大的。」銀杏表嫂向長庚表哥一笑。

「我說你安的什麼心哪？你願意年年抱我上牙床不成？」

「你說了癩蛤蟆吃天鵝肉，命哪！」

「好了，好了，」母親笑着打岔：「吃飽了就去睡覺，小汾的床讓給你們。」

「舅媽，我和汾表弟一道睡。」長庚表哥搶着說。

「別胡說，你們是新人，怎麼可以分床睡？」母親堵住表哥：「你媽正急着抱孫兒呢。」

「舅媽，他愛和表弟睡就讓他和表弟睡吧，」銀杏表嫂扯扯母親的衣角：「反正是聾子的耳朵，瞎子的眼睛。」

母親一怔，一笑，憐愛地摸摸表嫂的秀髮，輕輕地說：

「沾沾陽氣也行。」

母親隨即端着燈，把表嫂送到我房裏。過了一會兒她又提着燈出來。

表哥正和我猜拳遊戲，叫得口沫直噴，表嫂一身紅綾襖，亭亭地立在房門口，遙遙地呼喚表哥：

「爺，象牙床，綾羅被，萬事俱備，你就起一陣東風吧？」

「摩天寶塔不是一夜砌成的，你嘢，何必像熱鍋上的螞蟻？」

表哥望了她一眼，接了腔，然後弓着駱駝背，勾着扣子頭，一搖一晃地向嬌豔如花的表嫂走過去，像滾着一個大元寶。

二

母親為我在她的床對面架了一張臨時舖，自然沒有我那張床好，她摸摸我的頭說：

「小汾，你就委屈幾天吧！姑姑家三代單傳，財旺人不旺，你姑爹前年又被鬼子亂槍打死，現在只剩下長庚這條根，你姑姑等不及，臘月裏就替他圓了房，急着抱孫子。他夫妻倆到我們家來，你自然應該讓舖。」

「娘，我的床大被大，三個人也睡得下，您何必要我讓？」我對臨時舖沒有好感，而且我有個壞毛病，換了床睡不着覺，以前表哥來我家，老規矩，我們兩人睡，怎麼他一圓房，就把我隔開？實在不公道。

「傻兒子，你怎麼能做蠟燭？」母親噗的一笑。

「他們睡覺不點燈？」

「那不關你的事。」

母親笑着搖搖頭，替我把被子舖開，脚底下摑好，隨後自言自語地說：

「唉，眞是女大十八變，想不到銀杏這丫頭變得像一朶牡丹花兒似的。」

「娘，表哥說她是賽觀音。」

「嗯，虧他有這份悟性。」

「表哥並不蠢。」

「可惜是個殘疾人。」

「娘，表哥配表嫂，是不是合了那句古話兒：烏鴉配鳳凰？」

「還有一說：叫化子跌進銀窖裏。」

「娘，那是『躺』來的福。」

「這話兒若是從頭說起，表哥實在是托你姑姑的福。」

「娘，您又款古？」

「不說你不知道，」母親摸摸我的頭：「你表哥一出世就有殘疾，兩歲還不會走路，你姑姑就怕他日後娶不到媳婦，在他三歲那年就從育嬰堂抱了銀杏回家，雖然是個小童養媳，你姑姑倒也披紅掛彩，熱鬧了一番。當初銀杏瘦得像隻猴兒，一點也不搶眼，想不到雨後的牡丹花兒，越開越俏，你姑姑一來怕斷了徐家的香烟，二來怕別人打眼，就要他們拜了堂，進了新房。」

「娘，我們剛吃了喜酒，那又要接着吃紅蛋哪？」

「按理不出一年，不過我們還是多殺幾隻童子鷄給長庚吃好些。」

「娘，剛開口叫的，您捨得？」

「爲了姑姑早點抱孫兒，捨不得也要捨。」母親的口氣很堅決，就像她燒香許願。隨後又端詳我：「小汾，我看你有點兒小氣？」我不作聲，我實在有點兒捨不得大紅袍、蘆花、黑包挑，牠們都臉紅脖子粗，剛剛會叫，會找母鷄的麻煩，我一天要餵幾次，牠們會在我手掌上啄麥子吃，實在可愛。

「你給表哥吃童子鷄，表哥才會給你吃紅蛋，一來一往，兩不吃虧。」母親哄着我說。

「娘，別人圓了房就有紅蛋吃，怎麼表哥要吃童子鷄？您出的什麼主意？」

「古人傳下來的，童子鷄帶發。藥無引不行，饃無酵不發，我看你表哥也要引一引才行。」

我不懂母親的媽媽經，往被子裏一鑽，蒙着腦袋就睡。

第二天清早起來，我發現母親已經宰了大紅袍，我望着地上一堆毛，心裏眞不是味道。

銀杏表嫂起得比我遲，她頭髮鬆鬆的，後腦雖然挽了一個大髻，額前還保留了一綹流海。她嘴唇鮮紅，臉上像搽了胭脂。

她笑着叫了我一聲「汾表弟」，就先在臉盆裏洗洗手，再去灶上湯罐裏打水洗臉。不一會兒，她端了一盆熱水，雙手遞給我，笑盈盈地說：

「表弟，你先淨淨面。」

「表嫂，我洗過了，你不用客氣。」我笑着推辭。

「哈，你眼角上還有痲雀糞，騙誰？」她微微一笑。

「表嫂，你是客，我是主，應該我打水給你洗臉才對。」

「表弟，你是男，我是女，男是天，女是地，只有女的服侍男的，那有男的侍候女的？」

「表嫂，親家母拜年，兩免好了，你自己洗吧。」

「表弟，你嫌我手髒是不是？」她緊着我微笑：「我可洗得乾乾淨淨的，我不是不懂規矩。」

我連忙搖頭。她的手細皮白肉，賽過嫩藕，比我這雙鷄脚爪乾淨得多。

她看我搖頭，連忙把臉盆放在脚邊，絞了一個熱手巾遞給我，我只好接過來擦了幾下，道了一聲謝。

她自己洗過臉就到母親房裏去梳頭，出來時整整齊齊，像圓房那天剛揭開蓋頭的樣子。

表哥還沒有起來，我和表嫂一同到房裏去看他，他側着身子睡，面朝裏，駱駝背朝外，兩頭弓在一堆，看起來更小。

「爺，太陽晒到背脊骨，你還不起來？眞好福氣。」銀杏表嫂伏在床沿，輕輕地叫他。

他微微動彈了一下，發出幾聲囈語：

「山，好高……唉，我，爬，爬不動了……」

「爺，你怎麽胡言亂語？汾表弟來看你了，你好意思？……」銀杏表嫂伏在他耳邊輕輕地說。

長庚表哥迷迷糊糊地唔了兩聲，反問一句：

「你說什麽？」

「汾表弟來了。」銀杏表嫂提高聲音。

長庚表哥用小手揉揉眼睛，想翻身過來，駱駝背抵着他翻不動，銀杏表嫂用力一拉，把他拉着坐了起來。他翻翻小眼睛望望我，銀杏表嫂對他說：

「爺，你自己穿衣服，我去替你打洗臉水。」

銀杏表嫂走後，我對長庚表哥說：

「表哥，我的舊床沒有你的新床好，昨天晚上你睡得安神？」

「做噩夢，爬高山，」他臉上浮起一絲怪笑：「表哥眞是烏龜過門檻，翻上翻下，表弟，怪不得你的象牙床，那兒都是一樣。」

「表哥，你打的什麼謎？」

他尖聲尖氣地一笑，一面穿衣一面說：

「表弟，怪不得你楞頭楞腦，我忘記了你還沒有圓房。」

「表哥，我還早得很，媳婦兒還不知道在那隻狗狼肚裏哩？」

「表弟，娶了媳婦兒就睡不好覺，還是和尙好。」

「表哥，牆壁上掛狗皮，你這算什麼古『畫』兒？」

「表弟，不要見笑，我自己『畫』的。」

「爺，孔夫子門人七十二，你呀，亂話三千！」銀杏表嫂雙手端着臉盆，一踏進房門就笑着接腔。

「哈，妳呀，妳是啞吧告狀，一肚皮的官司。」

「爺，你發的什麼瘋？清早起來就瘋言瘋語？」銀杏表嫂絞了一個熱手巾，遞到長庚表哥面前，輕輕地說。

長庚表哥望了她一眼，接過手巾在臉上鬼畫胡桃畫了兩下，就翻身下床。銀杏表嫂雙手一抱，把他抱了下來，輕輕地放在地上。

「爺，你再洗洗手。」銀杏表嫂指指臉盆。

「做了三天新媳婦，就一肚皮的婆婆經。妳呀，眞是現眞現實！」

「爺，你眞是兜着豆子找鍋炒，好，我讓你。」銀杏表嫂柳腰兒輕輕一扭，晃了出去。

表哥洗了手和我一道出來，他看了看地上大紅袍的毛，笑着問我：

「表弟，舅媽眞的殺了雞？」

「娘說到做到。」

「嘿，外甥走舅家，眞的不落輸。」他檢起一撮雞毛向我一笑。

「娘說姑姑想抱孫兒，我也想吃紅蛋。」我說。

「表弟，我再打個謎兒你猜？」

「你說。」

「多筍兒不能成器，一竹篙打不到井底。」

天知道他打的什麼鬼謎？

三

母親將「大紅袍」隔水清蒸，還放了三枚香蕈，兩粒紅棗。一揭開鍋蓋一股鮮味就衝進鼻子，弄得我直流口水。母親對我一笑：

「小汾，別饞，過兩年我再蒸給你吃，現在你還沒有到那個節骨眼兒。」

「娘，吃童子鷄還有這麼玄吶？」

「嗯，」母親笑着點頭：「這好比教師爺點穴，要恰到好處。」

看看那白裏透黃的鷄，發得像一柄黑洋傘般的香蕈，鼓得像紅孩兒的大紅棗，我不自禁地嚥了一下口水，母親裝作沒有看見，過後反而囑咐我：

「這是表哥的獨食，別人分了就不靈，要他一個人全吃下去，你一口湯都不能喝他的，小汾，你要懂事啊！」

我應了一聲是，心裏可不舒服。我希望快點長到十五歲，那就是個半大人，可以吃清蒸童子鷄了。

母親像燒香進貢般地，用紅漆小托盤，托着個大海盌，顫巍巍地送進房裏，表哥表嫂正在打情駡俏，表嫂一看見母親進來，連忙起身雙手來接，哎喲喲地說：

「舅媽，您這會折他的福，他怎麼受得起？」

長庚表哥看見一大盌熱氣騰騰的全鷄，笑瞇瞇地走過來，對母親說：

「舅媽，我還沒有孝敬您啦！」

「早點生個兒子就算孝敬哪！」母親愉快地一笑：「看，我放了兩粒大棗子，就盼望你早生貴子。」

「謝謝舅媽，」銀杏表嫂向母親鳳凰一點頭，又瞟了長庚表哥一眼：「爺，這台被臥戲就全看你的。」

「還沒有打雷，妳就望着下雨，眞好急的性子！」長庚表哥望望銀杏表嫂一笑：「還是讓爺先享享口福。」

母親笑着走開，在房門口囑咐我說：

「小汾，表哥吃完了你就把盌筷送過來。」

我不高興，沒有作聲，銀杏表嫂笑着對我說：

「表弟，我會送去，不敢偏勞你。」

長庚表哥倒很大方，分了一隻鷄腿給我，我沒有接，我把母親的話重複了一遍，銀杏表嫂笑着對長庚表哥說：

「爺，你聽見了沒有？舅媽對你這番心，你怎樣報答？」

「妳又借着題兒做文章呀？爺瞎子吃湯圓，心裏有數？」長庚表哥歪着扣子頭，啃着鷄腿，邊吃邊說。

長庚表哥的量小，一隻童子鷄就把他塞得打飽呃，還剩了不少湯，銀杏表嫂端起盌來要他喝下去：

「爺，汁都在湯裏，你不要辜負了舅媽的好意。」

「好，你借着天牌壓地牌。」

表哥只好伸長脖子灌下去，又打了兩個飽呃。銀杏表嫂望着他一笑：

「武二爺病後喝了三大盌老酒，還過景陽崗，打猛虎。我的爺，你是武大郎賣水餃，挑不動也吃不得。」

「妳呀，貓兒叫春，太不安分。」長庚表哥睨了她一眼。

「瞧你貧嘴賤舌！」銀杏表嫂眼兒一瞪，抿着嘴兒一笑，收起盌筷跑了出去。

長庚表哥得意地尖笑，隨後握着我的手抱歉地說：

「表弟，原諒我吃獨食。銀杏的話我當作馬耳東風，舅媽的好意我可不能辜負。下次你上我家，一定加倍，兩隻！」

他向我伸出兩個指頭，我心裏一樂，笑了。不過我對他說：

「媽說我還沒到那個節骨眼兒。」

「表弟，你是春筍兒，特別快，不要兩年，就會冲出來。」

隨後他又從荷包裏掏出一隻毽子，那是「大紅袍」身上的毛，一落眼我就認得。

他把我拉到堂屋裏踢毽子，恰巧銀杏表嫂從廚房出來，他踢歪了，被銀杏表嫂順脚接住，銀杏表嫂的綉花鞋兒一挑，把毽子挑得很高，她對表哥打了一個招呼：

「爺，你接住。」

表哥慢了一步，毽子落在地上，她唉了一聲，隨後一笑：

「爺，你的童子鷄白吃了咧？」

「你別急啥，打了雷自然會下雨。」長庚表哥向她一笑。

表嫂的毽子踢得眞好，一上了她的脚就不會掉下來，她腰桿兒細，身子靈活，踢起來像風擺柳，非常好看。我踢不過她，表哥自然更不是她的對手。表哥本來是駱駝背，踢起毽子來更勾得像隻熟蝦，踢不了二十下就直喘氣，臉色蒼白。她踢上百兒八十還很輕鬆，臉色如西天晚霞，紅艷欲滴。

「銀杏，你的毽子踢得眞好，可就有一樣，小心閃了腰。」母親又歡喜又擔心地對表嫂說。

銀杏表嫂把踢在空中的毽子隨手一抄，握在手中，笑盈盈地說：

「舅媽，您放心，眞到了那節骨眼兒我會小心，現在是輕舟淺儎，正好玩玩。舅媽，您也來踢踢？」

「銀杏，舅媽的骨頭硬囉！」母親搖頭一笑：「歲月欺人老，現在是你們的世界啦。」

「舅媽，您說錯了，現在是鬼子的世界，我們是躲咪貓的。」

「說眞的，銀杏，外面風聲不好，你千萬不要出門。」母親囑咐她。

「舅媽，我不會送肉上砧，您放心。」

「幸虧長庚做了一隻毽子，不然你年紀輕輕的，眞會悶得慌。」

「舅媽，我是陪着公子趕考，不然他更像一隻花脚貓。」表嫂向長庚表哥一指。

「要不是爲了妳，我才用不着躲咪貓，現在外面紅花綠葉兒的，踢毽子算什麽時髦？」表哥也向她一指。

「好，爺，我累了你，你大丈夫，男子漢，長了翅膀滿天飛，鬼子又不要你當慰勞隊，你去雲淡風輕吧。」

表嫂有點兒惱，母親又作和事佬。表哥把我輕輕一拉，我們從後門溜了出去。

外面油菜花兒開得非常熱鬧，一片金黃，有點兒淸香，蝴蝶蜜蜂，穿梭來往。

我和表哥爬上山邊一座桃林，表哥直喘氣，可是他非常高興地對我說：

「表弟，吃了舅媽的童子鷄，兩脚似乎有點兒力。」

「那眞是妙藥仙丹，下半年我一定可以吃紅蛋。」我也高興。

「但願打雷就能下雨，爹只留下我這條根，總不能在我手上斷了香烟？」表哥臉上一本正經。

「表弟，你唸到『不孝有三，無後爲大』沒有？」

「唸是唸過了，就是擀麵棍吹火，一竅不通。」

「就是我說的那句話兒。」

「王姥姥說表嫂一肚子仔，你着什麼急？」

「表弟，你不懂，這不像癩蛤蟆哈氣。」

我茫然地望着他，我眞的不懂。

突然響起一陣得得的蹄聲，表哥連忙拉着我往地上一蹲。一霎眼，一隊打着太陽旗穿着黃呢軍服的騎兵，從我們面前一里多路的馬路上急馳而過，馬蹄揚起團團灰塵。

「唉，要是舅舅的人馬在這兒多好？」表哥忽然慨嘆起來。

「爹在後方來信說，『生意』不好。」

「表弟，這難道是天意？我們註定了要受這些雜種的欺？」

「但願爹早點回來。」

「表弟，我實在不願躲咪猫，昨天晚上我一路滾元寶，滾到你家來，眞不是味道。也虧了你表嫂！」

「表哥，難得你讚她一句。」

「表弟，我是嘴上罵，心裏疼；上床的小人，下床的君子。」

我笑了起來，他却一本正經地說：

「表弟，男子漢，大丈夫，泥巴菩薩也要粧點兒金哈！不然哪來的香火？」

說着他又折了一枝最好的桃花，放在鼻尖上聞聞，然後向我一笑：

「你表嫂最愛花花朵朵。」

「你想送她？」

「她躲咪猫，我和你在外面逍遙，怎麼好意思空手回去？」

他笑着先下坡，路陡，他上重下輕，又滾了一個大元寶。

我們回家時，表嫂站在房門口笑臉相迎。表哥遞上那枝桃花，表嫂笑得和桃花一樣美。表哥折下一小枝，踮起脚來往她鬢邊一插，表嫂把他往懷裏一摟：

「爺，難得你這份孝心！」

四

姑姑惦念着她這對寶貝兒媳，也趕到我家來。

她帶來了壞消息，說他們那邊有好幾個年輕的姑娘遭了殃，抓去當慰勞隊了。

表嫂聽了渾身打了一個寒噤。

這天晚上吃過晚飯不久，姑姑和母親坐在堂屋裏閒聊，我和表哥表嫂踢毽子，大門上突然蓬蓬兩聲，姑姑一口吹熄了菜油燈，要表哥表嫂快點躲起來，我只覺得表嫂把表哥一拖，不知道他們往那裏躲。

外面的人發覺裏面熄了燈，就大聲地罵了起來，有中國人的聲音和鬼子的聲音。鬼子罵什麽我聽不懂，有一句似乎是「八格野鹿」。

門敲得更急，還有槍托撞擊的聲音。母親顫着聲音對我說：

「小汾，你去開門。」

我兩條腿像彈琵琶，渾身顫抖地走到門邊，剛剛把門栓抽開，就有兩個人衝進來，把我撞倒，隨後又進來兩個。兩個中國便衣提着馬燈，兩個鬼子背着馬槍，握着手電。

母親和姑姑縮在一堆，一個便衣提着馬燈在她們臉上照了一下，兩個鬼子罵了一聲，就持着手電分頭搜查。

先進來的那個粗壯的鬼子在我房裏找到了銀杏表嫂，把她挾了出來，哈哈大笑。

表嫂像隻鷄在他手裏掙扎，大哭大叫：「長庚哪——長庚！……」

那個便衣提起馬燈在她臉上一照，高興地說：

「沒有錯，是賽觀音！」

表嫂大聲地哭叫「長庚」，另一個鬼子從腰皮帶上取下一條白毛巾在她嘴上一勒，聲音立刻悶住。母親、姑姑只是哭泣，不敢搶救。我嚇得呆頭呆腦，更不知道怎樣是好？我只想起父親，要是父親在家，一定會和他們拚命，兩個手無寸鐵的女人和孩子，有什麽用呢？

我萬萬沒有想到，在他們正要把銀杏表嫂架出門時，長庚表哥抓着一條扁擔衝出來，照準那個抓住銀杏表嫂的鬼子腦殼上砍去，可是那傢伙機警得很，適時擧手一格，便把表哥的扁擔震脫了手，他反身一皮靴，咚的一聲，踢在長庚表哥的胸口，踢得表哥元寶大翻身，滾了幾滾，終於躺着不動。

「小子，好大的狗膽！你敢在太歲頭上動土？」那個便衣朝着躺在地上的表哥冷笑一聲。

他們架着表嫂出門後，堂屋裏又一片漆黑，我聽見得得的馬蹄聲呼嘯而去。

母親點亮菜油燈，和姑姑趕到表哥身邊，母親提着燈在表哥臉上一照，表哥嘴上一灘血。姑姑伸手在他鼻子上摸摸，哇的一聲哭了出來。母親手上的燈掉在地上。房子裏又是一片漆黑，只聽見姑姑的哭聲：

「黑了天哪！斷了我的根哪！……」

圓房記

一

松梅是我的堂侄，年齡却大我十多歲。可是我們兩人並不因為輩份和年齡的關係而格格不入，我們相處得最好。雖然他是大家都瞧不起的「臭虫」、「懶鬼」，我却特別瞧得起他。遺憾的是我的年齡太小，沒有誰重視我的「卓見」。假如我有我伯父那樣的威望，一句話就可以把他捧上天，但是我的話一點兒份量也沒有。大人們怕我學壞了樣，不讓我和他接近，但我不理，和他玩得格外起勁。

甚至他洞房花燭那天，我正和他在一起踢毽子，他也懶得理會那回事，彷彿結婚並不是他自己的事。

本來在作新郎倌這天要洗個澡，長袍馬褂穿得整整齊齊，才像個樣兒。但他還是和平時一樣不修邊幅，一身舊藍布罩袍破了好多洞，髒得像剃刀布，閃着黑光；舊棉鞋燒了好幾個窟窿，棉花都露在外面。他却把舊棉袍的下擺捲在腰上，用那雙破棉鞋和我踢毽子，自然還有別的孩子圍在裡面湊熱鬧。

他除了不願意種莊稼之外，無論那一樣都比別人強，甚至踢毽子也沒有人踢得過他。我雖然穿着新棉鞋，也不是他的對手。無論跳、剪、吊、縣、扣、盤，他樣樣都好，左右兩隻脚同時盤來盤去我還沒有學會，就是普通的跳我也只能連續五六個，但在一群小猢猻當中已經算出人頭地了，他却能一口氣跳二三十個。

在我們跳得正起勁的時候，他妹妹一而再，再而三地催他回去，他相應不理，最後他妹妹氣了，翹起嘴說：

「平時別人打漁你總是晒網，今天圓房你還是老樣，小心爹爹來揍你！」

「死丫頭妳少管閒事，給我滾回去！」他瞪了他妹妹一眼。

「松梅，別人巴不得有這一天，你怎麼做新郎倌也想偷懶？」一個大男孩打趣地說。

「你還沒有到我這個年紀，懂個屁！」他白了那幾個十五、六歲的男孩一眼。

「哥哥，快拜堂了，你到底回不回去？」他妹妹逼着問。

他沒有作聲，我聽說要拜堂了，便想看熱鬧，把雞毛毽子往荷包裡一塞，同時雙手把他一推：

「走，回去拜堂，明天我們再踢。」

他很不樂意地把捲起着的棉袍放下，向我苦笑：

「四叔，這真是捉着鷄婆上孵，硬逼！」

他的話剛說完，他父親就趕了出來，以那出名的大喉嚨，站在大門外對他吼叫：

「拜堂了，你還不趕快跟我滾回來！」

他垂頭喪氣地走回去，拖着破棉鞋。

我和一群小猢猻跟在他後面，他妹妹還在對他嘀嘀咕咕地說：

「別人做新郎喜氣洋洋，你做新郎却像個猪八戒，嘴上掛得糞桶住！」

他反身過來在他妹妹頭上重重的敲了一下，她馬上抱着頭哭了起來。

「妳這個死丫頭隔岸觀火，過兩年把妳嫁個瞎子駝子，看妳還酥不酥！」他指着她罵了幾句。

「臭虫！懶鬼！」她潑辣地回罵：「嫂嫂不瞎不駝，那一點配不上你這個懶鬼？你不要想左了，玉蘭明天就要出嫁！」

他馬上面如死灰，滾出兩顆眼淚。

我們把他推推擁擁地弄回家去。

他在他父親的監督母親的嘀咕之下，換好了新的駝絨長袍，黑緞馬褂，戴上了灰呢禮帽，穿上直貢呢新棉鞋。他從來沒有穿戴得這麼好，可是他臉上沒有一點笑容，嘴還是嘟得像猪八戒。

新娘木香早已開過臉，打扮好了，她的臉還是那麼圓，圓得像個南瓜；還是逢人便笑，帶着幾分稚氣和傻氣的笑。我很少看見她生氣，即使我堂嫂揪她，她也是那麼笑嘻嘻，所以我看不出她今天是眞歡喜還是假歡喜？

伴娘聽說新郎已經穿着整齊，便把一大塊紅布往她頭上一蓋，攙扶着她走了出來。

堂屋裡早就紅燭高燒，桌子上圍了紅桌裙，四周站滿了看熱鬧的男男女女。

松梅像一截大木頭站在蒲團前面，完全不像和我踢毽子時那麼矯捷。

伴娘把新娘攙到他的身邊，掛在門口的萬字頭鞭炮便劈劈啪啪地響了起來。他們先向天地君親師位三跪九叩首，再向父母跪拜，然後轉過來向門外的天地三跪九叩，拜堂的儀式便算完成，拜客是明天上午的事。

拜過堂後，天也就黑了下來，接着就開酒席，招待親戚朋友，五服以內的本家，自然也少不了一份，我也叨了這麼一點兒光，人雖然小，却坐上了猢猻席。

鄉下人吃酒席眞是開懷暢飲，大吃大鬧，女人孩子更像一群噪晚的烏鴉，吵麻了耳朵。

松梅敬過酒之後，趁大家鬧哄哄的時候，輕輕地把我叫到一邊，問我有沒有什麼地方可以藏身？我以爲他是怕人鬧新房，和他爲難，自然應該幫助他。腦筋一轉，轉到一個我平日躲「咪貓」的稻草堆上，我在那個稻草堆上開了一個非常隱秘的洞，從來沒有人能找到，於是我爽快地點頭說「有」。

「走，帶我去！」他輕輕地說，却用力把我一拉。

我和他從後門悄悄地溜了出來。

臘月天，天上的雲像灰色的肉凍子，入夜便伸手不見五指。北風呼呼吹，吹在臉上像刀割。因爲地形太熟，在黑暗中我還是辨得出方向。

我們摸到那座大草堆，摸到了那個隱秘的洞，我把一捆僞裝的稻草拉開，先鑽了進去。這裡面足可容納兩三個人，但我一想到他那一身新衣，便對他說：

「你不能進來，弄髒了衣服可惜。」

「管它，我不要穿這身鬼衣服！」說着他就鑽了進來，又輕輕地問我：「你不出去？」

「這裡面暖得很，我想聽你講三國。」我說。我已經吃飽了，這個洞裡也實在溫暖舒服，他肚子裡又裝滿了六才子書，三國演義記得滾瓜爛熟。

「今天我心裡很煩，不講三國。」他坐在我身邊說：「你出去，讓我一個人在這裡咽。」

「不講三國可以，」我說：「今天是你圓房的好日子，怎麼能一個人在這裡咽？」

「我一看見那個『方石滾』就生厭，怎麼能同她在一起咽？」方石滾是新娘木香的綽號，她是一個出了名的笨人，做事、走路、講話，甚至笑起來都是那麼遲鈍。她是童養媳，和松梅在一起長大，的確看厭了，無論大人小孩都知道他不歡喜她，他從來不和她講話，但我的堂兄堂嫂却要這兩個寃家「圓房」。他們也有他們的理論，而那套理論又是大人們一致讚同的，那就是這麼簡單的一句話：「圓了房就會好的。」

但是現在松梅不回到新房去睡，怎麼會好呢？

「你不回去他們會找的。」我說。

「讓他們找好了！」他賭氣地說。

「那你先前就不該和她拜堂？」我說。我知道拜了天地就等於寫了契紙，那是不能反悔的。

「不拜我拗不過他們，不在一起睏他們就沒有辦法，他們總不能脫我的褌子？」

我聽了笑了起來，他又不是三歲兩歲，用不着堂嫂把尿了，那有老子娘替二十多歲的兒子脫褌子的道理？

「你先回去，不必和我在一塊。」他等我笑過之後又對我說。

「這裡比被窩裡還舒服，我也不想回去。」我說。

他聽我這樣說就連忙把洞口堵好。

「你是不是在想玉蘭姐？」我等他坐好之後輕輕地問他。

玉蘭是劉家的大姑娘，天生的美人胎子，綽號「賽西施」。我沒有見過西施，不知道西施是什麼樣子？但玉蘭是天天見面，眞是百看不厭。今年以前，她背後還是拖着一條烏黑的大辮子。生得細皮白肉，說來奇怪，大太陽也晒她不黑。鎭上的青年人都說她是瓜子臉，櫻桃嘴，楊柳腰，我却最喜歡聽她說話的聲音，那像樹林裡的黃鶯唱歌一般好聽；還有那對會說話的眼睛，她嘴巴不動，眼睛一轉就會比別的女人說一百句話還要傳神。而且她的眼眶子大，看不起一般捋牛尾巴的青年人，獨對松梅垂青。因爲松梅裝了一肚子六才子書，還看了許多別的小說演義之類的書籍，這是那些專教子曰詩云的老學究所不及的。玉蘭和我一樣，就是聽他講三國、水滸、西廂、紅樓……這些書入了迷的，因此我特別看得起他，但是玉蘭却愛上了他！，有一天他們兩人在一塊被別人撞見了，不知道是做錯了什麽事？玉蘭被她父親吊起辮子來打了一頓，松梅被我們的族長罰跪在祖宗牌位面前，用扁擔打了一頓屁股。

本來松梅只有一個「懶鬼」的綽號，他這個綽號就是由看書得來的。閒空時他固然手不釋卷，甚至農忙時他也坐在牛背上或躺在樹蔭底下看書。那些連史紙石印本的書看捲了角，甚至東缺一角、西掉一塊，但他還是像寶貝一樣地捧在手裡，捨不得放下。對於田地裡的事他總是懶洋洋地提不起勁，敷衍了事。因此落了一個「懶鬼」的罵名。

自從他和玉蘭挨打的事發生之後，「懶鬼」之外又加了一個「臭蟲」，他的地位是愈來愈低了，甚至比挑剃頭擔子的老許還不如。我總覺得這是一件很不公平的事，尤其是他和玉蘭，應該是龍配龍，鳳配鳳，但他却不得不和「方石滾」圓房，玉蘭也不得不嫁給那個王拐子，因爲那是指腹婚姻，而且她偏偏又在明天出嫁。玉蘭的父親雖也知道王拐子配不上玉蘭，玉蘭非常討厭王拐子，但他不願意食言，而且也和我堂兄堂嫂持同樣的觀念：「圓了房就會好的。」

但我知道松梅捨不掉玉蘭，玉蘭也捨不掉他，雖然在人前碰面時，兩人冷淡得好像從來不相識，但有一天夜晚我却發現他們兩人在牛欄旁邊抱頭飲泣。我爲了怕被別人發現，故意輕咳一聲，玉蘭便像一隻驚弓的鳥兒樣的駭跑了。松梅知道是我，便安心許多，但一再囑咐我不要傳出去，我很同情他們，自然不敢亂講。

「四叔，是不騙你，我是在想她。」過了好半天他才低沉地回答。

「想又有什麽辦法呢？她明天就要嫁到王家去了。」我說。

「我知得沒有辦法，但我不能不想，」他面對着我說：「尤其是在今天這個鬼日子！」

「今天是個黃道吉日，你怎麽說它是鬼日子？」

「四叔，對別人是好日子，對我是鬼日子。希望你將來長大了不要遇着我這樣事。我雖然比不上張君瑞，玉蘭也不是崔鶯鶯，但我們相好是眞的。」

「你最近見過她沒有？」

「見過一次，只講了幾句話。」

「她說了什麽？」

「刀架在頸上她也不從，她縫好一條連環套的褲子，她決心僵下去，最後出家做尼姑。」

我聽了松梅的話，心裡很不好過，我又問他：

「你怎樣對她說？」

「你已經知道了，我不必再說。」

我想他是指不和木香同房的事，現在他正和我躲在草洞裡，這就是一個很好的證明。草洞裡雖然很暖和，但是空氣不大好，和他坐久了沒有話講，我就覺得有點兒無聊，但又不好意思離開，而且夜已經很深，一個人出去我又怕鬼，因此我不時和他扯幾句閒話，我轉彎抹角地問他：

「上次你沒有講到賈寶玉和林黛玉圓房的事，後來他們怎樣了？」

「後來林黛玉死了，賈寶玉瘋了，還圓什麼鬼的房？」他沒有好氣的回答。

這種結局真是大大地出乎我的意外，和聽說玉蘭要當尼姑一樣使我不愉快。

我覺得百無聊賴，便昏昏入睡。

突然，我被一陣喧鬧驚醒過來，我聽見松梅父親的大喉嚨在喊：

「松梅—松梅—」

其中還夾了許多嘈雜的人聲。我輕輕地對松梅說：

「糟了，他們找來了！」

「不要作聲！」他輕輕地囑咐我。

「這個子弟眞不成材！」他父親在嘆息，在罵。

松梅屏着呼吸不作聲。

他們在這稻草堆外面轉來轉去，有人捉摸地說：

「奇怪，奇怪，到處都搜遍了，怎麽找不到人？」

「該不會投水吧？」有人憂慮的說。

「眞的投水我就給他一副棺材板！」他父親生氣地說：「反正是塊廢料。」

我覺得松梅的身子劇烈地顫了一下，但還是不作聲。

過了一會他父親又大聲地說：

「請大家再仔細搜搜看，如果眞的找不到我就放把火把所有的穀草堆燒掉！」

我聽了有點兒害怕，如果眞的放火，我們兩人就要燒成黑炭，但是我沒有把把這種恐懼講出來，松梅却以低微的聲音滿不在乎地說：

「燒死了也好。」

就在這時，堵在洞口的一捆稻草突然被人拉開，一道馬燈的光亮射了進來，外面高興地大叫：

「嘿！在這裡！在這裡！」

於是七手八脚把松梅拖了出去，我不等他們拖就自動爬了出來，他們看了我不禁失笑：

「嘿！眞是個活寶！你又不是新郎倌，躲什麼？將來給你娶個月裡嫦娥好了！」

松梅一身新衣服黏了許多稻草，我也是一樣，他父親罵了幾句就叫兩個年輕力壯的叔伯兄弟架着松梅回去。松梅像個木頭人一樣，毫無反抗。

他們把他架回家時正好鷄啼頭遍，大家硬把他推進新房，他母親連忙把房門帶上，反扣起來，用鐵扦拴上，然後放心地一笑，輕輕地對大家說：

「沒有貓不吃魚的，過一夜就好了。」

二

第二天是「拜客」的日子，一般新郎新娘都特別起得早，表示沒有做什麼醜事。

但是松梅的情形不同，昨夜他被架回家時已經鷄啼，加之房門是反扣着的，從裡面打不開；他父母爲了體恤他，不便過早驚醒他，所以遲了個把時辰，他母親才過去把鐵扦抽出來，把門推開。

木香已經起來，穿戴整齊地坐在床沿上，她不但是個「方石滾」，也不愛作聲，甚至她母親用力揪她，她也不叫一聲，所以她另外一個綽號是「木人」。她唯一的表情是笑，遲鈍的笑，天眞的笑。

松梅伏在窄條桌上睡，還沒有醒，身上的稻草也沒有拂掉。她母親看了一怔，走過去把他搖醒，責怪地罵他：

「猪，你這個猪！」

松梅沒有理他，逕自走了出來。

他父親又罵他「報應！」「廢料！」，他也不作聲。

外面在下着大雪，大概昨天晚上我們回家後就開始下了，因爲地上一片白，雪已經有兩三寸深。

客人統統來了，我伯父昨天晚上也從城裡趕來鄉下，因爲松梅的父親請他「開拜」。他一到，伴娘就把新娘扶了出來，站在松梅旁邊。桌上已經擺好了盛禮金的紅漆托盤，鞭跪一響，我伯父就往桌子當中一站，向紅漆托盤丟下一塊白幌幌的龍洋，叮噹一聲響，於是松梅和木香跪下磕頭，這是祖傳的禮數。

松梅平時對任何人都無所謂，那些教書的先生他完全沒有放在眼裡，只有對我伯父還算尊敬，因爲他住在城裡，很少下鄉，又不像那些冬烘先生食古不化，雖然他不是族長，但他的威望却遠在族長之上，加之又是祖父一輩，所以松梅才敬他幾分。可是現在他臉上毫無表情。當我伯父丟下第十塊龍洋時，別人都伸伸舌頭，他只是木然地下跪，磕頭，沒有一點笑容。

輪到別人時，他更是連看也不看一眼。

直到吃午飯時才拜完客，雪已經下到四五寸深了。

飯後，他悄悄地把我拉到後面的茅屋裡，他拜了一上午客，顯得有點疲倦。他袖子裡藏了一本紅樓夢，走到茅屋裡才敢露出來。他往稻草堆上一靠，問我：

「四叔，王家的花轎來了沒有？」

「我沒有看到，說不定就要來了。」我說。

「以後我很難見到玉蘭了。」他無意識地翻着殘破的紅樓夢，眼睛望在地上。

的確，王家有十幾里路遠，而且隔着一條長江，眞像牛郎織女隔着天河，一頂花轎抬走玉蘭之後，再要見她眞比牛郎會織女還難。

我不知道怎樣安慰他好？事實上這兩個月來玉蘭簡直足不出戶，表面上她父母是讓她休養休養，導在家裡做嫁粧。其實呢，是她父母存心不讓她出門一步，以免和松梅見面，杜絕流言。

我想不出安慰他的話，但我却想到一點，就是王家花轎到的時候看熱鬧的人一定很多，他可以跟着我混在人堆裡面，也許可以偷看她一眼兩眼？我把這個意思告訴他，他却搖搖頭說：

「不行，我是丈二蠟燭，太亮！」

「那怎麼辦呢？」

「四叔，你去替我看看她好嗎？」他握着我的手說。

我點點頭。他不請我去我也會去的，而且我可以擠進她的閨房，擠到她的身邊去，瞪着眼睛瞧她也不會有人阻止的。但是，我瞧她有什麼意思？她又不是和我相好？松梅大概看出了我的意思，便對我說：

「你看她到底打扮成個什麼樣子？回來告訴我。」

我覺得有點好笑，但沒有笑出來。

突然，我聽見遠處有「洞—嗆—洞—噹—」的銅鑼聲音，和「嗚哩啦，嗚哩啦」的喇叭聲，我知道是接玉蘭的花轎來了，我高興地說：

「來了！來了！」

可是松梅却像看到了閻王的勾魂票一樣，馬上面如死灰，手一鬆，紅樓夢也掉在地上了。

我三脚兩步跑了出來。雪很大，滿頭滿臉地蓋下來。我望見一頂漂亮的花轎，由四個人抬着，另外還有十幾個人跟着，冒着大雪向玉蘭家走來。

玉蘭門口已經圍了不少大人孩子，我也趕了過去。她家門口的兩邊墻上已經貼着「簫能引鳳，雲可乘龍」的紅紙對聯，喜氣洋溢。但是破壞這團喜氣的是玉蘭的哭聲。本來嫁女兒是要哭的，大家有一個古老的觀念，說是越哭越發。玉蘭是眞哭，哭得特別悲切傷心，我聽了都出眼淚，尤其是當花轎到達門口，喇叭「嗚哩啦」一吹，她竟像被宰的猪一樣嚎叫起來，聲音尖銳得像一把刀，刺在每一個人的心上。但他硬心腸的父親還是笑容滿面地說：

「讓她哭，越哭越發。」

我擠到玉蘭的房裡，房裡已經擠滿了女人孩子，玉蘭坐在床沿上，她旁邊還坐了兩個女的，那個女的也陪着她哭，她們的聲音很細，彷彿唱歌，也有點兒像哼搖籃曲，雖然也用紅手帕蒙着臉，但手帕是乾的。

玉蘭呢，她的眼睛却腫得像兩隻大胡桃。她已經「開」了臉，把臉上額上的汗毛統統拔掉，因此臉顯得更加白，加上兩個月不晒太陽，皮膚更嫩，人是更漂亮了。可惜那對會說話的水汪汪的眼睛腫了。

我夾在許多孩子中間，起先她沒有發現，後來她發現我，突然停住哭泣，看了我一眼，她嘴裡雖然沒有作聲，但我從她眼睛看得出來一定有事，只是猜不透。我正在捉摸她的意思，她突然站起來對大家說：

「我要上馬桶了，請你們出去。」

在大家鬨哄哄地搶着出去時，她走到我的身邊，悄悄地塞給我一個軟軟的紙包，又輕輕地對我說：

「交給松梅！」

我連忙把紙包收起，擠了出來。

不久，她就在哭聲中被她哥哥抱了出來，像猪綁在案子上一樣嚎叫，抱到花轎門口時她更是拼命地掙扎，她嫂嫂塞給她一包紅棗，勻着對她說：

「姑姑，早生貴子！」

她手一揮，把紅棗打落一地，猩紅的棗子落在雪地上，特別刺眼。

她哥哥費了很大的勁才把她塞進花轎，轎門一閂好，轎夫抬起就跑，轎子却向兩邊搖幌，四個轎夫都抬不穩。

喇叭「嗚哩啦，嗚哩啦」地吹了起來，伴着玉蘭的悲切的尖銳的哭聲，以及飄飄的白雪，聽起來不像是一件喜事，看起來也有點像送喪。

我望着那些人把玉蘭抬走，心裡像丢了一件什麼貴重的東西。有幾個大人也惋惜地說：

「我們的寶西施走了！」

這時我才突然想起玉蘭塞給我的那個紙包，我伸手在荷包裡摸摸，沒有擠掉，連忙跑回去找松梅，松梅孤獨地站在茅屋後面望着玉蘭的花轎呆呆地流淚。

我走過去把他的衣袖一扯，他嚇了一跳，連忙用袖子擦擦眼淚。我把他拉進茅屋，輕輕地對他說：

「玉蘭姐有樣東西送給你。」

他連忙問是什麽？我從荷包裡摸出一個紅紙包交給他，他連忙打開來看，原來是一束烏黑的頭髮，他往稻草上一坐，眼淚像斷了線的珍珠樣地一顆顆滾下來。

三

過年以後，伯父就帶我進城唸書。我很難得下鄉，松梅也難得進城，我們見面的機會很少。而城裡又眞是一個花花世界，簡直使我目眩神迷。我有很多新同學，新朋友，男的和女的。我玩得昏頭轉向，快樂得像屋簷上的麻隻，我忘記了松梅的眼淚和玉蘭的哭聲。

一天，松梅跟着大夥進了城，他穿了一套破藍大布掛褲，破藍大布鞋，他連鬍鬚也沒有刮，臉頰兩邊和嘴唇上下像地裡的黃豆樁子，一副潦倒的鄉下名士派頭。

我以爲他進城有什麽要事，他却笑着搖搖頭：

「我天天晒網，有個鬼事？我是特爲來看你的。」

聽了他的話我心裡有點兒慚愧，我簡直沒有想到下鄉去看看他，他却專門跑進城來看我了。

我伯父看見他這副樣子，有點不順眼，以長輩的口吻對他說：

「松梅，你文不能應舉，武不能挑擔，莊稼不願做，三國紅樓又不能當飯吃，將來怎樣過日子？」

他淡然一笑，沒有回答。

我怕他挺在那裏受窘，拉他上街去玩。

鄉下只有牛車，他常常帶我坐牛車，我也想報答他一下，帶他坐坐城裡的人力車，人力車的喇叭波波叫，很好玩。

可是當我叫住一輛人力車時，車夫先看看我，又打量他一下，他穿得破破爛爛，車夫愛理不理，我從荷包裡掏出錢來，在手上揚了揚，車夫才改變笑容把我們拉走了。

我忽然想起「方石滾」木香，我問他：

「你現在是不是和木香同房？」

「不，」他搖搖頭說：「我一直睡在牛欄裡。」

「你不怕挨罵？」

「讓他們罵，我不理。」

「你見過玉蘭姐沒有？」

他黯然地搖搖頭。

「不知道她現在怎樣？」我也有點想念她。城裡的女人雖然穿得好，但我還未見過她那麼聰明漂亮的女人。

「聽說她上過一次吊。」他紅着眼睛說。

我不禁一怔：

「沒死吧？」

「大概是閻王不收，被王家的人救活了。」

這時車夫突然按了幾下喇叭，波波幾聲，我才知道他已經拉了不少路，連忙把脚一蹬：

「下車，下車！」

車夫把車桿放下來，擦擦汗，我問他多少錢，他把食指一伸：

「一毛！」

「怎麼要這許多？」我有點奇怪。我和伯父一道坐過很多次人力車，比這更遠的路伯父也只給五分錢，車夫還打躬作揖說多謝，因為五分錢可以買一升米，够他吃一天，這分明是敲竹槓。

我太小，不敢和流氓車夫爭吵，松梅不服氣，說車夫不應該敲竹槓，車夫歪着眼睛對他說：

「你也不痾泡尿照照自己？你這個烏樣子也配坐車？沒有錢就不要開這個洋葷！」

「你不要狗眼看人低！」松梅警告他。

「老子還要打你個鄉巴佬！」車夫野得很，眞的朝松梅當胸一拳。

松梅抓住車夫的手腕，順勢用力一扯，身子一旋，車夫跌了一個狗吃屎，半天才爬起來，嘴巴出了血。

我怕車夫拚命，拉着松梅走，可是他不動。車夫看了他一眼，擦擦嘴上的血，馬上見風落蓬，向他拱手一笑：

「對不起，我看走了眼，這趟車錢我不要了。」

說着他拉起車子就走，我把票子給他，糾纏了半天，他才收了五分錢。

車夫走後我笑了起來，我心裡非常痛快，我有兩三年沒有看見松梅和人別摔跤，想不對今天在街上和人力車夫眞的交了一手，免得我挨一竹槓。

「四叔，不要笑，眞的人眼睛比狗眼睛還勢利。」他感慨地說。

我點點頭。在城裡我又懂得不少事，我覺得城裡人比鄉下人更勢利。

我們經過一家鑼鼓店，門口掛着胡琴、笛子、簫和各種鑼鼓。他突然停了下來，望着笛子和簫，不忍離去。

「你要不要試試？」我慫恿地說。在鄉下只有我父親和他能吹笛子和簫，但我父親年紀大了，不再愛吹。他却時常坐在水邊的柳樹根上吹，笛子和簫的聲音在水面飄過特別好聽。玉蘭跪在水邊洗衣時常聽得出神，忘記了洗衣。我也常常聽得傻頭傻腦，但我不會吹。一年三月間農忙時節，有一天他獨自坐在柳樹下吹笛子，他父親一氣，從他手上把笛子搶了過來，往地上一摔，三脚兩脚踹得稀爛，從此就成絕響了。

他聽我這樣說便走了進去，起先夥計也是愛理不理地取下兩枝普通的笛子和簫，後來他一吹，老板聽了一笑，馬上親自取下兩枝好的笑着遞給他：

「貨賣識家，你試試這兩枝看看？」

他放在嘴上一吹，果然不同凡響，比他原來的那兩枝好很多，他撫摩了一會又廢然放下，老板笑着問他。

「怎麼？你嫌不好？」

「對不起，我沒有錢。」他抱歉地說。

老板也廢然一笑，我摸摸口袋問老板一共要多少錢？老板指着松梅一笑：

「他是識家，我算公道一點，兩塊錢。」

「一塊五行不行？」我掏出票子和分洋往櫃臺上一放：「我只有這麼大的家當。」

老板笑着我一笑，慢慢地用油紙捲起那兩枝笛子簫，遞給我說：

「小老弟，你也算是一個知音，我就半賣半送好了。」

我拿起笛子和簫拖着松梅走了出來，把笛子和簫往他手上一塞：

「你帶回去吹。」

「四叔，我眞不知道怎樣感激你？」他喜悅得滾出兩顆眼淚，眼眶上還像掛着兩顆閃亮的珍珠。

四

以後我像一隻長了翅膀的鳥兒一樣，越飛越遠，和松梅的距離也越拉越大，八年抗戰連信也沒有和家裡通過一封，自然更不知道松梅的情況了。

勝利後我又像個游魂一樣突然回到鄉下，事先誰也不知道，很多人見了面也不認識，而且我又是穿了一身老虎皮，鄉下人都有點怕。回到家裡只有母親的老眼沒有昏花，她叫了一聲「兒！」才把大家提醒。

當時我家裡有好幾個三五歲的毛孩子，我一個也不認識，其中有一個胖胖的小男孩，我覺得有點特別，我指着他問母親：

「這孩子是誰的?」

「松梅的。」母親笑着回答。

我聽了又驚又喜，大聲地說：

「怎麽?松梅和木香好起來了?」

母親嘆了一口氣，望了四周一眼，看看沒有外人，才幽幽地說：

「越來越壞了，這孩子是個野種!」

我幾乎跳了起來，木香那麽一個笨人，還會做出什麽不規矩的事來?

「看不出木香那個『方石滾』，丟了我們黃家這麽大的人!」我慨嘆地說。

「唉!眞是作孽!」母親嘆了口氣說：「木香就是因爲方，因爲笨，才出了這樣的事情。那年東洋鬼子來的時候，老的少的都躱掉，只有她一個笨人沒有躱好……想不到東洋鬼子竟給松梅留下這麽一個孽種!」

我耳朵裡嗡的一聲，像要爆炸，我眞沒有想到會有這回事?而且居然落在松梅的頭上?我下意識地望望那個孩子，那孩子眞的一點不像松樹，倒很像和我在戰場上交手的那些又矮又壯的傢伙?

我回家的消息像長了翅膀和腿子似的，很快地就傳了出去，松樹第一個趕來看我。

當他一進門，那小孩就衝上去喊了一聲：「爹爹！」松樹厭惡地瞪了他一眼，沉聲地說：

「滾出去！」

那孩子眞的哭着跑回家，一邊哭一邊喊媽。

我自然裝作不知道這件事。

松梅蒼老多了，一身襤褸衣服，拖着一雙破鞋子，脇下夾着一本破水滸。

「四叔，想不到你一下子長得這麼高？你怎麼會棄文就武？」

「那時國破家亡，那有心思讀書？」我說。

「現在好了，東洋鬼子打平了，總可以過幾年太平日子，你這次回來了不再出去？」他望着我的臉上說。

「還要出去，」我輕輕地對他說，生怕被母親聽見：「三兩天就走。」

他悵然若有所失。

我走的前一天晚上，他突然取出那兩枝塵封的笛子和簫，笑着對我說：

「四叔，我有好幾年沒有吹了，今天吹給你聽。」

於是，我們一同到水邊的那排柳樹下去。我們肩並肩地坐着。

他先吹笛子，聲音淸越嘹喨，比他以前自己的那枝笛子好聽得多，這樣美妙的笛音，我只在甘棠湖邊的柳蔭下聽見一個五十多歲的道人吹過，吹得眞好，十多年來我都沒有淡忘，今天他是第二個吹得那樣好。

可是吹簫時卻是另外一種音調，聲音優雅，低沉而淒迷，有時竟細若游絲，如泣如訴。秋天，早黃的柳葉一片片飄落，落在他的身上，上弦月黯淡的光照着我們，照在他的黑大布破夾襖上，照在他雜亂暗黃的頭髮上，鬍鬚上，他的臉色更顯出營養不足的焦黃，和黃柳葉的顏色很相像。

「松梅，不要再吹了。」我輕輕對他說。

「四叔，幾年不吹，荒了。」他放下簫說。

「不，你吹得很好。」我說。

他黯然一笑。我突然想起玉蘭，忍不住問：

「玉蘭姐現在怎樣？」

「哦，出家幾年了！」他惘然地說：「她現在不叫玉蘭，叫清眞，住在三清庵裡。」

我哦了一聲，我想不到她眞的出家了。我原以爲那是一句憤激之言呢！

第二天我離家時，不要任何人送，只讓松梅送我，因爲我要他帶我去三清庵看看玉蘭。

可是他不肯進三清庵，停在老遠的大樹下等我，我問他爲什麼不同我一道進去看看她？他說

「我們這一生快完了，讓她淸淸靜靜修修來生吧！」

我不能勉強他，只好一個人進去。

玉蘭完全不認識我，我也幾乎不認識她。她穿着一身灰色的袈裟，光頭上齊齊整整燒了幾個疤，但她看來還是很漂亮，的確是我所見過的最漂亮的尼姑。

我爲了不使她勾起傷心的往事，決定不暴露身份，只默默的抽了一枝籤，放下幾個香錢，走了出來。

當我再和松梅會合時，他禁不住問了我一些有關玉蘭的事，我照實告訴他，他重重地嘆了一口氣。

「這些年來你一直沒有見過她？」我問。

他搖搖頭，搖落了兩顆眼淚。過後他又感慨地說。

「四叔，可惜我只讀三年書，沒有曹雪芹的筆墨，不然這些年來我就可以寫一本書；更可惜的是你已經棄文就武！」

的確是，我學的一點稍息、立正和步兵操典，怎麼能和曹雪芹比？假如松梅有幸讀我同樣年數的書，也許他眞可以直追曹雪芹。可惜他沒有我的幸運，而我又不成材，我還有什麼話好說！

我們這次一別又是十幾年了，假如他能熬過這一段苦難的歲月，假如也能和我再見，我相信他會這樣對我說：

「四叔，可惜我只讀三年書！不然這些年來我又可以寫第二部書。」

這世界只有我一個人知道他的痛苦和委屈。

江湖兒女

一

烏蓬船緩緩地落下烏蓬，靠在岸邊。

在大風大雪封江的日子，江邊一下子停幾十條大烏蓬船也不算奇，因爲它們是停下來避雪避風。然而這是秋末冬初的好天，微微的東北季風，天空舖着一層薄薄的白雲，正是行船跑馬的最好季節，而現在離太陽沉落時還有一段時間，上街的船還沒有回來，怎麼這三隻跑下水的大烏蓬船突然向岸上拋錨呢？

跳板放下之後，婦人孩子紛紛下來，一下來就是二三十，孩子們高興得在沙灘上翻跟斗，豎蜻蜓，跟斗一翻就是十幾個；而且身子騰空，不像我們一翻過來就跌在地上像個懶蛤蟆。他們豎蜻蜓也和我們不同，我們要把兩隻脚抵在牆壁上才能豎起來，不然就立不住。他們不但立得住，而且能用兩隻手在沙灘上迅速地走路，不但男孩子如此，女孩子也是一樣，而且動作更靈巧。

隨後一陣馬嘶，幾隻漂亮的馬也從跳板上牽了下來，有黑的、有花的、有栗色的，都很高大，神氣十足。還有狗熊、猴子。狗熊的頸子用鍊子鎖着，由大人小心地牽在手裏。猴子坐在大人的肩上，高興地拍手，吱吱地叫，有一隻猴子騎在狗的背上，像人騎馬一樣。

我們看了非常高興，一窩蜂地跑到江邊，圍着看。張大爹也在他們裏面，指手劃脚，我們問他這是幹什麽的？他笑着對我們說；

「玩把戲的！小鬼頭，過兩天有好把戲看。」

我們高興地跳起來，但沒有那些玩把戲的小孩子跳得高。

我們掏出口袋裏的花生拋給猴子吃，猴子一伸手就接住了，馬上連殼咬，很快就把殼拋掉，又伸手來接。

隨後又把花生分給那些孩子們吃，那些孩子也和猴子一樣饞，搶着吃，他們跑慣了江湖，很快地便和我們打好了交道，作了朋友。

「再翻幾個跟斗給我們看看？」我們請求。

於是幾個孩子立刻翻了起來，翻得又好又快。他們看起來都不過十歲。我們羨慕極了！

可是一個大點的男孩子還覺得不滿意，他笑着對一位梳着烏黑的長辮子，有一對閃亮的大眼睛，臉孔又白又俊，和他差不多大小的女孩子說：

「久香，你翻幾個給他們看看！」

「你怎麽不翻？」她把兩隻大眼睛向他一翻說。

「我沒有你翻得好。」男孩子說。

她啐了他一口，吃了最後一粒花生，把辮子往嘴裏一咬，身子向後一仰，就地倒翻起來，轉動得像風車一般快，我們都叫起好來。

她翻完以後，把辮子放開，笑着對那孩子說：

「老八，你也豎個蜻蜓給他們看看？」

那個叫做老八的男孩子馬上把手一拍，拍得很響，同時向掌心唾了一口，身子向下一栽，立刻豎了起來。

他先豎着不動，然後迅速地向前走，又迅速地向後退，像我們用脚走一樣方便。

這時所有的帳幕家具都運下了船，這麽多人馬家具，不知道他們住到什麽地方去？

「張大爹，他們住在那裏？」我們關心地問。

「嘿！我請是把他們請來了，還不曉得把他們安到什麽地方呢？」張大爹抓抓後腦殼一笑，又問我們：「安在你們家裏好不好？」

「好！」我們異口同聲地回答，我們眞高興有這樣的客人。

張大爹高興地一笑，摸摸我們的頭說：

「你們先回去和大人講好，他們沒有地方住就玩不成把戲給你們看，他們的把戲眞好，大爹在街上看了好幾天。」

於是我們又一窩蜂地跑回家，把這天大的新聞告訴自己的父親母親，硬逼着他們讓這些玩把戲的人住。

當張大爹帶着那個結實的江老板和他的漂亮的太太沿門拜訪時，已經水到渠成了，大人們都笑着對張大爹說：

「大爹，你眞害死人！他們本來貪玩，這一來更是放牛的不放牛，上學的也不上學了！」

張大爹哈哈一笑，然後嘴一張說：

「你堂屋裏能住幾個人？」

「隨你派吧！就是不要給我帶來臭蟲蝨子。」

「嘿！」張大爹又哈哈一笑：「就是帶來幾個富貴蟲又有什麼關係？保險有好把戲看攏也忘記抓了！」

張大爹就是這樣打着哈哈把幾十個人的住的問題解決了。我家裏分派了七個，江久香和老八都在裏面。

他們把所有的門板都下下來作統舖，我們這幾家人只好夜不閉戶了。

馬都拴在柳樹上，黑狗熊關進鐵籠子裏，帳幕放在外面。

一切安置好之後，張大爹又帶着江老板夫婦去看場地，江邊上多的是大片大片青草地，又平整又乾淨，江老板夫婦看了非常滿意，決定明天就開始佈置。

江久香和老八因爲住在我家裏，自然和我非常接近，他們把航髒的舖蓋舖好之後，便要我帶他們在附近玩玩，江久香笑着對我說：

「我們的馬戲團很少下鄉，你們這地方倒不壞。」

「漢戲班子都常來，一搭起台來就要唱一兩個月。」我說。

「不知道我們在你們這裏能演幾天？」她說。

「今年收成好，」我說：「只要你們把戲好，說不定可以玩到過小年。」

「你看我們玩得怎樣？」她笑着問我。

「你的跟斗翻得好，我們沒有人會。」

「嘿！她好的還沒有拿出來哩！你慢慢看好了。」老八說：

「你怎麼會這麼多玩藝兒？」我驚奇地問。

「練的。」她說。

「我能不能練？」我笑着問她。

「你已經大了一點，」她望望我說：「我六歲就開始的」。

「好不好練？」

「你問他好了。」她向老八呶呶嘴。

「你挨不挨得起我爸爸的鞭子？」老八笑着問我。

「還作興打人？」

「我們都是打出來的。」久香說。「連狗熊、猴子、馬和狗都是他打出來的。」

聽她這一說，我不禁看她一眼，她這樣嫩皮細肉，怎麽挨得起皮鞭？

老八走到一塊平坦的草地上，不自禁地翻了幾個跟斗，我笑着問他：

「你也覺得翻跟斗好玩？」

「我們要隨時練，不然就翻不好。」老八站起來說：「你們這裏草地多，正好練。」

久香也把辮子往嘴裏一咬，豎起蜻蜓來。她把身子倒彎過來，但是不倒。

「你的骨頭好像是軟的？」我對久香說。

她一個鯉魚挺身，站了起來，把辮子吐開，向我一笑：

「骨頭硬了怎麽練得出來？」

這時老八坐在草地上把上衣解開，在腋下找，在衣縫裏尋尋覓覓，我看見過叫化子坐在太陽底下捉蝨子，不禁奇怪地問他：

「怎麽？你身上有蝨子？」

「怎麼？你身上沒有？」他也奇怪地反問我。

「快別捉了，我身上也癢起來了。」久香皺皺眉，在衣服上抓幾下，又指指背後對我說：「來，你替我抓抓。」

我不敢把手伸到她衣服裏面去抓，只在衣服上面替她搓了幾下。過後她向我一笑：

「你的手太輕，搓不死蝨子。」

我眞想不到她這樣標緻的人會捱皮鞭？會生蝨子？

回家以後，對於久香和老八生蝨子的事隻字不提，生怕母親罵我。想不到母親却把我拉進房裏，用食指在我腦殼上一戳：

「你和張大爹眞該死！他們的富貴虫都爬出來了！這種東西多子多孫，將來不咬死你才怪？」

二

好玩的青年人在張大爹的慫恿之下，一大清早就扛着長鍬、鋤頭，協助江老板去佈置場地了。

久香老八他們這群孩子不會作那些事，便在草地上練功。久香和老八除了自己翻跟斗，豎蜻蜓之外也教我豎蜻蜓。他們兩人都比我大一點，因此以哥哥和姐姐自居。

久香把我的雙脚提起，先靠在楊樹幹上，然後又讓我單獨豎立，但我一離開倚靠，身體就倒了下去，她扶了我幾次，我還是不能單獨豎立，她氣得在我屁股上打了一巴掌：

「眞笨！要是我爸爸教你早就兩鞭子抽下來了。」

她看見我臉一紅，樣子很尷尬，又像個大人樣地用手摸摸我的頭說：

「這也難怪，你不是玩把戲的。」

「我能不能吃你們這碗飯？」我笑着問她。

她像個大人樣地看了我一眼，然後反問我：

「你在家裏安安穩穩地不好？爲什麼要吃江湖飯？」

「我覺得很好玩。」我說。

「哼！」她把鼻子一聳：「你要是眞的吃上了這碗飯，就不覺得好玩了！你看我身上有多少傷疤子？」

她把上身鈕扣一解，又臉一紅連忙扣上。

「久香，你不練功儘在那裏講話幹什麼？」突然，江老板娘子遠遠地望着她說。

「是！媽！」她服從地說，她好像很怕她母親。

她馬上在地上翻起跟斗來。隨後又兩腿劈開，一前一後地坐在地上，又跳起來，這樣重複地練，我看得有點發呆，她的腿簡直柔若無骨，我連試都不敢試。

她看她母親不在門口，練了一會就站了起來，我笑着問她：

「這套功夫是誰教給你的？」

「我媽。」她掠掠散亂的頭髮說。

「她也會？」

「她會的還多。」她向我一笑：「我們每一個人都會幾套，不然就別想混飯吃。」

我眞沒有想到吃飯有這麼難？

這時，我母親站在門口向我招招手，我連忙跑回去，母親把我拉進屋裏，責備我說：

「你正事不做，和那些玩把戲的孩子在一起幹什麼？」

「看他們練功。」我說。

「他們髒死了，你小心惹一身富貴虫！」母親警告我。

「久香不髒，」我故意這麼說：「你看她不是漂漂亮亮？」

「好倒是個好孩子，」母親惋惜地說：「可惜投錯了胎，走錯了路」。

「爲什麼？」我奇怪地向。

「鷄窩裏還能出得了鳳凰？」母親望着我說：「將來還不是打流？」

「她那一身本事我們這裏的丫頭有那一個會？」我不服氣地說。

「你看，她將來要不是給人家作小，定是塡房，不會有好結果的。」母親自信地說。

我不知道母親根據那一條這樣看死了久香？憑她那樣的人才還愁找不到一個如意的男人嗎？只是我們這個地方沒有一個人配！因此我頂撞母親說：

「媽，你憑什麽看不起久香？」

「孩子，跑江湖的嚜！越是漂亮越有苦吃。」母親拖長聲音說。

我不懂母親的哲學，我也沒有辦法駁她。不過目前久香的生活的確不算好，穿得很平常，而且很髒，身上有一股汗味。吃得也很差，昨天晚飯只有一樣大鍋菜，而且是獨龍還江的蘿蔔菜，像叫化子一樣蹲在地上吃。

我爲了好奇，當他們吃早飯時我又跑去看，又是大鍋飯，大鍋菜，白菜豆腐煮在一塊，只有一點兒漂湯油。而且飯也不够吃，老八似乎沒有吃飽，他放下盌筷之後又在鍋裏刮鍋巴飯屑，揉成一個糰子往嘴裏塞。

「妳吃飽沒有？」久香放下盌筷之後我悄悄地問她。

「飽了。」她勉強地笑笑。

可是當我掏出一把花生給她，她感激地接過去了，同時向我一笑：

「你眞好！」

「我還有一大包。」我拍拍口袋說。

她羨慕地望了一眼，然後問我：

「你不吃飯？」

「我不想吃飯。」我搖搖頭。新炒的花生又脆又香，怎麽會想吃飯？

「我總是想吃飯。」她向我一笑。

「你們的伙食總是這樣？」我問。

「生意好的時候好一點，」她說：「生意壞的時候還要差，有時在路上一頓只能啃一小塊大餅。」

聽她這樣說我又抓了一把花生給她，她又向我感激地一笑。

吃完以後她快活地在地上翻了兩個跟斗。隨即站起來牽着我的手說：

「我們到場子那邊去看看。」

場子距離這裏還不到兩百公尺，我們牽着手慢慢地走過去。

「明天你來看我跑馬，我會好好地露幾手兒給你看看。」她笑着對我說。

「跑馬也有花樣？」我以爲那和騎牛一樣簡單。

「哈！花樣多吶！」她向我一笑。

「你先講給我聽聽好不好？」

「講的沒有做的好，你看了才知道是怎麽回事兒？」

「好不好玩？」我問。

「比翻跟斗好玩得多。」她點點頭。

張大爹和江老板正指揮一二十個青年人工作，他們都是志願的，幹得非常起勁，因爲張大爹許他們看白戲。

「你又不會做事，你來幹什麽？」張大爹笑着問我。

「我來看。」我說。

「今天看看倒無所謂，明天就不許來了。」張大爹開玩笑地說。

「爲什麽？」我問。

「要錢！」張大爹說：「你有沒有十個大銅版？」

「錢一個也沒有，」我拍拍口袋說：「你不要我進來久香會帶我進來。」

「嘿！想不到你和久香交上了朋友？」張大爹向我一笑：「她是江老板的搖錢樹，有她帶我就不攔。」

周圍的幕布圍好了，當中豎起一根又高又大的柱子，江老板把一面綠底紅字紅穗的大旗子扯了上去，我抬頭一看，那幾個紅字是：

「江如海馬戲團」。

旗子在空中迎風招展，招展在十月的江邊。

三

久香打扮得非常漂亮，紅緞襖黑緞褲，薄底，黑直貢呢鞋，臉上還敷了胭脂水粉，嘴巴也塗得紅紅的，眞像一位小公主，我幾乎不敢正眼看她。

她看我顯得有點拘束陌生，拉着我的手說：

「你待會兒一定要去看我表演？」

我望了她一眼，奇怪地問她：

「你爲什麼要這樣打扮？」

「我們吃了這碗飯，表演時總不能穿得像個叫化子？」她向我一笑，說話時完全是大人的口氣。

「誰給你打扮的？」

「我媽。」

「平時她怎麼不讓你穿好一點？」

「平時要練功，不能穿好的。」她說，隨後又輕輕地一嘆：「再說，也沒有那麼多好的穿，這也是爲了搶眼，賺錢。」

她的年齡雖然大不了我多少，但我覺得她懂的比我多得多。聽她的口氣，賺錢好像是一件困難的事？既然賺錢困難，我怎麼好意思看白戲呢？因此我把我的意思告訴她。她聽了一笑：

「也不在乎你一個人啦！何況我們住在你們家裏，要是在城裏住客棧，還不是要一大筆開銷？」

我完全不知道這些事，因爲我們什麼都不要化錢。

她看我不作聲，又叮囑我說：

「你一定要去，要不就和我一道去。」

我不想和她一道進去，我覺得我不配和她走在一塊。

「你先去，我等會再去。」我說。

她笑着離開我，和她母親以及許多孩子一道走了。

她母親把她們這些孩子都打扮得像隻花蝴蝶，男孩子也穿了漂亮的表演衣服，所有的人都煥然一新，不像剛到時的那群叫化子。

場子裏面已經擠滿了人。進口處一邊放了一個大錢櫃子，數了十個大銅版往錢櫃子裏一塞就可以進去。張大爹和馬戲團的兩個大人在門口照料，張大爹看我來了故意把兩隻手張開，站在門口攔住我，弄得我非常尷尬，那兩個大人也存心看笑話，幸好久香伸出頭來在門口張望了一下，她一看見我就擠過來伸手把我一拉，拉了進去，張大爹哈哈大笑起來。

「我說你怎麼還不來？想不到你眞的被他擋駕了！」久香望着我說。

我又羞又惱，氣憤地說：

「明天他再擋我，我就糊他一臉泥巴。」

她聽了一笑，在我耳邊輕輕地說：

「明天和我一道進來。」

這時有人向她招手，她匆匆地跑了過去。我也擠到一塊草地前面坐下。

節目一個個進行，有踩火球、氣功表演、叠羅漢、上天台、狗熊跳舞……都很驚險精彩，是我從來沒有看過的。

在那許多節目中，久香只表演了一個節目：舞碟子。她手上的棍子彷彿有什麼吸力，碟子在棍子上前後左右舞動，都不會掉下地來。她還玩了很多花樣，身體像蛇一樣扭來扭去，碟子在棍子上迅速地旋轉，有幾次看着要掉下來，急得我手心出汗，她却若無其事，碟子並未離開她的棍子。最後她把棍子向上一頂，碟子騰空飛起，當它跌落下來的時候，她伸手一抄，把碟子接在手裏，然後向觀衆一鞠躬，大辮子向前一甩，觀衆馬上鼓起掌來，她却身子一旋，迅速地溜到後面去了。

過了一會，從幕布的另一個入口處，牽進了四匹漂亮的馬，牠們的頭上都紮了彩帶，結成蝴蝶結，像小姑娘一般打扮起來。第一匹花馬就是久香牽着，其餘四匹也是由四個比她大一點的女孩子牽着，她們都穿着一色的綠緞襖，因此久香的紅緞襖看起來格外醒目。

馬魚貫地進來之後，繞場一週，站在場子中間的江如海，突然舉起手中的皮鞭，在空中抽了一下，「啪」的一聲，五匹馬立刻小跑起來，她們五個女孩子同時縱身一躍，上了五匹沒有鞍子的馬，動作迅速整齊，觀衆馬上鼓掌叫好。

她們騎上馬背不久，又雙手在馬背上一按，身子一騰，站了起來，隨後便來一個大鵬展翅，錦鷄獨立，眞的好看極了。尤其是久香，更像一個紅羽毛的錦鷄，而所有這些動作，也是由她領先作起的。

作完了錦鷄獨立之後，又來一個倒豎蜻蜓，五個女孩子眞像五隻豎起尾巴的蜻蜓，而久香又像我最喜愛的紅蜻蜓。

當久香的馬從我面前經過時，她發現了我，向我一笑，非常開心的樣子。隨後她們緊緊馬的肚帶，把一個圓圈扣在自己的脚上，我不知道這根帆布肚帶和那個圓圈有什麼用處？她騎馬根本用不着任何東西幫助。

突然，江如海把長皮鞭在空中用力抽了幾下，馬上「啪！啪！啪！」地響了起來，又清又脆。馬聞聲立刻奔騰起來，皮鞭最後的響聲一落，久香突然紅影一閃，翻下馬背，把背脊平貼在馬身上，身子和馬平行，兩手張開，就這樣貼在馬身上隨馬奔跑，其餘四個女孩子也幾乎是在同時作好了這個動作，觀衆馬上歡呼起來。

這樣連續作了三次，馬才停止奔跑，她們也輕輕地跳了下來，向觀衆行了一個禮，才把馬牽出去，上午的節目隨即結束。

很多觀衆都捨不得離開，我更捨不得走，我做夢也沒想到久香會有這麼大的本事？我一個人坐在草地上如癡如呆的時候，久香突然走了過來，我完全沒有發覺，她站在我背後一笑說：

「你一個人在這裏呆頭呆腦幹什麼？」

我想站起來，她却伸手在我肩上一按，遞給我兩個包子，在我身邊坐了下來。

「久香，你怎麽有這麽多的本事？」我笑着問她。

「還不是練出來的？」她也向我一笑，過後又問我：「你看得過不過癮？」

我點點頭，她顯得非常高興，又拍拍我說：

「不要走，下午我還有一個節目。」

「什麽節目？」我連忙問。

「我要爬到那上面去表演。」她指指那根最高的旗桿說。

「那怎麽行？那會摔死！」我望望那四五丈高的旗桿着急地說。

「我已經表演過幾次，」她望着我說：「希望菩薩保佑。」

「那太危險，我母親連樹都不准我爬。」我說。

「那有什麽辦法？」她的臉色突然一黯，望着我說：「他們要靠這個賺錢。」

「玩點別的不好嗎？」我說：「沒有危險的。」

「沒有危險就賺不到錢，」她說：「玩把戲就是玩兒命。」

我沒有作聲，她使我懂得許多從來沒有想到的事情。

她看我不作聲，站了起來，拍拍我的肩說：

「記住，不要走，等着看我表演。」

我點點頭，她高興地離開了。

可是，等下午的觀衆進場之後，我便悄悄地退了出來，我不敢看那危險的把戲，我生怕她從旗桿頂上摔了下來，那會摔成一團肉醬。

雖然我退出了馬戲場，可是我心裏總是忐忑不安，忍不住不時跑到大門口望望，旗桿很高，又沒有遮攔，我在大門口仍然望得見。

太陽快下山時，我又跑到大門口望望，我一眼就望見久香在旗桿頂上，雖然我看不淸楚她的動作，但她那身紅緞襖，經夕陽的餘暉一照，更像血樣地殷紅，格外鮮明奪目。突然，我頭腦裏出現了一個幻覺，我以爲那是一灘鮮血，我不敢再看，連忙躲進屋子裏去。

不久散場了，我聽見大家議論紛紛地從我門口走過。

「幸好她的手快，一下抓住了旗桿，不然眞要粉身碎骨！」

「你們眞是替古人就憂！說不定是那小姑娘故意露一手，人家吃這行飯是幹什麽的？」

究竟是怎麽回事？我也猜不透，直到天黑時久香回來，生氣地問我：

「下午你沒有看我表演？」

我囁嚅了半天，才輕輕地說：

「我不敢看，怕你摔下來。」

「你要是在場我或者表演得更好？我一發現你不在場，心裏一冷，眞的差點摔死！」

啊！原來是這回事！我感到非常抱歉，囁嚅地對她說：

「久香，我眞對不起你！」

「別廢話吧！明天去不去看？」她兩眼盯着我說。

「去！去！」我連忙點頭。

她看我呆頭呆腦的樣子又噗哧一笑。

四

他們賣座的情形一天比一天好，遠遠近近的人都趕來看，甚至街上的人也趕來看。這眞是從來沒有的現象。

他們連演了一個多月，直到一場大雪飄了下來，而且一連下了四五天，他們才宣佈結束。

久香和我相處一個多月，我們的感情更好，在這期間，她終於教會了我倒豎蜻蜓，但只能豎一會兒，而且兩手不能移動，一動就不能保持重心。

久香不但和我很好，也贏得了所有的孩子們的羨慕與尊敬，但她對那些孩子卻以老江湖的態度對待他們，有時還會開開他們的玩笑。

有一次一個十五六歲的放牛孩子被她的腳一挑，摔倒了。這放牛孩子是出名的痞子，很有幾斤力氣，爬起來嘻皮笑臉地從背後把她攔腰抱住，嘴在她臉上親了一下，同時調戲地說：

「我的乖乖，你好厲害！」

她氣得臉一紅，猛然一挫腰，把背一弓，他便栽了下來，兩腳朝天，腦殼着地。她朝他臉上重重地唾了一口。

他栽得七葷八素，過了一會才爬起來，望了她一眼，悻悻地離開。走了十幾步，突然回過頭來，朝地上唾了一口，狠狠地罵她：

「婊子養的！妾婆養的！長大了還不是作妾婆！有什麼了不得？」

她耳根脖子都氣紅了，腳一頓，追了上去。

他調頭就跑，他比她高大許多，腿子又長，距離又那麼遠，我以為她一定追不到，那男孩子起初也不在乎，想不到她會跑得那麼快，沒有多久就追上了，她朝他背心一拳，打得他往地上一仆，跌了好幾尺遠，她把他踢翻過來，一手抓住他的胸襟，一手在他臉上劈劈啪啪打了起來，等我趕到時，他已經滿臉鼻血，我把她拉開，她又「呸！呸！呸」地吐了他一臉口水。

「你才是婊子養的！妾婆養的！我打死你這個狗東西！」她又狠狠地罵了他幾句。

他已經打得暈頭暈腦，狼狽不堪，這頓教訓已經足夠，我怕她再打他，連忙把她拉走。

「妳爲什麽生這麽大的氣？」走了一段路我這樣問她。

「你不知道他罵得多毒！」她猶有餘憤地說：「我們女孩子最怕走那條路！」

「你不會！你不會！」我大聲地說。我也不知道我根據那一條？

「會的！」她突然眼圈一紅：「我們的大姐二姐就是賣給濶佬作妾的！我們跑江湖玩把戲的多半是這樣下場。」

「你父母怎麽忍心？」

「我們本來就是買的，不是他們身上落下來的肉！」

說着說着她竟伏在我肩上哭了起來。我簡直慌了手脚，不知怎樣才好？最後還是她自己抬起頭來，用手擦擦眼淚說。

「你風不吹，雨不打，你不懂這些。」

我茫然地望着她，的確我不懂這些事。我也不知道她怎麽懂的總比我多？難道女孩子眞的聰明，男孩子眞是儍瓜？

她看我呆呆地望着她，又有點後悔地說：

「我不該和你講這些話。」

然後把我一拉：

「走，我們到江邊去檢貝殼。」

她牽着我的手，我們一道走到江邊。

現在江水更淺，露出一片沙灘。有的貝殼埋了一半在沙裏。

她檢了好的都送給我，我問她：

「你怎麼不自己留着？」

「我天天跑碼頭，怎麼能留這些東西？」

她不能留，我也不想多檢。於是我們脫了鞋子在沙灘上踩脚印子。

我的脚比她的大，她總愛把她的脚放在我的脚印子裏去。然後笑着對我說：

「我要是能留在你家裏多好？」

「我家裏有什麼好？」我率直地說。我自己實在感覺不出我的家好在那裏。

她看我呆頭呆腦的樣子，不禁一笑，用右手的食指在我腦殼上一戳：

「你這個傻瓜！」

五

一個雪後的晴天，「江如海馬戲團」終於和我們告別了。

江如海夫婦忙着向我們幾家道謝，久香老八他們也忙着收拾零碎的東西。久香乘着沒有人在的時候把一件東西往我手裏一塞，我一看是一只綠耳墜子，這是她表演時戴的。

「你不要？」我奇怪地問。

「我還有一只。」她說。

「你表演時少一只怎麼辦？」

「我就說丟了，媽會再買。」

「那我拿什麼東西送你？」我想想實在沒有什麼東西好送。

「不要你送我東西，只要你記住我就行。」她向我一笑。

我點點頭，她非常高興。

「這次你們到什麼地方去？」我問。

「我也不知道，」她搖搖頭：「反正是無根的浮萍兒到處漂。」

「那我以後碰不碰得到妳？」

「那就看有沒有緣？」她像大人似地說。

我幫着她把零碎東西提上船，張大爹和附近的老老少少都把他們送到江邊，他們走的時候比來的時候熱鬧。

馬在船上引頸長嘶，猴子跳來跳去，他們站在船頭上向岸上的人揮手。久香靠着桅桿，呆呆地望着我，我緊緊地握着口袋裏的綠耳墜子。三條烏篷船扯起滿篷，鼓着東北風開走了。

天　鵝

一

「小翠，妳看是誰來了？」葉老倌把擔子往堂屋中間一放，大聲地對灶下說。

我右脚跨進門檻時，幾乎和翠姑娘撞了一個滿懷。幸好，她的身子靈巧得像隻猫，一銜到我的面前，連忙剎住，笑着往後一跳，珠走玉盤地說：

「喲！稀客，稀客！少東，什麼風吹來的？」

「老東家要他到我們扁擔洲來避避難，」葉老倌接嘴：「小翠，妳可要像服侍老東家一樣服侍他。」

「爹，你放心，保險足尺加三。」翠姑娘臉上盪開鍋兒了兩朵深酒渦，圓圓的。

「爹說你們這兒是福地，盤古以來，不見刀兵，他怕我們一家人一鍋兒爛，要我先來府上避避。翠姑娘，打擾妳了。」

「喲！少東，你到底是文昌星，滿口斯文。其實，對我們佃家，四兩就抵半斤，何必用十八兩老秤？」

琪老倌聽了女兒的話，高興地摸摸山羊鬍鬚，從腰間抽出旱煙桿，走到後院去了。

半年不見面，翠姑娘不但出落得像根水葱兒似的，嘴舌也格外靈俐了，眞不像個鄉下大姑娘。我望着她發怔，不知道怎樣接腔？

她却嗤的一笑，隨手在籮筐裡提起我的小書箱，向我招招手，走進一間廂房。

「少東，這眞是廟小菩薩大，千萬請你將就將就，包涵包涵。」她把書箱放在桌上，用嘴吹吹椅子上的灰，笑着對我說。

「翠姑娘，我又沒有住過金鑾殿，妳何必把我捧上了九重天？」

「少東，怎麽說你是城裡來的嬌客，稀罕。」

「我又不是紫禁城裡來的，算得上稀罕？」

「嗨！少東，你要眞是紫禁城裡來的，我們這個浮土之地，豈不被你一脚踩沉了？」

「嗨，好重的脚！」

「少東，」翠姑娘貝齒微露，聲音又輕又柔：「扁擔洲底下是鰲魚精，你踩的是鰲魚頭，紫禁城裡貴氣重，那還不把牠踩暈？」

「神！」

「你小心鰲魚翻身。」她的食指向我輕輕一指，抿嘴一笑。那兩朵酒渦兒變成了兩半邊月亮，掛在玫瑰腮邊。

葉老倌托着旱煙桿，走到門邊，噴出一口煙霧：

「小翠，妳得替少東舖一床蓆子，這麽大熱天。」

「爹，你忘記了帶來。」翠姑娘的聲音拖得像楊樹杪上的蟬。

「我老糊塗了，妳就張羅一下吧。」葉老倌眼睛一瞇。

「大爹，你別客氣。」我說：「我是來府上躲難，不是享福。」

「少東，還沒有到那個節骨眼兒。不能叫你受屈。」

「爹，那只好把我床上的揭過來了。」翠姑娘柔聲柔氣地。

「使得，也只有妳床上的乾淨。」葉老倌點點頭。

「不必，那會折死我了。」我搖搖手。

「怎麽的？少東。你嫌骯是也不是？」翠姑娘兩眼翻了幾翻。

「豈敢。」我蓮忙一彎腰。

翠姑娘噗的一笑，一陣風兒似的跑去又跑回，去時兩手空空，回來腋下夾着一床紫銅色的竹蓆，一看就知道是陳年老貨。她指指它對我說：

「少東，別小看它，它的春秋比你還高哩！」

「這是一床子孫蓆，我圓房時貰的。」葉老倌從嘴裡拔出旱煙桿：「一年後生了我老大，三年後又生了小翠。老大圓房前我給老大睡睡，現在又輪到了小翠……」

「爹！」翠姑娘黑眼珠兒一翻，嘴角一撇，清清脆脆地蹦出一個「爹」字，像一粒彈珠，打斷了葉老倌的話：「你是不是在老東家的大糟房裡灌足了黃湯？亂話？」

葉老倌打着哈哈，故意蹉着八仙步，一晃一晃地走開。

「唉！爹眞氣人！」翠姑娘輕輕地咬着嘴唇，笑着一跺脚。

「翠姑娘，聽大爹的口氣，妳八成兒是有了婆家吧？」

「唉！少東，你怎麽也瞎胡扯？」她兩條柳葉眉兒往中間一鑽，哭笑不得。

「別的大姑娘像妳這種年紀，早就出閣啦！翠姑娘，妳怎麽還沒有婆家？」

「嗨！少東！」她又一跺脚：「看你年紀輕輕的洋學生，怎麽也像三姑六婆？」

「麻隻也要生蛋，燕子也要做窠，翠姑娘難道妳？……」

「少東，你怎麽一嘴的豆渣？」

她眉兒一皺，酒渦一綻。我也噗哧一聲。

二

翠姑娘十八了，怎麽還沒有婆家？這眞是一件稀罕事兒！憑她這份俏，這份聰明，眞不知道有多少年青的哥兒害單思病？別的姑娘像她這麽大，已經作媽了，她還在作大閨女，怪！不怕她不講，反正我在她家裡有得住，總會打聽得出來。

她讓給我的竹蓆子是二十年以上的陳年老貨，可是一點沒有破損，周圍用黑緞滾了邊，緞是新的，看樣子是她的手澤。

竹蓆新的不凉，越陳越凉，我一看上這紫銅色，心裡便十分喜愛。我曾經想謀一張這種老竹床，可就找不到。

我躺上去休息一會，背脊上凉颼颼的，不知不覺地便進入了夢鄉。

我醒來蟬聲盈耳，睜開眼睛一看，翠姑娘站在房門口，玫瑰頰上嵌着兩朵淺淺的酒渦。

「翠姑娘，多謝妳，這蓆子眞凉！」我翻身下床，順着勢兒向她一彎腰。

「看你的？又是十八兩老秤！」像一朵喇叭花，她笑着飄了進來。

「我們家裡的老規矩，不作興小斗小秤。」

她嗤的一笑，側着臉兒問我：

「吃點什麽充飢？」

「免了，費力巴沙地。」

「爹說你一天要吃四五頓，還愛零嘴，到我們家來作客，總不能餓着你？」

「翠姑娘，鄉下比不得城裡，可以呼風喚雨的。」

「少東，只要你一開腔，變我也要變給你。」

「翠姑娘，這次我在你府上不是三朝兩日，太麻煩妳，不好思。」

「要不是天下大亂，八人轎子也請不到你。」

「得了，得了，千萬別把我當作嬌客，金鑾殿我坐不住。」我双手向她一揖。

「喲！看你的，隔夜的鍋巴粥，七分餿氣。」她身子飄退三尺，抿着嘴兒一笑。

「翠姑娘，妳和尙頭上敲木魚，眞不是味兒。」

她身子往桌上一伏，双手蒙着臉，嘴裡嗤嗤地，人，像一朵和風細雨中的花兒。

「說正經的，少東，你到底吃點什麽啦？」她抬起頭，從月白色的衣襟下抽出一條手絹，在眼上拉了兩下，悠悠地問。

「龍肉，鳳肝。」我想難她一下。

「喲！少東，你這是存心挖我的牆脚了。」她微微一怔。

「妳不是會變嗎？」

「說歸說，做歸做，少東，巧婦難爲無米之炊，我怎麽能無中生有？」

「翠姑娘，那妳是誇海口了？」

「少東，這麽着吧？」她向我抱歉地一笑：「龍肉只有天上有，要我身上的肉倒不難，我就割一塊給你煨湯吧？」

「罪過，罪過，我情願吃一輩子長齋。」

「阿彌陀佛，善心。」她笑着向門口走去，又回過頭來：「我弄盌蛋花湯給你點點心，明天「清早就去趙屠戶的肉案子給你買副猪肝來，你愛怎麽吃，我就怎麽做。行不行？」

「行，勞駕。」

「又是十八兩老秤。」她眼兒一媚，噗的一聲。

房間裡抹得乾乾淨淨，大概是我睡着時她輕手輕脚做的。我打開書箱，把課本統統拿出來，我剛考完大考，學校就解散，還沒有拿到初中畢業文憑。父親要我自己溫習功課，不要荒腔走板，一有機會還是要我升學。他認定我不是坐地催租，講斤求兩的材料。萬一作了亡國奴，也好保住這點兒老本，不致於數典忘祖。除了課本以外，我自然還帶了不少小說，演義之類的書，足够我看三兩個月。另外還有一把胡琴，準備自拉自唱。

翠姑娘双手捧着一大盌蛋花湯，像戲臺上的蕭太后，輕移蓮步走進來。我趕上去接，她尖着嘴唇噓噓：

「我的爺，別燙了手。」

我只好讓路。

她把蛋花湯往桌上一放，連忙把尖尖的手指放在嘴上吹吹。

「燙了？」

「有那麼一點兒意思。」她嘴裡噓噓。

「妳何必添得這麼滿？」

「爺，我不願意藏私。」

「這麼一大盌，我怎麼吃得了？」我看看盌裡，不是稀稀的蛋花湯，很稠，足有三個鷄蛋。

「城裡的爺難道眞是豆腐做的？你說出來也不怕丟人？我爺快老掉了牙，一頓飯也能吃這三大盌。」

我準備充充英雄，吃下去。可是肚子太小，吃了不到三分之二，就像個鼓氣的青蛙。她看了好笑：

「怎麼的？我說了你是個嬌客吧？」

「翠姑娘，妳別以為我量小，妳要是長久這樣把我當個老佛爺供着，整個扁擔洲也會被我吃垮。」

「旣然開了飯舖還怕客人肚子大？爹交代的，豈敢怠慢？少東，你何必替古人躭憂哇？」

「我兩手空空地來，好意思白吃白喝？」

「爺，你要算店飯錢是不是？看，」她用手向外一指：「這屋前屋後的肋條地，都是少東你的。你愛怎麽算就怎麽算吧？一盤蛋花湯，一塊肋條地，這生意我做得。」

說着，說着，她嗤的一笑。我沒有收過租，根本不知那一塊地是我的。每年端午中秋過後，她爹把小麥黃豈送上街去，我爹也不過斗過秤，我怎麽知道底細？

「好，翠姑娘，那我以後就飯來張口，菜來伸手了。」

「少東，你生來的富貴命，本來就用不着操什麽心。漫說老東家對我爹有了交代，就是你公子落了難，憑我們幾代的東佃交清，還少得了你衣食二字？就怕你嫌我們的粗茶淡飯？」

「翠姑娘，妳芝蔴綠豆留着些兒吧，來年還要播種啦。」

她格格地笑彎了腰。

三

我一個人坐在水邊的大楊樹根上自拉自唱，是低低的四平調。我閉着眼睛，搖頭晃腦。

「少東，你眞好雅興？」我背後突然響起翠姑娘輕柔甜蜜的聲音。

我睜開眼睛回頭一望，翠姑娘一手挽着衣籃，一手提着小桶，靜靜地站在我身後四五步的地方，玫瑰頰上綻着兩朵酒渦。

「翠姑娘，妳幾時駕到？」我把胡琴一收，笑着問她。

「少東，你又是十八兩老秤？我可只有四兩重，經不得你這一稱哪！」她笑盈盈地。

「妳幾時來的？我怎麽一點也不知道？」我馬上改口。

「有一會兒啦，你只管自拉自唱，哪會想到別人？」她黑眼珠兒輕輕一轉，轉到我的臉上。

「翠姑娘，那我獻醜了！」

「不啦！算我運氣，省了幾個子兒。」

「好說，妳有興緻，我就再拉兩段兒？」

「你不怕對牛彈琴？」她上前幾步，把衣籃小桶放在水邊，歪着脖子問我。

「翠姑娘，妳太抬舉我了，我拉的是無名曲子自來腔，不成調調。」

「不啦！有板有眼。你這一手兒是誰傳給你的？」

「陽關道上看跑馬，漂學。」

「哦，少東，你是無師自通哪！」她眉眼兒嘴角輕輕向上一挑。

「我音樂只考四十分，有師也通不了。」

「瞎子逛花燈，你笑話兒一大籮啦。」

「翠姑娘，你別見笑，我獻醜了。」

「少東，聽你的。」翠姑娘緩緩地跪在大麻石上，把籃子裡子的骯衣服浸在水裡，隨便挑起一件，双手揉呀揉的。

我把弦子調得特別低，盡走低調，讓它細水長流。

她邊洗衣服邊聽，聽了半天，突然昂起頭來對我一笑：

「少東，你年紀輕輕，倒眞有兩手兒。」

「好說，妳不知道我荒了多少正課？翠姑娘，妳要不要唱幾句兒？」

「囉！我破鑼嗓子唱什麼歌。」

「妳是金嗓子，我再用胡琴托托，保險能賣一塊大洋一張票。」

「少東，你又在說笑話兒？」

「那我們言歸正傳，翠姑娘，妳唱個什麼歌兒？」我把胡琴輕輕拉了幾下。

「這樣吧，」她看了我一眼：「我唱兩支小調兒，不成腔，你也免托啦。」

「好，我洗耳恭聽。」

她紅着臉一笑，故意低着頭洗衣服，嘴裡輕輕地流出這樣的歌：

山伯馬上淚漣漣，哭聲地來叫聲天，從前許配梁山伯，又與馬家結姻緣，死在黃泉心不甘！班鳩樹上叫咕咕，姐兒房內把頭梳，罵聲鳥隻眞該死，成双作對叫什麼孤？分明恥笑我無夫！

她聲音清脆細膩極了，就是有點兒悽迷。

「翠姑娘，我早說了妳該有個婆家啦。」我笑着打趣。

「少東，你？」她白了我一眼。

「我，我又一嘴的豆渣。」我連忙招認。

她嗤的一笑，繼續洗衣，我自拉自唱。

她洗完衣慢慢爬起來，双手揉揉膝蓋。然後一手挽着衣籃，一手提一桶水，走着三堂會審後的步子。

我把胡琴往脇下一夾，伸手去接那桶水，她笑着搖搖頭：

「少東，這可使不得，你是嬌客，不是長工。你還是自拉自唱吧？」

「無名曲子自來腔，老是自拉自唱，乏味。打一次長工倒是新鮮事兒。」

「少東，要是人家看見了會說我不懂規矩，沒上沒下。」

「這又不是朝庭的王法？誰興的這個規矩？」我硬接過她手中的水桶，邁開大步。

我先走到家，在大門口碰到葉老倌，他連忙從我手裡接過提桶，提到灶下，一出來正好碰着翠姑娘，他笑着說：

「小翠，妳把嬌客當長工，要是傳到老東家的耳裡，我們爺兒倆吃不了兜着走啦。」

「爹，你錯怪了人，是少東自願的。」

葉老倌故意望望我，笑着問：

「少東，此話當眞？」

「大爹，王麻子的剪刀，貨眞價實。」

「小翠，好哇，有妳的！」葉老倌瞟了女兒一眼，笑哈哈地走開。

「爹！」翠姑娘朝着父親背後乾叫一聲，葉老倌當作耳邊風，頭也不回，嘴裡一直哈哈笑。

「唉，老小，老小，爹老了也瘋瘋顛顛。」翠姑娘望着我一笑，玫瑰頰上新添了一層紅暈：

「爺，以後你還是自拉自唱吧。」

四

我在翠姑娘家住到第四天，扁擔洲忽然了落了一顆大砲彈，整個扁擔洲的人都駭得呆頭呆腦，彷彿每一個人的腦袋上都挨了一榔頭。

「唉！開天闢地以來，我們扁擔洲不見刀兵，長毛殺人如麻，我們扁擔洲太太平平；北軍敗兵到處打家刼舍，我們扁擔洲也沒有丢一隻雞。唉！現在鬼子未到，砲彈先來，說不定我們扁擔洲要遭難了？」葉老倌自言自語，臉上罩着一層烏雲。

我再也不能坐在大楊樹下自拉自唱，因爲葉老倌和翠姑娘都不讓我出門。翠姑娘更一再叮囑我：

「少東，你千萬不要溜出去，砲子兒沒長眼睛，你的命貴，萬一出了一點岔兒，我和爹可擔戴不起。」

「妳不是要我自拉自唱？」

「爺，」她玫瑰頰上又嵌着兩朵酒渦：「那是古話兒，現在年成不同了，你要是癮發了，就在房裡自拉自唱吧？」

「那會擾得雞犬不寧哪！」

「爺，只要你開心，你愛殺雞就殺雞，妳要殺鴨就殺鴨吧！」她笑得像一朵迎春花。

我曾經對她說過我的胡琴拉不好，聽來像殺雞殺鴨。昨天我又教過她拉，她拉起來眞的像殺雞殺鴨。想不到她把這個「典故」「套」上了。

翠姑娘既然把魚眼睛當珍珠，我怎麽好意思溜出去？她雖然「縱容」我在房裡殺雞殺鴨，我也不能太放肆，我索性把胡琴塞進布套裡，看看小說和演義，這味道也不差。

我看演義小說完全是消遣，翠姑娘却以爲我在用功，把我服侍得像個太公似的。冰糖水放在手邊，她坐在我背後兩三尺遠的地方搖着大蒲扇，一陣陣微風向我送來，使我一點也不覺得炎天暑熱。

我陶醉在關雲長過五關斬六將，張翼德當陽橋上一聲怒吼，和趙子龍板坡單騎救主的神威之中，要是我們現在有這些五虎將，那不殺得日本鬼子抱頭鼠竄？我眞希望他們從書中跳出來，把守扁擔洲。

翠姑娘爲了使我安全，在我床上多舖了一床棉絮，她教了我一個法子，她說：

「要是聽見砲子兒響，你就往床底下鑽。」

我低着頭望望床底，她心眼兒靈活得很，馬上對我說：

「你放心，我已經掃得乾乾淨淨，不會弄髒你的衣服。」

「鑽床底，那不變成了縮頭的烏龜？」

「得縮頭時且縮頭，不要硬着脖子充好漢，砲子兒沒長眼睛。」

「妳怎麼辦？」

「我會另外想法子。」

她想什麼法子？我不知道。只是這天晚上扁擔的人都聚在天后宮問神，翠姑娘和葉老倌也去了。我上過洋學堂，不信這一套，關起房門來自拉自唱。

翠姑娘和葉老倌回得很晚，我還沒有睡。她進來問我要不要吃東西再睡覺？每天晚上她都要弄點東西給我吃。我發現她額上有一個疱，像在什麼地方碰腫的。

「翠姑娘，這是怎麼一回事？」我指指她圓潤的前額問。

「我在廟裡磕了響頭。」她用指頭揉揉那個疱。

「妳用了多大的力？差點把頭磕成個爛西瓜。」

「敬神如神在，不誠不靈。大難當頭，我不得不求求娘娘菩薩。」

「翠姑娘，妳求什麼？」

「一求地方平安，鬼子不來。」

「二呢？」

「二求你長命百歲，無難無災。」

「三呢？」

她望望我，沒有接着講下去，隨便把腰輕輕一扭，把頭微微一偏，像蜜蜂兒嗡了一聲：

「那是我自己的心事。」

「事無不可對人言，妳講我聽吧？」

「爺，一句古話啦！」她轉過身來一笑。

「『古』不打不響，翠姑娘，開講吧！」

「爺，讓它在我心裡爛吧，何必對牛彈琴哪？」

五

砲彈落在扁擔洲的第二天，縣城就丟了。第三天，消息才傳到扁擔洲來。

我聽了心裡開始着急，爹雖然告訴我，說是緊急既會帶着全家人躲進天主堂，天主堂的屋頂早就漆了大幅美國旗和大十字。但是砲子兒不長眼睛，會不會打進天主堂？家人是否躲了進去？縣着膏藥旗的兵艦，一條條地向縣城開，消息愈來愈壞。歸結起來只有三個字：燒、殺、姦。

江裡一具具浮屍漂下來，有男的，有女的。男的多半双手剪在背後，伏在水裡，身上有好幾個刀眼和子彈打的窟窿；女的全是仰面朝天，胸脯露在外面，還有一絲不掛的；她們多半是胸口兩三個刀眼，有的下部還插着一根棍子。

「唉！畜牲！這那是人幹的？」扁擔洲的人直搖頭，嘆氣，吐口水。

葉老倌對和我翠姑娘非常躭心，他不時看看我們，自言自語：

「唉，一個洋學生，一個黃花閨女……」

他不讓我出門，也不讓翠姑娘出門。

我不再自拉自唱，也沒有心思看水滸、三國演義。

「少東，但願娘娘顯靈，保住我們這一方安寧。」翠姑娘沒有以前愛說話，要說也是這個老題兒。

「妳磕了那麼多響頭，會不會白磕？」她額上的疱還沒有完全消掉，變成了銅錢大小的青印。我不大相信什麼娘娘，我倒是希望關雲長，趙子龍這些五虎將死而復生。

「爺，不要亂講話，娘娘就在我們的頭上。她日斷陽，夜斷陰，專管善惡，我日夜求她，她會有感應。要是她答應了我那三件事，我會重修廟宇，再塑金身。」

我不忍潑她的冷水，當然我也希望娘娘真的有靈。

我們過了一個多月風聲鶴唳的生活，我和翠姑娘沒有出門一步。一些洗洗晒晒之類的「外務」，都由她那位半邊豬臉，帶着三分渾氣的嫂嫂一手包羅。她這位嫂嫂女人一見會倒退幾步，男人一見會夾起尾巴溜走。我在翠姑娘家住了這麼久，也沒有和她交上三言兩語。

別的地方還是像打翻了的蜂窩，城裡也沒有「安民」，男人遭殃，女人吃虧的事還是多得很，不過已經成了家常便飯，不算新聞。倒是扁擔洲有驚無險，翠姑娘說這是娘娘有靈。

一天上午我在房裡溫習功課，翠姑娘坐在我對面爲我綉枕頭，突然來了一位戴鴨舌帽捲着白袖召的青年人，他一眼就瞄着了翠姑娘，臉上浮起一絲陰陽怪氣的笑，翠姑娘臉一沉，脖子一扭，沒有理他。

葉老倌迎着他，並不十分熱烈，半天才說：

「國維，這一晌在那兒得意？」

他從鼻子裡哼了一聲，沒有回答。

「你這次回來有什麼貴幹？」葉老倌再問。

「葉大爹，打開天窗說亮話，我是回來看看翠姑娘的。」他大聲大氣回答。

「好說，承你抬舉。」

「眞是女大十八變，翠姑娘，架子也步步高了。」他冷言冷笑語。

「國維，你是土生土長的，又不是不懂得老祖宗的規矩，十七八歲的大姑娘，那有拋頭露面的？」

「葉大爹，可也沒有十七八歲的大姑娘，閨房裡養着小漢子。」他格格地笑，身子抖得像沒有骨頭。

「國維，那是我們的小東家，他才十四歲，能有多大？在我們家裡鬧反，總不犯法？年青人，你怎麼這樣講話？」葉老倌的語氣雖然緩和，鷄蛋裡可眞有點兒骨頭。

「怪不得她，翠姑娘不把我楊國維放在眼裡？原來是有這麼一位好東家？可惜筍尖兒還沒有成器，一竹篙打不到井底。」

「你怎麼一到我家來就胡說八道？村的糙的？你出門一兩年，還是改不掉流氣？」

他哈哈地笑了起來，把鴨舌帽一揭，在手裡打打，他的頭像播種不勻的小麥地，東一塊，西一塊，生過癩痢的頭皮像蠟光紙，放亮。

「葉大爹，我已經承情三老四少教訓夠了。今天我回扁擔洲，只請教你一句話。」

「你說吧！」葉老倌上了一袋烟，沉着臉。

「我知道翠姑娘還沒有婆家，我也臉厚，舊話兒重提。」

「仔大爺難做，我也是一句老話：這件事兒我作不得主。」

「葉大爹，我楊國維已經不是當年的楊國維，你怎麼還是三下五除二？」

葉老倌望望他，笑着反問：

「你要老漢怎樣？」

「那就請你問問翠姑娘吧，六十年風水輪流轉，說不定她已經回心轉意了。」

「爹，你不用問我，路轉山不轉，請他滾蛋！」翠姑娘大聲地對外面說。

楊國維把帽子往頭上一蓋，指着翠姑娘說：

「妳不要不識抬舉？」

「呸！你去尿盆裡照照自己，也配？」

楊國維突然從口袋裡掏出一個白布捲兒，手一揚，抖開，現出一團紅膏藥。

「國維，你？」葉老倌大驚失色地問。

「我要你吃不了，兜着走！」楊國維冷哼一聲，拔步就走。

六

扁擔洲終於落下了大災星。

楊國維帶來了十二個鬼子兵，拉走了三十名年輕力壯的伕子，和十個漂亮的閨女，翠姑娘是「花姑娘」中的第一名。我因爲公民課本上寫了「打倒日本帝國主義」幾個字，也被剪着双手要帶走，經翠姑娘以死相求，吃了兩隻火腿，才饒了我一條命。另外還打死了幾個反抗的年輕人。葉老倌因爲糾着翠姑娘不肯放手，被鬼子一槍托打暈。

扁擔洲鬼哭神號。

一群早到的雁鵝從頭頂飛過，翠姑娘的嫂嫂歪着半邊豬臉，望望天空，揩揩眼淚：

「啊；天鵝，……少東，姑姑東不成，西不就，你知道爲了什麼？」

我搖搖頭。

「她心比天高，常常自比天鵝，想和你少東成双成對，結果她白磕了響頭，反而落進一群惡狼嘴裡！」

我身子一晃，兩脚站立不穩，好像鰲魚開始翻身。

搶親

春天的夜，溫馨、媚人；油菜花香氣撲鼻，微雨後的泥路彷彿鋪着一層橡皮地毯，踩在上面軟軟的，人也飄飄然，像要隨醉人的春風輕颺，和撲面的楊花共舞。

李二叔帶着侄子李長青，和十幾個身長力大，能跑會跳的後生，肩着鐵羊叉，向王百萬家前進。

路邊的麥苗將近膝深，一股青氣特別好聞，使每一個人都覺得格外年輕。

「這種春暖花開的日子，年紀輕輕的小寡婦，怎麼熬得住？」歡喜說笑的李長林終於衝破了靜默的氣氛。

「如果胡老倌不是愛上了王百萬的家財，怎麼會把春香嫁給那個癆病鬼？」李二叔說。

「眼看着王百萬的兒子過不了年，還要把春香嫁過去冲喜，眞好！」李長林說。

「王百萬就是那麼一條根，你以爲胡老倌眞不好？」

「王家就是一座金山銀山，也犯不着把女兒送過去守寡。」

「各人的想法不同呀！」

話一開頭，就收不了嘴，大家你一句，我一句，李長林又搶着說：

「嘿！你們沒有看到春香出嫁的那天，簡直哭得死去活來，我這個鐵打的心腸，也跟着掉眼淚。」

「誰說我沒有看見？」另一個靑年搶着揷嘴：「那不是哭嫁，簡直是號喪，當時我就覺得不是好兆頭。」

「老子愛財，女兒愛俏，春香的一顆心，早就放在長春的身上，胡老倌硬要她嫁那個黃土蓋上了眉毛的癆病鬼，你說她怎麼不號？要是我眞會氣得上吊！」李長林笑着說。

儘管大家你一句，我一句，李長靑自己却不作聲。他心裏像有無數的小鹿在撞，興奮而迷惘。春香和他是靑梅竹馬的情人，早就心心相印，可是他的三間茅屋，兩畝菜園地，怎麼敵得過王百萬的聲勢？春香被王家的花轎抬走的那天，他一個人躱在茅屋裏流淚，這是誰也不知道的。如果他有三間瓦屋，五十畝肋條地，他相信春香就不會嫁到王百萬家裏去，今天晚上也用不着興師動衆了。

「要是長靑有王百萬十股一的家當，今天晚上就不會去搶人家的破罐子了。」李長林接着說，隨即哈哈一笑。

其他的靑年人聽了也哄然一笑。

李長靑心裏有點難過，但仍然不作聲，他想，要是今天晚上眞能搶到春香，他也就心滿意足了，反正她是愛他的，破罐子不破罐子又何必計較呢？

「長青，你眞的和春香約好了今天晚上鷄叫頭遍到王百萬家裏嗎？」李二叔審愼地問。

「二叔，是她兄弟帶的口信，不會有差錯的。」李長青回答。

「王百萬家裏有圍牆，有惡狗，你怎麽爬到她房裏去？」李二叔又問。

「到時候她會打開後門，我只要在後門外接應。」李長青說。

「王百萬家裏幾個長工可不好惹，你要特別小心。」李長林提醒他說。

「我知道，」李長青說：「我身上藏了一根鐵尺。」

「大家小聲點，現在已經到了王百萬的地界。」李二叔提醒大家說。

雖然到了王百萬的地界，但是離王百萬家裏還有三四里路，王百萬的地，包圍着王百萬的家，都是上好的地，油菜花一片黄，黄得像菊海；麥地一片靑，麥苗也特別茂盛。不管是他自己的長工種的，還是佃戶種的，總要比別人多收一兩成，因爲他的地土質太好，別人的地怎麽也趕不上。

「二叔你放心，」李長林接着說：「就是到了王百萬的地界，還够我們走好一陣。」

「嗨！王百萬眞是發財不發人，」李二叔感慨地說：「最後一條根也斷了，這些地將來不知道好給誰？」

「本來應該是春香的，」李長林笑着說：「可是春香偏偏不在乎這百萬家財，偏偏把一顆心掛在長青身上。眞怪！」

「錢是死的，人是活的，這有什麼奇怪？」另一個青年人接着說：「春香總不能抱着元寶睡覺？」

「冬生，你不要說溜了嘴。」李二叔接嘴說：「春香倒是個有情有義的好姑娘，可惜胡老倌是個財迷，所以弄得她嫁去不到一個月就守寡，怪可憐的。」

「二叔，我們把春香搶過來，胡老倌不會說話？」李長林問。

「現在春香是王家的人，胡老倌沒有資格說話，何況春香一直怨他，他也只好睜一隻眼閉一隻眼了。」李二叔說。

「那王百萬呢？他總該有權講話吧？」李冬生問。

「現在王法又不禁寡婦再醮，春香自己願意，王百萬又有什麼辦法？」

突然，村子裏傳來幾聲狗叫，李二叔馬上提高警覺，向大家擺擺手，輕輕地說：

「現在大家不要講話，牆有縫，壁有耳，萬一走漏了風聲，那就麻煩。」

李二叔年紀大些，輩份高些，是他們的龍頭，他們聽了他的叮囑，眞的閉口不語。

汪汪的狗叫聲，在午夜聽來特別清晰，但這不是王百萬的狗叫，王百萬的狗又肥又大，聲音特別重濁。他的狗都關在院子裏，不是放在外面的。

油菜花的香味陣陣地鑽進鼻子，蛋黃色的油菜花在朦朧的月夜裏看來仍然十分醒目，帶露的十字花冠，片片張開，黃色的花粉，一碰就粘在手上，粘在衣上，那繁密的枝葉，常常交叉地擋在路中，必須用手分開。

麥子正在含苞抽穗；鼓得飽飽的，有手指般粗大，看來今年又是個豐年，王百萬的囤子又會脹破。

越接近村子，狗叫的越兇，大家的心裡都有點兒緊張起來。李二叔輕輕地囑咐大家說：

「我們今天夜晚來搶親不過是擺擺架勢，並不是眞的打架，只要長青一得手，我們就走，非到萬不得已，不准動武，鬧出了人命不是玩的。」

「二叔，如果王百萬不識相，苦苦相逼那怎麼辦？」李長林問。

「長林，你放心，有錢的人都怕死，王百萬自從那一年被土匪綁了票，現在看見草繩都以爲是蛇，他決不敢硬逼。」李二叔說。

「如果他明天白天找我們理論又怎麼辦？」李長林又問。

「放心，放心，」李二叔笑着回答：「只要春香一進長青的房，就天下太平，生米煮成熟飯，王百萬也只能乾瞪眼。」

「長青，你聽見二叔的話沒有？」李長林笑着對李長青說：「今天晚上全看你一個人的戲，我們都是打邊鼓的。」

「長林，你放心，」李長青自我解嘲地一笑：「王百萬有錢娶黃花閨女，我李長青破罐子總要檢一個。」

大家都吃吃地一笑。

王百萬的院子前後門都關得很緊。

李長青悄悄地走近後門，他站在門邊幾乎和門一般高。其餘的人都站在王百萬院後的一棵大楊樹下，手裏緊握着鐵羊叉。

外面別人家的狗叫得很兇，院裏王百萬家裏的惡狗也聲聲呼應。

雞還沒有叫，他們非常躭心，萬一狗叫將王百萬家裏的長工和別家的人吵醒，那就麻煩了。

李長青情急智生，他立刻撮起嘴學公雞叫：

「喔——喔——喔——」

「嗨！長青眞有一手！」李長林壓低着嗓子驚喜地說。他也隨即撮着嘴巴學公雞叫：「喔——喔——喔——」

這一呼一應，彷彿眞的鷄叫。

李二叔聽了一笑，自言自語地說：

「眞不錯，我們李家盡出些叫鷄公！」

「二叔，可惜我們李家發人不發財。」李長林笑着說。

「嘿！人是活寶！」李二叔高興地說：「有人就有財。王百萬絕了代，百萬家財有個屁用？」

這時，王百萬的後院鐵門，呀然一聲拉開，春香穿着黑緞夾襖夾褲，閃了出來。李長青往地上一蹲，她往李長青的背上一伏，李長青揹起她邁開大步就跑。

王百萬的兩條惡狗衝了出來，李長林挺着鐵羊叉一攔，硬把兩條惡狗攔住，大家圍了過去，把狗逼進院子，隨手把院門帶上，然後扯開大步，往麥地跑。

這十幾個人都身長腿高，跑起來很快，等王百萬家裏的三個長工和鄰居吆喝着追出來時，他們已經跑了兩三百步遠。

王百萬的長工和鄰居一時自然趕他們不上，但王百萬的兩條惡狗和鄰居的幾條狗却追了上來，他們一面應付狗，行動就緩慢了。

李二叔看看李長青揹着春香跑了很遠，不會被人截住，他放了心，便往路當中一站，鐵羊叉往前一挺，幾隻狗都不敢追，停在原地呲牙咧嘴窮叫。

別人看見李二叔停了下來，也跟着停住，一字排開，像一道肉屏風遮斷了路。每人手裏都挺着七八尺長的鐵羊叉。

不久，王百萬家裏三個長工和幾位鄰居追了上來，他們手裏也拿了羊叉鋤頭之類的農具，其中一個長工氣喘吁吁地說：

「你們是那路的強盜？清平世界，半夜三更打搶，好大的狗膽！」

「搶了你什麼？你說說看？」李長林詼諧地說。

那個長工答不出來，究竟丟了什麼東西他還沒有弄清楚。

「我家少師母不見了！」另一個長工接腔。

「你回去告訴東家，」李二叔平心靜氣地說：「我們沒有動他一根草，後門是你少師母自己打開的，她愛我們家的李長青，不愛你們東家的百萬家財，就是這麼回事。」

鄰居明白眞相之後，立刻「哦」了一聲：

「原來是這回事？」

隨即輕鬆地一笑。

三個長工正不知道如何是好？忽然看見放牛的孩子提了一盞馬燈，和王百萬趕了上來，便一齊對李二叔說：

「東家來了，看你們怎樣下臺？」

王百幾的幾條狗看見主人來了，也叫得更兇，作勢欲撲，李長林把鐵羊叉一挺說：

「畜牲，你不要討死！」

那兩條狗退後一步，咧着嘴狂叫。

王百萬一趕到，提起馬燈一照，發現了李二叔，輕視地說。

「李老二，原來是你？」

李二叔笑着點點頭。王百萬突然挺一挺他那傴僂的腰，氣勢凌人地說：

「你帶着這麼多人半夜三更來我家搶人，簡直無法無天！」

「財主爺，這可不是綁票。」李二叔一笑。

王百萬臉色一白，瞪了李二叔一眼，李二叔又接着說：

「我們沒有動你一根草，春香連一個包袱也沒有帶，只怕打不起官司告不起狀？」

「春香是我的媳婦，你們怎可麼以放搶？」王百萬說。

「你兒子過了世，春香才十八歲，你好意思讓她守一輩子寡？」李二叔說。

「她一生吃用不盡，可以守爲什麼不守？」

「財主爺，她是人不是木頭。」李二叔一笑。

「是呀！財主爺！」李長林笑着接腔：「貓兒都叫春，她怎麽不想男人？」

大家哈哈笑，王百萬氣得臉色發青，憤憤地指着李長林說：

「你簡直沒有家教！」

「財主爺，你還是回家睡覺吧？」李二叔笑着對王百萬說：「這件事我看就是這樣算了？其實我們也是狗咬耗子，他們兩人從小就眉來眼去，現在說不定已經在房裏親熱了！」

「豈有此理！」王百萬把脚一頓：「我一定不放過你們，明天我就進城去告狀！」

「好，我們現在回去睡覺，財主爺，你明天進城告狀好了。」李二叔說着隨即把手一揮，十幾個人同時撤走。

王百萬眼瞪瞪地望着他們，駡了幾聲。李二叔再回過頭來笑着對他說：

「財主爺，請你記住，後門是春香自己打開的，我們沒有進你的屋。」

王百萬氣得面如死灰，好像發了鴉片癮似的。李長林又回過頭來開玩笑地對他說：

「財主爺，快點回去，小心綁票。」

王百萬聽到「綁票」兩個字，身體不自禁地打了個寒噤，那次綁票硬被敲了兩萬龍洋，還差一點撕掉。

李長林說完，哈哈一笑，隨即打起呼嘯，和那些青年人「呵哈！呵哈！」地在麥地裏跑。

王百萬的狗跟在他們的後面狂叫。

李長青揹着春香一口氣跑了三四里路，才放下她來，牽着她走。

她去年臘月初嫁到王百萬家裏去後，幾乎天天以淚洗面，先是穿紅着綠，坐在房裏守着吐血的丈夫。她嫁過來替丈夫「冲喜」，自己心上却蓋着一層烏雲，總是背人飲泣。不到一個月，丈夫就死了，她又披蔴戴孝，成天脚上穿着白鞋，頭上繫着白絨線，閉門不出。她不但不能到別人家裏去，甚至娘家也不能「回門」。她母親不忍看她，她父親心裏有點歉意，也不便來，只有她十五歲的弟弟常常來看她，常常爲她和李長青傳遞消息，今夜之能脫離王家，也是得力於她的弟弟，她弟弟是很同情她的。

三個月來，她第一次走出王百萬的家。她進王百萬家時是坐着銀頂，拖着杏黃的流蘇，披着紅錦緞的花轎，從大門抬進來的。出來時却是偷偷地從後門溜走，一方面是遵守一個古老的習俗；寡婦再醮不能在光天化日之下從大門出來，必須在三更半夜從後門溜走。

當她的雙脚踏上鬆軟的泥路，當她的鼻子嗅到油菜花的濃香和麥子的清香，她感到一陣狂喜。她摘下頭上的白絨線，往地上一摔，又用脚一搓一揉，然後抬起頭來向李長青嫵媚的一笑。

「妳摔掉了百萬家財，妳不後悔？」李長青笑着問她。

「本來我就不想要。」她笑着回答。

李二叔李長林他們，人高腿長，一陣快跑，沒有多久就追了上來，把他們兩人簇擁在中間。

李長青關心地問：

「他們沒有追來？」

「給我們擋回去了。」李長林笑着回答。

「王百萬肯罷休？」

「不肯罷休我就綁他的肉票，」李長林一笑：「要他像三國的周瑜一樣，賠了夫人又折兵。」

大家一陣笑，李長青和春香也放了心。

李長林他們一直把李長青和春香兩人送進李長青的茅屋，然後才各自回家。

第二天晚上，李長林碰到李長青，李長林開玩笑地說：

「長青，我們窮人也有窮人的好處。」

「什麼好處？」李長青笑着問。

「檢破罐子不化錢。」李長林輕輕一笑。

「你錯了！」李長青笑着回答：「春香還是個黃花閨女。」

「嗨！有這回事？」李長林在李長青的肩上用力一拍，雙脚一跳，指着李長青的鼻子說：「你眞是狗屎運氣，碰上了頭彩！」

賭徒

一

王寡婦家裡又擠滿了人，把兩張大方桌團團圍住，外圍的人輪不到座位，有的站在地上，有的站在櫈子上，像叠羅漢一樣，後面的人壓在前面的人的肩上，層層叠叠地壓上去。

大家的眼睛都望在桌上，望着漂亮的白瓷酒杯蓋着的碟子前後白幌幌的銀洋，花花綠綠的鈔票。

坐在前面的人還在陸續押下去，有的把白幌幌的銀洋，一柱柱地從前面調到後面，也有的從後面調到前面，各人心目中都有自己的單雙。

站在最後一層的人押不下去，只好互相在口頭上下注了。

「你押那一頭？」後面兩個肩膀挨着肩膀的人，互相探問。

「上一寶是梅花十，這一寶我要押它個四六。」長子說。

「一連出了六個雙，難道還會出第七個？我就不信邪，這回我要押它個丁拐子。」矮子說。

「你押多少？」長子問。

「十塊。」矮子回答。

「能不能少一點？」長子又問。

「上一寶我輸了五塊，這一寶要翻本。」矮子充滿信心地說。

「你要注意，這是老寶，我是賭老不賭跳。」長子提醒矮子。

「我說了我不信邪，我就要賭它個跳。」矮子堅決地說。

「好！我們一言為定，十塊。」長子說。

於是他們兩人更聚精會神地注視桌上，有的銀洋像根圓柱子一樣，堆起來幾寸高。寶官吳性初和軍師劉禹斌，正在計算前後下注的數目，隨後兩人又相互研究寶路，軍師劉禹斌手上有張紀錄，吳性初拿過去看了一會，然後把那張紙往軍師面前一拂：

「我就不信邪！未必儘出老寶？」

「十老九跳，老寶多，跳寶少。」軍師劉禹斌說：「你看，大家都押雙，單上吃不住。」

吳性初望望前面的賭注，又掃了大家一眼：

「前面還有沒有人下？我就不信邪，不管下多少我都揭！」

「要得！吳性初眞有種，不愧是個賭博生！」矮子讚賞地說。

「你知道他老子留給他的幾百畝好地快輸光了？」長子說。

「輸歸輸，我就佩服他這股勁！」矮子說。「所以他賭出了名！」

「他這樣賭下去，恐怕老婆都要輸給別人了！」長子說。

「勝敗兵家常事，像他這股猛勁，說不定會把你們統統繳械？」矮子說。

「我又不把賭寶當吃飯，他繳不了。」長子一笑。

「揭了！揭了！」寶官吳性初，看着沒有人下注，故意虛張聲勢地說。

長子和矮子聽說要揭，便不再講話，四隻眼睛都盯在吳性初的右手上，因爲他的手指已經抓住了白瓷杯，只要輕輕一提，便立見單雙了。

「你敢揭？」坐在吳性初右手邊的一個人笑着說。

「怎麼不敢？」吳性初也向那人一笑：「單上我統賓，你敢要？」

那人看看自己面前的三柱銀洋，用手捋捋，銀洋發出清脆悅耳的聲響。過了一會才問：

「一共多少？」

「還不到兩百塊。」吳性初輕鬆地說。「如果你敢賞，單上歸你，雙上歸我，我們就賭這一寶看看？」

「我看你還是留着壓壓陣脚吧？不要兩頭落空，乾賠。」那人向他一笑。

「你放心，我還可以賠幾寶，」他摸摸自己面前的銀洋，也向那人豪放地一笑：「我綽號吾信賭，我就愛賭個痛快。」

那人被他這樣一說，不禁摸摸後腦殼，有點躊躇起來。過了一會向吳性初說：「這樣吧，雙上我押了五十塊，我把雙上的撤回，專門買單，你看好不好？」

「那我不少贏你五十塊？」吳性初向那人哈哈笑。

「我看不見得？」那人遲疑地說。

「別李三娘三上轎好不好？」吳性初不耐煩地說：「要買就爽快一點，不買我揭了！」

那人把拳頭在桌上輕輕一捶，鼓起勇氣說：

「好！買了！」

於是吳性初站了起來，把棉袍的袖子一捲，大家也跟着緊張起來。

「喂！」吳性初大叫一聲，用力把酒杯揭開，碟子裡躺着的是四六，他用力在自己的腦袋上一拍：「鬼！有鬼！」

那人笑着雙手把單上的錢往自己面前一拂，押雙的人也都笑了起來。

吳性初毫不含糊地把雙上的錢一柱一柱地賠清楚，然後把酒杯往骰子上一蓋，伸長着手臂搖了起來。

「下，你們儘管下，」吳性初把碟子往桌上一放說：「我是聾子不怕雷。」

於是大家又紛紛下注，雙上仍然看好。

「怎樣？這次你下那裡？」長子贏了錢，滿面春風地問矮子。

「眞怪！」矮子摸摸後腦殼：「吳性初是怎麼搖的？一連出七個雙！」

「說不定還有幾個？」長子說。

「那眞是見鬼一大堆了！」矮子不相信地說。

「我看你還是忍一下吧？我把錢下到桌上去好了。」長子好意地說。

「隨便你，」矮子說：「我捨命陪君子，跟着寶官走。」

寶官吳性初看着雙上的注子多，心裡反而高興起來，他等大家下定後，突然向掌心唾了一口，然後兩手一搓，說了一聲：「我就不信邪！」便迅速把酒杯揭開，馬上有人叫了起來：

「板櫈！板櫈！」

吳性初又在自己的腦袋上一拍，啞然失笑，回頭望着軍師說：

「這是怎麼搞的？我從來沒有搖過這麼多老寶？」

「我看見別人一連搖過十二個，你這還不算多。」軍師劉禹斌說。他是賭寶的老手，但現在自己不賭，專給寶官作軍師，自己落得吃喝玩樂。

這一寶吳性初又賠了不少，因爲單上的數目不多。

賠過錢之後，他把兩粒骰子抓起來，往自己嘴裡一拋，然後再吐出來，放在掌心搓搓，小心地放回碟子裡，把酒杯一蓋，雙手一蒙說：

「剛剛替你洗了一個澡，你再要出雙，我就挖你的祖坟！」

大家聽了好笑。他把袖子捲得高高地搖了幾搖，骰子在杯子裡叮噹叮噹，聲音清脆響亮。

他輕輕地放下碟子，笑着對大家說：

「還有沒有人敢押雙？」

這次大家躊躇了，押雙的人顯然沒有以前多，前後的注子接近平衡。他看了一眼笑着對軍師說：

「你看這一寶是單是雙？」

「剛才你搞了一個花樣，現在就很難說了？」軍師劉禹斌也摸摸頭。

「我還是賭單不賭雙。」他悄悄地對軍師說。

「這一寶我沒有意見。」軍師笑着搖搖頭。

他計算了一下前後賭注的數目，然後指指碟子後面的賭注說：

「寶了！」

等了半天沒有人敢接腔，大家對這一寶都沒有多大的信心，他得意地一笑：

「再沒有人買我就黃了！」

「慢點，慢點，」原先那位贏了錢的人搖搖手說：「總共有多少？我考慮一下。」

「不多，只要幾畝河灘地。」他輕鬆地說。

「好，買了！」那人仗着贏了錢，膽子大了起來。

吳性初把手指頭放在嘴裡呵了兩口氣，抓住酒杯底用力一揭說：

「丁拐子，虎頭！」

可是酒杯揭開之後，別人都大叫起來：

「對和，和牌對！」

「怎麼？今天眞的鬼摸了頭？」他低下頭去看看骰子，眞是一對駝子。

那人又笑着把單上的銀洋往自己懷裡一拂。吳性初忙着賠前面的錢，賠完以後只剩下兩塊銀洋，他往軍師面前一拂：

「我到後面去抽口烟，等會再來。」

隨後又對大家說：

「我去抽口烟，有誰願意接手做寶官？」

「我來！」那贏錢的人高興地說。

吳性初馬上讓位，擠了出去。矮子惋惜地說：

「嗨！吳性初的運氣眞壞，這幾寶就輸掉好幾百！」

二

吳性初走進王寡婦房裡，王寡婦笑着問他：

「手氣怎樣？」

「輸慘了！」他向王寡婦一笑，又對王寡婦的女兒小桃說：

「小桃，燒口烟給我吸。」

小桃已經十八九歲了，長得比她母親還標緻，也和她母親一般風騷，她母女兩人眞像三月的桃花，不知道吸引了多少狂蜂浪蝶？不論老老少少都愛往她們這裡跑，大收之後，白天是牌，晚上是寶，頭子錢每天都要收幾十塊。

小桃聽他叫，笑着往床上一橫，烟燈是點着的，她拿起鐵竿，挑了一個黑烟泡，在燈上燒燒，又在指上滾滾揉揉，房裡馬上有一股濃厚的香味。

吳性初往她對面一躺，伸過手去在她臉上揑了一下：

「小狐狸，好好地燒兩口烟給我吸了翻本，不然連妳都要輸掉了。」

「我又不是你的女人，怎麽輸到我的身上來？」小桃向他媚笑。

「妳不知道？妳媽早就把妳許給我了！」他向小桃一笑，又向王寡婦擠擠眼睛。

「你不要人心不足，」王寡婦風騷地白了他一眼。「儘佔我母女兩人的便宜。」

「嘿！妳母女兩人一聯手，我快被妳們吃光了。」他哈哈笑地說。

「你別說寃枉話，我母女兩人把你當太爺，別人還罵我們打倒貼咧！」

王寡婦笑着端了一蓋盌冰糖桂圓水給他，他得意地笑了起來：

「嘿！有妳母女兩人這樣服侍我，再輸多一點我也甘願。」

「輸了多少？」王寡婦坐在他的脚邊說。

「又去了上十畝好地。」

「活該！」小桃遞上烟槍，白了他一眼：「要是送給我還見你天大個人情。」

「只要妳媽把妳送給我，我什麽都可以送給妳。」他接過烟槍向她一笑。

「你要我給你做小？」她把腰一扭：「我才不幹哩！」

「我要是把我女人輸掉了，妳不就扶正了？」他笑着說，隨即嗞嗞地吸了起來。

她嗤的一笑，歪着眼睛說：

「那我跟你喝西北風?」

「喏，妳媽有的是錢，她還會讓妳喝西北風?」他吸完烟後連忙喝了一口冰糖桂圓水，笑着說。

「做夢娶媳婦，你倒想得好?」她一面剔烟灰，一面白了他一眼。

他哈哈地笑了起來。

「我說你賭寶也應該精一點，不然輸垮了人家會說我們母女兩人的閒話。」王寡婦瞟了他一眼說。

「吃了羊肉自然難免一身騷，」他望着王寡婦一笑：「我的地不都是在妳這裡送掉的?」

「我早叫你不要來，你為什麼不聽話?」王寡婦在他大腿上擰了一下。

他哈哈地笑了起來，又望了她母女兩人一眼說：

「我看我最後幾畝地不輸光，就斷不了這條路。」

「這是你自投羅網，可不能怪我們?」小桃向他眼睛一歪。

「就是妳這個害人精。」他在小桃的屁股上拍了一下。

這時，軍師劉禹斌興冲冲地走了進來，笑着對吳性初說：

「嘿！梁濟時一接你的手做寶官，就贏得不亦樂乎。」

「怎麼？寶路變了沒有？」

「變了！」劉禹斌說：「你一走，就跳了單，不過還是老寶，梁濟時守得住，所以贏錢。」

「贏了多少？」吳性初笑着問。

「總有好幾十畝地。」

「這該不能怪我們娘兒倆吧？」王寡婦抓住機會向吳性初說：「人家還不是照樣贏錢？」

「媽，他是屁股不正怪板櫈歪，妳聽他的？」小桃接着說。

「妳不要尖嘴利舌，快點燒口烟給軍師吃，我要把萬里江山贏回來。」他向小桃說，隨即把拉子讓給劉禹斌，劉禹斌也老實不客氣地躺了下來。

「你多吸兩口好了，烟錢算我的，」吳性初大方地說，隨後又囑咐小桃：「烟泡燒大一點，不要偷巧。」

「你別黑良心好不好？」小桃白他一眼：「我燒的烟泡有蠶豆大，你還說我偷巧！」

「性初今天的運氣眞不好，我看妳還是讓讓他吧？」劉禹斌笑着揷嘴。

「軍師爺你不知道，」王寡婦向劉禹斌賣弄風情地說：「他專門欺侮我們寡婦幼女，剛才輸了錢又怪我們，說什麼他的地都是在我這裡送掉的，你看這個責任我們母女兩人怎麼揹得了？」

「那我要說句公道話，」劉禹斌坐了起來，望着吳性初：「性初，你的性格只能賭跳寶，不能賭老寶，輸錢就輸在這個地方。」、

「你別信她胡扯，」吳性初指着王寡婦說：「她是雞蛋裡找骨頭，我不過是一句玩笑話。」

「既然是玩笑話，那你就陪個禮吧？」劉禹斌尋開心地說。

於是吳性初兩手抱着小腹，向王寡婦福了幾下，王寡婦噗哧一笑：

「你這個該死的短命鬼，輸了錢找老娘開心！」

王寡婦的女兒小桃，在床上笑得身子直抖，她那豐滿的胴體，像起伏的波濤。吳性初笑着在她屁股上一拍：

「小狐狸，妳笑得我糊里糊塗，等會定會輸錢。」

小桃揚起小蹄子朝他胸口一蹬，蹬得他倒退幾步，倒在王寡婦懷裡，王寡婦罵他「死人」，

小桃却拍手大笑：

「報應！報應！」

劉禹斌看了哈哈大笑。

吳性初却故意賴在王寡婦懷裡不肯起來。

小桃看了馬上對王寡婦說：

「娘，咬他一口！」

吳性初立刻跳了起來，他怕王寡婦眞的咬他。

小桃見自己的計策成功，又高興地大笑。

吳性初指着小桃說：

「小狐狸，算妳厲害，快點燒烟，軍師吸了好陪我去翻本。」

劉禹斌打了一個呵欠，眼淚都流了出來。

小桃熟練地燒好一個烟泡，塞在烟槍裡，劉禹斌接過烟槍就着烟燈慢慢地吸了起來，小桃用鐵竿替他把烟膏挑挑撥撥，直到化成一道青烟爲止。

劉禹斌隨即喝了一口熱茶，嘶了一聲：

「這口烟眞過癮！」

「軍師爺，我該沒有偷巧吧？」小桃坐了起來，望着劉禹斌說。

「沒有，沒有，老斗老秤。」劉禹斌笑着回答。

小桃霍地跳下床來，用手指在吳性初的腦袋上一戳，啐了他一口：

「你這個黑良心的！」

然後迅速地逃到厨房去。

吳性初望着她的背影哈哈大笑。

劉禹斌也翻身下床，望着吳性初說：

「要不要翻本？」

「你先走一步，我馬上來。」吳性初說。

劉禹斌會意地走了。

劉禹斌走後，吳性初悄悄地對王寡婦說：

「給我湊幾個翻翻本？」

「你不要找錯了廟門，我那裡有錢？」王寡婦給他一記回馬槍。

「窮單身，富寡婦，我就知道妳有囉！」吳性初嬉皮笑臉。

「有也只是幾個頭子錢，漂湯油，有什麼用？」

「妳跟我想想辦法看？湊幾百塊現洋，我好翻本？」

「死人，半夜三更的，空口說白話，你叫我到那裡去籌？」王寡婦斜着眼睛打量他。

「嘿！妳是觀音大士，千手千脚，神通廣大，自然有辦法。」吳性初摸摸她的臉說。

「你總要拿點憑據給我，不然我怎麼向人家開口？」王寡婦仰着臉望他。

他在內衣口袋裡掏出一張棉紙地契，在王寡婦眼前抖開，笑着對她說：

「我就知道妳要紅契？」

「又不是我要！」王寡婦故意把身子一扭。「難道人家還會把白幌幌的花邊放風箏不成？」

「好，你拿去。」吳性初把地契在手上一拍，用嘴一吹，吹到王寡婦手裡：「這是最後二十畝地，從此它又不姓吳了。」

「你眞是個敗家子。」王寡婦故意把食指在他腦殼上一戳。

「只怪我爹替我取壞了名字，叫什麼吾信賭？」

王寡婦哧的一笑，走到房門口把手一招，把小桃招了過來，將契紙交給小桃：

「你去替他鏟點現洋，看胡老兒手邊還有沒有印子錢？」

小桃抬頭望了吳性初一眼，立刻頂他一下：

「這是你自己要拿紅契過押的，怪不上我們了？」

「去，去，去！」吳性初笑着揮揮手：「別屎少屁多！」

小桃把身子一扭，悄悄地開開後門溜了出去。她敲開胡老兒的門，胡老兒根本沒有睡，打開門問她：

「小桃，又是誰要？」

「還不是吳性初？」小桃撇撇嘴。

「這個敗子快敗完了吧？」胡老兒笑着說。

「這是最後二十畝。」

「妳拿多少給他？」

「三百。」小桃伸出三個指頭。

「那不只值三百啊！」胡老兒說。

「連本帶利一滾，兒子不就大過老子了？」小桃輕鬆地說。「拿多了他也是輸掉，放在我手上還靠得住些。」

「小桃，妳眞比妳娘還精。」胡老兒一笑。隨即打開錢櫃，取出三捆銀洋。

小桃抱着銀洋迅速地跑了回來，往吳性初身上一抛，白眼一翻說：

「費了好大的勁，才借到這筆錢。」

「不能多一點？」吳性初捧着銀洋在手上掂掂。

「胡老兒的全部家當都給你了，你還想多？」小桃說。

「好吧！」吳性初把銀洋往棉袍口袋裡一塞，捏捏小桃的臉說：「妳替我在灶王爺面前上三柱香，保佑我翻本。」

吳性初一走出房門，小桃就咔的一笑：

「灶王爺才不管你這個賭博鬼的事！」

「小狐狸，我要是再輸了，就是被妳迷暈了頭。」

三

吳性初一來，梁濟時就站起來讓座，他已經贏了很多，所以大方地對吳性初說：

「還是你來好，他們都歡迎你做寶官。」

「他們不是歡迎我，是歡迎我的花邊。」吳性初說：「我代你揭一寶。」

梁濟時點點頭。他立即伸着三個指頭抓住覆着的酒杯，熟練地揭了起來，碟子上躺着的是兩個六。押雙的人都笑了起來：

「好！憋了半天，你一來我們就贏錢。」

吳性初望着梁濟時一笑，梁濟時摸摸頭說：

「這一寶輸了我一百多，想不到它會跳，不然我要賣。」

「你快點賠，讓我來搖。」吳性初性急地說：「我就歡喜跳寶。」

梁濟時賠完之後，吳性初把袖子一捲，叮噹叮噹地搖了起來，有人搶着下注，他却揮揮手說：

「慢點，別急驚風，讓我先黃三寶，我看它怎麼跳？」

他搖了幾下，再揭開來，大聲地說：

「大尾巴九。」

隨後他又搖了幾下，揭開：

「大尾巴九轉長三對，對路。」

第三次搖過之後，揭開時是三點，他愉快地說：

「丁拐子，十老九跳！」

當他第四次搖好之後，抬起頭來掃了大家一眼說：

「快下，快下，你們願意送多少我都一禮全收。」

於是押雙的人多了起來。可是也有人愛賭老寶，偏不押雙，要追一個單，所以單上並沒有落空。

大家押定之後，吳性初毫不考慮地宣佈：

「我賭單，雙上統賣。」

半天沒有人敢買，吳性初望望梁濟時說：

「你歡喜老寶，你就買一寶試試看？」

梁濟時望望雙上的賭注，又望望自己面前的錢，笑着點頭：

「好，我買一寶試試。」

吳性初把酒杯一揭，碟子裡躺着是四六，他愉快地一笑：

「跳得眞好！」

隨即把單上的錢往自己面前一拂，隨即用指頭挾起一塊銀洋，往麻將盒子一放，叮噹一聲

：

「不要忘記了小狐狸。」

「你好大的手面！」坐在他旁邊的軍師劉禹斌說。

「發發利市，買買小狐狸的心。」

劉禹斌會心地一笑。

果然，這一路跳寶使他贏了不少錢，把先前輸的統統贏回來了，他非常開心。

但是天快亮時，寶路一變，先是三老一跳，在這上面他輸掉不少，後來竟一連出了十三個老寶，他就輸垮了，散賭時，天已大亮，他也一文不名了。

他走到王寡婦房裡來，王寡婦問他：「手氣怎樣？」

「輸了！」他把兩手一攤，在大腿上一拍。

「輸了多少？」王寡婦又問。

「差點連褲子都輸掉了！」

王寡婦白了他一眼，他向周圍掃了一眼，笑着說：

「小桃呢？要她燒口烟我吸。」

「天都大亮了，還不睡覺？吸什麼鬼的烟？」

他望了王寡婦一眼，摸摸她的臉，輕輕地問：

「那我在那邊睡？」

「隨便你。」王寡婦故意把身子一扭。

他在王寡婦的腰上捏了一把，王寡婦突然發出一聲蕩笑，他把王寡婦往床上一推，王寡婦順勢倒了下去，歪着眼睛向他說：

「你有家有室，爲什麼不回去？硬要死皮賴臉賴在我這裡？」

「她是個死人，沒有妳活。」他伏下身子在她耳邊輕輕地說。

四

吳性初不僅輸掉了最後二十畝地，也輸掉了他的房屋，這都是兩個月以內的事。不過他太太一點不知道，一直蒙在鼓裡，因爲他和債主講好了，過了年再搬。

陰曆年前，街上一家大洋貨店的帳房先生黃良材下鄉來收了半個月的帳，收了不少現洋，便在王寡婦家裡賭了起來。他和吳性初認識，知道吳性初是個中老手，但不知道吳性初連房子也輸掉了。黃良材輸了錢之後爲了急於翻本，除了請劉禹斌作軍師之外，又特別請了吳性初，他自己一直是作寶官。

可是是有一個大寶他們的意見沒有統一，一連出了十個單之後，很多人還在押單，黃良材和劉禹斌也認爲是單，因此單上的四百多塊錢的賭注黃良材一定要賣，吳性初反對賣，黃良材對他說：

「我已經輸了很多，這一寶很大，不能再輸。」

可是吳性初認爲這一寶穩贏，因此他急切地對黃良材說：

「這樣吧，如果你眞要賣，我買好了。」

「那不變成我們兩個人賭了？」黃良材遲疑地說。

「我們兩人就賭這一寶好了。」

「那又何必？」

「性初，我看你不必買了。」劉禹斌知道他沒有錢，勸他不要冒這個險。

「我叫吾信賭！」吳性初指着自己的鼻尖對劉禹斌說：「我從十六歲賭起，賭了十年，這是最後一寶。贏了，我繼續賭下去；輸了，我挾着包袱雨傘出門去打流。」

劉禹斌聽他這樣說不便再勸，黃良材也只好說：

「好吧，我但願你贏。」

可是酒杯一揭開，是十一點，吳性初突然站起來把拳頭在桌上一捶：

「出鬼了！怎麽會是虎頭？我還以爲是四六！」

他隨即把骰子抓在手裡，往嘴裡一塞，用牙齒咬得咯咯響，但他沒有辦法咬碎，頸子一伸，眼睛一骨碌，吞了下去。

這時押寶的人起鬨了，吵着要他賠錢，他對黃良材說：

「先借你的錢賠一下，我等會給你。」

隨即把黃良材的錢抓過來賠給別人，黃良材因爲先有默契，也不便阻止。

當他把黃良材的錢賠完之後，只剩下十幾塊錢，他索性一把扔在放頭子錢的麻將盒裡，大聲地對大家說：

「不賭了！寶官沒有錢，我也沒有錢！」

黃良材這才着慌起來，哭喪着臉對吳性初說：

「這怎麼成，我輸了錢，你又把我的錢賠光了，叫我怎樣見東家？」

「放心，我還有個女人！」吳性初大聲地說。又掃了大家一眼：「請大家作個見證，我欠了黃掌櫃的四百多塊錢，我女人今年才二十三，人也長得不壞，我想可以抵得了？」

大家不作聲，黃良材却急着說：

「唉！唉！這怎麼成？這怎麼成？」

「怎麼不成？」吳性初對黃良材說：「我寫張字據給你，又不是空口說白話，你沒有錢有人！一來你對東家可以交代，二來你也免得再打單身。」

「唉，唉！使不得，使不得！」劉禹斌連忙雙手直搖。

「怎麼？你怕缺德？」吳性初向劉禹斌揶揄地一笑。然後把自己的袖子一捲，抓起作紀錄用的紙筆說：「幸好我還能寫幾個大字。」

隨即伏在桌上寫了一張三言兩語的賣契，伸開五指在硯池裡按了一手墨，用力往契紙上一按，便遞給黃良材。

黃良材遲遲不敢接受，他向黃良材一笑：

「怎麼？你以為手模靠不住？好！我再打個脚印上去！」

他用力把布鞋一甩，把脚翹在桌子上，隨手把布襪一捋，將脚掌踩在硯池上，染了一脚掌墨，在手模旁邊一踩，印下一個清楚的脚印來。双手遞給黃良材說：

「你放心，大家都是證人，這比宋江的休書還有效！如果你不要就人財兩空了。」

黃良材只好把契紙接下。天已經亮了，大家也一哄而散，有的搖頭嘆息，有的訕笑。

吳性初來到王寡婦房裡，要王寡婦檢了兩套換洗的衣服，用布包一包，往脇下一挾，在房門背後拿了一把油紙雨傘，往肩上一放，大步走了出來。

「怎麼？你這就走？」王寡婦假意挽留。

「我總不能等你趕我走？」他向王寡婦一笑。

黃良材和劉禹斌恰巧走了過來，黃良材看他一副出門的打扮，惶急地說：

「怎麼？你這就走？我們的事怎麼辦？」

「難道你還要我辦移交？她今天就沒有米下鍋，你帶她走就是了。」

隨後他又向劉禹斌點點頭說：

「我走以後，你的軍師就當不成了！」

「算了吧！」劉禹斌用力搖頭：「從今以後，我再也不當這個狗屎軍師了！」

他揮揮手中的雨傘，搖搖擺擺地走了。

在路上，他碰見那天押寶的矮子提着糞箕在檢豬糞，矮子這幾次都沒有來賭，只聽說吳性初輸了錢，因此他滿懷好意地問：

「聽說你最近又輸了錢是不是？」

他笑着點點頭。

矮子這才發現他帶了包袱雨傘，而今天又是一個晴天，這不是一副出遠門的打扮嗎？因此他驚奇地問：

「你到那裡去？」

「出門去搞幾個賭本。」吳性初輕鬆地回答。

五

吳性初走後，十年之內渺無音訊，大家都以為他死了，所以笑罵聲也慢慢冷落下來。

一天，他突然衣錦還鄉了，掛着武裝帶，後面還跟了一個揹盒子砲的馬弁。

他直接到王寡婦家裡，王寡婦起先沒有認出來，後來一發現是他，大感意外地叫了起來：

「嗨！你當官了！」

「嘿！」他向王寡婦一笑：「這可不是寶官！」

「這樣說來你是叫化子跌進金銀窖了？」王寡婦向他風騷地一笑。

「你還開不開賭？」他問王寡婦。

「現在不比從前，沒有那樣風調雨順，賭的人少了。」王寡婦不勝感慨地說。

「我特別回來過過寶官瘾，今天夜裡能不能湊一場？」他笑着問。

「嗨！」她拉拉他的斜皮帶說：「你已經賭贏了，何必再賭？」

「嘿！」他揑揑王寡婦的臉一笑：「這種賭博只能贏不能輸，總算我時來運轉，賭上了跳寶，不但沒有輸，反而越跳越大了！」

說完以後他哈哈大笑起來。

消息傳得很快，附近的人聽說旲性初作了大官回來，就沒有人敢說他是「敗子」，「賭鬼」了。還有不少人趕來恭維哩！連王寡婦也水漲船高了。

黃龍

一

黃龍菴門口的廣場上擠滿了人，老的，少的，像一大群噪晚的黑烏鴉。烏鴉噪，天一定晴；他們噪也是表示喜慶，他們在興奮而焦急地等待着那條老黃龍。

地上幾寸深的白雪被他們踩得亂七八糟，雪上盡是斑斑點點的脚印。孩子們揑着雪球在打仗，你追我逐，大笑大叫，比烏鴉還噪人。

「火生眞沒有用，要他去請龍頭，請了大半天還不見人影，再不來今天又不能出行。」有人不耐煩地說。

「今年的龍頭一定糊得更好看，我們化了五擔芝蔴。」有人接腔。

「値得！只要賽過楊家洲的烏龍，再多化兩擔芝蔴也値得！」冲天炮黃雲生大聲地說。

「雲生，今年你要是再被楊家洲的烏龍搶了上手，我就用扁擔你的屁股！」黃振庭老倌指着黃雲生說。

「大爹，楊家洲的烏龍今年要是再搶上手，我連它的鈴鐺都摘下來！」黃雲生磨拳擦掌地說

「摘了它的鈴鐺就變成閹龍了。」有人發笑。

「本來嘛！我們的老黃龍是母的，他們就不應該玩公龍。」另一個人接腔。

「楊家洲的人最混賬，就是想佔我們黃家洲的便宜。」黃雲生說。

「他們在別的地方可以現鈴鐺，在我們黃家洲就不准現。」黃振庭老倌說：「十年前我就摘過烏龍的鈴鐺。」

「眞該死！」黃雲生脚一頓說：「烏龍昨天就出行了，今天十一了，到現在還不見黃龍的影子，不知道火生這個膿包是怎麼搞的？」

大家更焦急地望着堤上，希望火生和龍頭突然在堤上出現。他們已經等了很久了。

連道士也有點着急，因爲他還要趕到別的地方去做法事。可是黃振庭老倌不放他走：

「等到天黑你也要等，今天我們的黃龍一定要出行！」

說着他又轉過身去對黃雲生說：

「你過河去催催，如果王老倌誤事，龍頭還沒有糊好，我要把他的鋪子砸掉！」

黃雲生聽說拔脚就走，可是這時却有人驚喜地大叫：

「來了！來了！」

大家都伸長頸子望着堤上，火生真的馱着龍頭走下堤來，老遠就望得見龍頭閃着金光。黃振庭老倌也把右手搭在眼睛上張望，他年紀大了，眼力比較差，但他終於發現，於是吁了一口氣，把手放下來，綻開一臉的笑，魚尾紋都皺了起來。

火生越走越近，龍頭也顯得更大，金光閃閃，非常好看。很多年輕人和孩子們都跑過去迎接，他們脚後濺起一團團雪花。

當火生馱着龍頭，走上廣場時，黃振庭老倌先向金光燦爛的龍頭作了兩個揖，然後將縮着的白鬍鬚抖開，白鬍鬚是眞絲的，和頭髮一般細，雪一般白，三尺多長，銀髯飄飄，莊嚴肅穆。

龍頭是用最好的金紙剪成金鱗，貼在上面，手工精細，除了張開的大嘴之外，後面像兩個弓起的駝峯，也有點像一個橫放着的凹字，背上還有恐龍一般的鰭，像一列大鋸齒。一對眼睛有鴨蛋一般大，上面鑲了玻璃，也是閃閃發光的。

黃振庭老倌要火生將龍頭的把手揷進屋裡，然後要大家把一條黃布把龍身龍尾連結起來，龍身是用綿紙糊的的，上面也貼了金鱗，龍尾也貼滿了金鱗，形狀像鯉魚的尾，和龍頭連接起來一共是十三節。

一切妥當之後，道士就穿起法，跪在龍頭面前，唸經祭龍，然後把一隻活的大紅毛公鷄的頸子扭斷，把公鷄的血洒在龍嘴裡，塗在龍身上，再將鷄頭用紅繩吊着，掛在龍嘴裡。

於是這條老黃龍就變成了神物，神聖不可侵犯。它是黃家洲的象徵，是保護黃家洲的神龍。

黃龍菴供了一座一丈多高的關聖帝君像，每年黃龍出行之前，先在菴門口舞玩一番，而黃老倌也總要自己舞龍頭。年輕時他是舞龍頭的好手，因爲他高身長力大，龍頭有五六十斤重，個子矮的人舞不開，力氣小的人舞不動，勉強舞也只能舞三五家人家，不能整天舞。黃振庭老倌上了年紀之後，就交給侄輩的火生和雲生來舞，他們也是身長力大，而且都是靑年後生。

黃振庭老倌把長棉袍一捲，隨手擧起龍頭，靑年人也紛紛地搶着擧起龍身龍尾，掛在竹棍上的萬字頭的長鞭炮劈劈啪啪地響了起來，鑼鼓隊也咚的咚，嗆的嗆地敲打起來。

黃振庭老倌站着八字步，非常熟練地舞着五六十斤重的金光燦爛的龍頭，一個十六七歲的身手矯捷的小子，舞動着圓圓的綵引珠，他們配合得很好，整條龍就像黃色的彩虹在白雪的大地上起伏，蠕動。

隨後他又把龍頭一眠，跑了一個大圓圈，來了一趟「滾龍」，末了又往當中一盤，像蛇一樣盤成一堆。

「嗨！黃老倌還沒有老！」年長一輩的人笑着鼓掌。

黃振庭一笑，把龍頭高擧起來，於是龍尾龍身跟着散開。他把龍頭交給黃雲生，笑着對老一輩的人說：

「到底老了，玩不快；年輕時我玩的時候黃豆也洒不進來。」

大家一笑，這不是吹牛，黃振庭年輕時的確有這一手。

「你們先到娘娘廟去進香，雲生你要穩重一點，不要放你的冲天炮！」黃振庭回頭向黃雲生他們說。

黃雲生一點頭，就馱着龍頭扯開大步走，不知道是誰的慫恿，走了不多遠就跑了起來，一條金光燦爛的黃龍在白雪的大地上迅速地滑進，波動。

「嗨！現在眞是他們的世界！」一個老年人摸着花白的鬍鬚說。

「今年我們的黃龍更賽過楊家洲的烏龍。」黃振庭望着急馳而去的黃龍笑嘻嘻地說。

「賽過他們又有什麼用？」另一個老年人揷嘴說：「人家是公龍，我們是母龍。」

黃振庭老倌一楞，呆呆地望着那個老人，然後脚一頓：

「要是烏龍再走我們黃家洲過，我又要把它的鈴鐺摘下來！」

「振庭老倌，我看算了吧？」那老人向他一笑：「不要釀出人命，人家的烏龍也是祖上傳下來的。」

「可是楊家洲的人是輕骨頭，他們故意露出鈴鐺擺來擺去，這和在女人面前脫褲子又有什麼分別？你受得了我可受不了！趁我還有一口氣，我要把這檔子事澈底了斷。」黃振庭堅決地說。

「要是一條驟牯子我們還可以把牠閹掉，可是那是一條烏龍。如果眞的觸怒了祂，祂一擺尾我們黃家洲就要沉下去。」那老人說。

「黃龍大，烏龍小，我們黃龍是龍王，我們有黃龍保護，祂敢在太歲頭上動土？」黃振庭自信地說。

聽的人都笑了起來，他們都覺得自己是黃龍的後代，天之驕子，比楊家洲的人要高一級，因爲楊家洲的人是烏龍的後代。

「對！黃大爹的話對！」有人舉起手來支持黃振庭：「黃龍是太歲，眞命天子都是黃龍投的胎，烏龍只能算是草寇，不能成正果。」

黃振庭老倌望着那個舉起手來的人點頭一笑。

這時黃龍正在娘娘廟前舞起花來。黃雲生年青力壯，只見龍頭一片金光，龍身跟着龍頭扭動，劃出弧形的金色的波浪。黃振庭捋着八字鬍微笑：

「眞是一條活黃龍！烏龍怎麼比得上？」

二

第二天是正月是十二，是正燈日期。一吃過早飯，靑年人和孩子的都趕到黃龍菴，在菴裡把黃龍請了出來，到各地去玩。老年人和女人的都留在家裡接龍燈，黃振庭老倌也留在家裡。

鑼鼓敲打得非常熱鬧，黃龍的鑼鼓隊也是很有名的，裡面有幾位好手，尤其是那個打小鑼的青年人黃春生，他能將手上的小鑼拋到空中一丈多高，又隨手接住，邊走邊打，鑼鼓的節奏簡單而好聽，不知道是怎樣流傳下來的。

黃龍到處，家家放鞭炮燒香迎接。婦人孩子們都望着這金光燦爛的黃龍嘖嘖稱讚，孩子們都跟着黃龍跑，像滾雪球樣越滾越大，雲生和火生兩人也玩得更起勁，在每一家門口都多玩幾下，使接燈的人非常開心，五十頭的小鞭炮也多放兩掛。

在路上他們遇着好幾班別的地方的龍燈，龍頭都互相點頭爲禮，有時兩三條龍玩在一起，但別的龍都沒有黃龍那樣金光燦爛，龍頭也沒有黃龍大，玩在一塊就不免相形見拙。

中午時分黃龍遇着了烏龍，一上一下。

烏龍的龍頭是銀鱗，龍身龍尾都是黑鱗，引珠是紅的。看起來和黃龍是個強烈的對比。

「你注意烏龍的尾巴，看鈴鐺在不在外面？」雲生輕輕地對火生說。

其實大家一發現烏龍，就在注意這件事，因爲別的龍尾都沒有吊鈴鐺，只有烏龍特別，而楊家洲和黃家洲又是比鄰，平時瓜葛也比較多。他們也明知道黃龍是一條母龍，吊兩個鈴鐺，彷彿是故意炫耀烏龍是公的似的。

十年前，黃振庭摘了烏龍的鈴鐺，曾經打了一次群架，黃家洲人多勢大，結果楊家洲的人打敗了。所以從此以後，烏龍一遇見黃龍就自動把鈴鐺收藏起來，玩龍尾的本來是十多歲的小孩子，一遇見黃龍就換個大人，因爲鈴鐺被人摘掉是一件非常丟人的事。另外就是烏龍一到黃家洲，也自動把鈴鐺收藏起來。除了這兩種情形，烏龍的尾巴上的兩個鈴鐺總是露在外面，而且搖得叮噹叮噹響，彷彿告訴別人烏龍是公的。

火生溜到黃龍的後面，從一個十五六歲的孩子手中接過龍尾，因此玩龍頭龍尾的都是兩個大漢。

烏龍從那邊一家家地玩到這邊來，黃龍却從這邊玩到那邊去，兩條龍終於在姓劉的門口會合了。

劉家是個富戶，人財兩旺，喜事重重，所以他們門口擺了一個香案，案上放了兩匹紅布，兩條龍一到，劉炎漢佬倌就拿起一匹紅布先披在黃龍的頭上，隨後又拿另一匹紅布披在烏龍的頭上，雙方都迅速地把紅布綰好，玩龍的人也全部換上好手，因爲他們知道這等於一場比賽，劉家竹棍上掛着的萬字頭鞭炮就够放好半天。

劉佬倌等雙方準備停當，就從香爐裡抽出一根長香，把鞭炮點燃，於是鞭炮劈劈啪啪地響了起來，鞭炮紙屑滿天飛，洋溢着一種硫磺硝的香味；雙方的鑼鼓也不分節奏，打起急急風來，兩條長龍舞得翻騰起伏，波濤洶湧，一黃一黑，令人眼花撩亂，女人孩子們站在板櫈上看，嘴巴張得大大的，劉佬倌却不住地點頭微笑。

火生一面把自己手裡的龍尾掃來掃去，一面注意烏龍的尾巴，兩條龍尾靠得很近，但火生沒有看到那兩個鈴鐺，也沒有聽見叮噹叮噹響。

一掛萬字頭的鞭炮剛放完，劉佬倌又接着點燃另一掛，雖然是大冷天，可是雙方玩龍燈的人頭上的熱氣直往上冒，像剛揭開鍋蓋的水蒸氣，但是誰也不肯罷手，人手換了一批又一批，可是楊家洲的人手少，生力軍沒有黃龍多，所以烏龍舞得漸漸緩慢起來。黃龍舞得仍然是那麼快，火生和雲生都始終沒有換下去，他們兩人是叔伯兄弟，一般高大，彷彿有使不完的氣力，兩人只是對調了一下位置，仍然維持先前那樣的速度。

「黃龍好！黃龍快！」站在櫈子上的孩子們鼓掌大叫。

楊家洲的人聽了有點生氣，鼓起餘勇又把烏龍舞快起來，但還是趕不上黃龍，沒多久，他們就洩了氣，玩龍頭的人突然把龍頭一舉，停了下來。

火生看烏龍先停了下來，然後帶着勝利的微笑，單手把龍頭一舉，黃龍也停了下來。

劉佬倌笑着鼓掌，女人孩子們也跟着鼓掌。

「過癮！過癮！今天這場龍燈看得過癮！黃龍好看，黃家洲的人要得！」有人這樣說。

楊家洲的人聽了很不樂意，想搶個上手走掉，可是火生上前一步，不讓他們靠着香案那邊擦過，雙方挺在那裡，劉佬倌連忙趕過來，向玩烏龍頭的人說：

「兄弟，還是照老規矩，你們下，請走下手；下次要是你們上，我一定請你們走上手。」

那人估量形勢，不敢使強，只好調頭從黃龍尾巴後面繞過去。

烏龍像一隻鬪敗的公鷄走了。

黃龍得意洋洋，黃龍的鑼鼓隊又恢復了那簡單而好聽的節奏：

咚的咚！嗆的嗆！的─嗆─的─嗆─

那個打小鑼的黃春生，更把手裡發亮的小銅鑼拋到半天雲裡，然後身子輕輕一躍，手一伸，接住。他的絳色絨帽，絳色圍巾，藏青長棉袍，和微微捲起的白袖口，看來也顯得格外瀟洒英俊。他是黃振庭老倌的小兒子，是個讀書人。

下午，黃龍還沒有玩到自己家門口，烏龍卻先到了黃家洲。

黃家洲有兩百多戶殷實人家，房子一條龍地排列着，十之八九都是姓黃的，只有極少數的雜姓。黃振庭的一連兩進的大瓦屋就座落在中間，他的輩份最高，是黃姓的族長。

烏龍在黃家洲一家家地玩過來，龍尾並沒有掛鈴鐺，玩到黃振庭的門口時，黃振庭自己上了三根小香，放了一掛五百頭的鞭炮，盡了他的禮數。可是烏龍的頭一搖，準備告別時，烏龍的尾巴却突然露出兩個桃子一般大小的黃澄澄的銅鈴鐺，玩龍尾的青年人還故意把龍尾巴在黃振庭的面前一掃，鈴鐺便叮噹叮噹地響起來。

黃振庭氣得臉色發白，伸手一撩，沒有撩到手，玩烏龍的人打着哈哈扯起脚步就跑，黃振庭趕了一陣沒有趕上，他年紀大了，留在家裡的又都是女人孩子，所以沒有人能把烏龍的鈴鐺摘下來。

黃振庭望着急馳而去的烏龍，把脚一頓：

「好！雜種！居然敢在我黃老倌面前獻醜？等鬧完元宵，送龍王爺上天之後，我會找楊柳青算賬！」

三

晚上，雲生、火生、春生他們把黃龍送進黃龍菴之後，回來興冲冲地把中午在劉家門口贏了烏龍的事告訴黃振庭老倌。黃振庭老倌聽了沒有笑容，反而冷冷地對他們說：

「今天我們丟的人才大哩！」

他們連忙問什麼事？黃振庭便將烏龍故意在他門口露鈴鐺，用龍尾在他面前一掃的事說了出來。

「豈有此理！」雲生大叫起來，把火生和春生一拉：「走！我們去楊家洲把烏龍的鈴鐺摘下來。」

「不要送肉上砧。」黃春生說：「明天碰上了烏龍，我們好好地把楊家洲的人揹一頓。」

「我要把烏龍塞進糞窖裡去！」雲生火爆地說。

「我要先把它的鈴鐺摘下來！」火生說。「讓它變成一條閹龍！」

「不要急在這一兩天上，擒賊先擒王，過了元宵我自然會找楊柳青算賬。」黃振庭說出了自已的主張。

雲生他們不便再講，雲生心裡在盤算着，鬧元宵還有三天，在這三天內一定會碰到烏龍，他即使不把烏龍塞進糞窖去，也要結結實實地揹他們一頓。

第二天，雲生他們又暗地多約了一些青年人去玩龍燈，甚至黃姓的親戚客人也被邀去，足足地邀了四百多個年輕力壯的青年人，聲勢浩大得很。

當他們從黃龍莊把金光燦爛的黃龍請出之後，馱着龍頭的雲生就大聲地對大家說：

「昨天烏龍在我們黃家洲現出了鈴鐺，還故意在我大爹面前擺尾，這簡直是脫了褲子給我們看！今天我們要是碰上了，大家一齊動手，把烏龍塞進糞窖去！」

大家馬上激動起來，大聲叫罵：

「把烏龍塞進糞窖去！」

「摘下烏龍的鈴鐺！」

「搥楊家洲的龜孫子！」

雲生把手一揮，壓住大家說：

「你們不要現在嘴硬，等會碰上了別人又做縮頭的烏龜。我先告訴你們，到時候如果有誰夾起尾巴開溜，我就先搥他！我黃雲生是沖天砲，天不怕地不怕，打死了人我償命。你們有誰怕事，現在就給我滾回去，免得碍我的手脚！」

可是沒有一個人走。一個癩痢頭把頸子一伸說：

「我們黃家洲的人怕過誰來？兩個楊家洲也不放在眼裡，我們一定要爭回這個面子！不能讓烏龍的卵子在我們面前擺來擺去！」

「大家聽清楚了沒有？」雲生又大聲地問。

「聽清楚了！」衆口一聲地回答。

「好！我們現在走！」雲生馱着龍頭首先邁開大步。

於是他們浩浩蕩蕩地出發。

雲縫裡鑽出一線陽光，照在黃龍的身上閃閃發亮。

雪已經融化不少，有些地裡的麥子油菜已經露出青綠的葉子來。遠遠地有一條紅龍，一條青龍向王家莊走去，他們的黃龍也是向王家莊走去。

沒有多久，三條長龍都在王家莊會合，青龍和紅龍一道，他們遵守着一種不成文的法規，先向黃龍敬禮，讓黃龍走上手，他們同在一家門口玩時也非常和氣。

黃龍和他們分手時，黃雲生問那兩個駄龍頭的人：

「你們看見烏龍沒有？」

「你問它有什麼事？」駄青龍的問。

「我要摘它的鈴鐺。」黃雲生說：

「難怪你們出動這麼多後生哪！」那兩個人恍然大悟地說：「你們又結了樑子？」

「是他們下作！」黃雲生說。「不能怪我們。」

那兩人看了黃雲生一眼，連忙駄着龍頭走了，生怕惹禍上身似的。

黃龍草草地玩完了王家莊，便急急忙忙向劉家莊進發。一走出王家莊，就望見烏龍也正離開劉家莊向王家莊進發。劉家莊和王家莊相隔有一里多路，中間是空曠的麥地，上面蓋了一層薄薄的雪，有些地露出一塊塊的青苗。

「烏龍！烏龍！」有人指着烏龍大叫。

「不要作聲，大家準備，」黃雲生回過頭來對大家說：「我們正好在麥地裡揍他們一頓。」

於是他們邁開大步，拉着龍頭向烏龍走去。

烏龍遠遠地望見黃龍，又發現黃龍這邊有這麼多人，比他們多兩三倍，彿彿先有警覺似的，連忙調換方向往張家村走。黃雲生回過頭來對大家說：

「追！」

於是大家一窩蜂地跟着他跑。

烏龍發現黃龍追了過來，就大步逃跑。

麥裡的泥土又鬆又潮，再加上正在溶化的雪，跑一步脚上就帶着一大團雪和泥，非常吃力，有很多人的鞋子都跑掉。烏龍和黃龍相隔一里多路，追到劉家莊附近時，還是保持那麼遠的距離。黃春生邊跑邊對黃雲生說：

「雲生哥，不要追了，碰上了再打，不然就等爹和楊柳青算賬。」

「雲生這才停住脚步，望着拚命逃跑的烏龍罵了幾句：

「狗操的烏龍！看你有幾個卵袋？有本事就不要夾起尾巴逃跑！」

以後一連兩天，黃龍都沒有碰上烏龍，烏龍也沒有到黃家洲去。

元宵這天的白天，燈節進入高潮，各地的龍燈都出動了，玩龍燈的人也比前兩天多，接燈的人家鞭炮也放得多些，每一條龍總要多玩幾分鐘。有時四五條長龍玩在一起，接燈的人起勁，玩燈的人也起勁。

越是很多長龍玩在一起，黃龍越顯得神氣，因爲沒有像黃龍那樣全身金光燦爛，耀眼奪目，也沒有那一條龍的龍頭有它那麼高大，它頸上所披的紅布也比任何龍多，別的龍最多只披五六匹紅布，它却披了十二匹紅布，今天上午它就接受了四匹紅布的敬獻，因此頸子上一大圈紅，彷彿套着一個又厚又大的紅花圈，像披紅掛彩的英雄一般受人崇敬，像鶴立鷄群。

這天下午，又有五家人擺着香案迎接它，獻上紅布。

雲生和火生交換着玩龍頭，兩人都累得滿頭大汗，脫掉棉袍，穿着單衣單褲，頭上的熱氣還往上直冒。

掌燈時分，黃龍才玩到黃家洲來，這是黃龍的家，在自已屋門口玩，自然受到更多的崇敬和愛護。依照往例，鬧元宵時每戶起碼都是一掛萬字頭的鞭炮，另外還有單獨點放的大鞭炮，點燃引線拋在半空乓的一聲爆炸開來，使空中充滿了硫磺硝的香味。

這天晚上男女不分，擠在一塊，看自己的黃龍。大姑娘們穿得紅紅綠綠，頭髮上也多抹了一點香油，拖着烏黑的大辮子在人群中擠來擠去，黃龍走到那裡她們也跟到那裡。而這天又添了兩樣玩意，就是彩龍船和蚌殼精。都是由漂亮的小伙子化裝成漂亮的女人，她們扭扭揑揑跟在黃龍的後面，因此更助長了黃龍的聲勢，吸引了更多的人。

當黃龍玩到黃振庭老倌的門口時，雄鷄正好叫過頭遍，可是沒有冷場場，連孩子們也不想睡。

黃振庭老倌早就擺好了香案，準備好了三掛萬字頭的鞭炮，高高地掛到竹棍上。

「龍頭上有幾匹紅？」黃振庭老倌上過香，磕過頭之後問黃雲生。

「十九匹。」黃雲生說。

「我再獻上一匹，湊成一個整數。」於是他從紅漆托盤裡面拿起一匹嶄新的紅布，親自披在黃龍的頸上，對雲生和火生說：「我有三掛萬字頭，你們兩人一人玩一掛，最後一掛讓我玩。」

雲生和火生兩人玩得非常起勁，龍頭舞成一道圓圈，龍身裡的紅蠟燭更照得黃龍金光燦爛，看起來像金龍飛舞，火樹銀花。

兩掛萬字頭的鞭炮剛放完，黃振庭老倌已經把長棉袍脫下，穿着藏青短襖，腰間紮着藍布腰帶，一伸手便從火生手裡接過龍頭，舞動起來。

黃龍的鬍鬚雪白，他的八字鬍鬚花白。他站着八字步，椿子還踹得很穩，只是沒有他兩個侄兒舞得快，但他還是玩完了一掛萬字頭，才把龍頭交給雲生。

直到天色大亮，黃龍才玩遍黃家洲的每一家人家，回到黃龍菴。大家把這條金光燦爛的黃龍，圍着黃龍菴外面的牆壁放好，然後燒香，放鞭炮，磕頭，由道士唸經，把龍王送上天去。

「現在龍王爺上天了，明天我們去楊家洲找楊柳青算賬！」黃振庭老倌對大家說。

四

楊家洲的族長楊柳青，不等黃家洲的族長黃振庭去找他算賬，就請了劉家莊的劉炎漢老倌帶了一疋紅布，一掛萬字頭的鞭炮來賠禮。劉炎漢一進門打着哈哈說：

「嘿嘿！黃老倌，我無事不登三寶殿，今天特爲向你賠禮來了。」

「劉老倌，好說，」黃振庭老倌驚愕地說：「你發什麼瘋，怎麼向我賠禮？」

「嘿！」劉炎漢笑着把紅布鞭炮往桌上一放：「鼓不打不響，話不說不明，我是代楊柳青來向你賠禮的。」

「劉老倌，你來得正好，」黃振庭面色一整：「我正準備找楊柳青算賬！」

「嘿！你算什麼賬呀？」劉炎漢老倌挺着肚子一笑：「楊家的毛頭不懂事，得罪了你，楊柳青托我這塊老面皮來向你賠禮，俗話說伸手不打笑臉人，你還好意思找人家算賬？」

黃振庭老倌聽了這番話，馬上綻開了笑臉說：

「說真的，如果不是看在你劉老倌的份上，我要把楊柳青老倌丟進糞窖去。」

「黃老倌，你五六十歲了，還是年輕人的脾氣？」

劉炎漢老倌說着就抖開那疋紅布，披在黃振庭的肩上，隨後又抓起紙捻，把那掛萬字頭的鞭炮，掛在黃振庭老倌的門口，點燃，鞭炮馬上劈劈啪啪地響了起來。

桌上已經擺好了幾碟芝蔴糖、瓜子、花生、生薑、紅薯片，泡好了一蓋盌茶，黃振庭老倌笑瞇瞇地把劉炎漢老倌請在上面坐下，他的氣已經消了，一種榮譽感却充滿心頭。

劉炎漢老倌看準了黃振庭老倌的心情，拈了一塊芝蔴糖往嘴裡一放，笑容滿面地說：

「振庭老倌，剛才閒話已經表過了，現在我倒有一件正經事和你談談。」

「什麼事？」黃振庭連忙問。

「聽說你的掌珠還沒有許配人家，我倒想討杯喜酒吃，做個月老？」劉炎漢說。

「這倒難得，怎麼敢勞動你的大駕？」黃振庭摸摸八字鬍一笑。

「我反正吃了飯沒有事做，替你跑跑腿有什麼關係？」劉炎漢風趣地說。

「你先說說看，到底是那一家？」黃振庭笑着問。

劉炎漢眼珠子一轉，一頓，過後才慢吞吞地說：

「當然是好人家，你要是相信得過我，我才說，不然的話，我就免得碰一鼻子灰。」

「劉老倌，別人我相信不過，你是金字招牌。」黃振庭坦率地說。

「好，你能看得起我這塊老面皮就好。」劉炎漢說着，右手探進懷裡，故作小心謹愼地慢慢地摸，最後摸出一張紅紙條子，往黃振庭老倌面前一放。

黃振庭老倌看了一眼雙脚跳了起來，指着劉炎漢說：

「劉老倌，你這個玩笑開得不小，黃龍不配烏龍，虎女豈配犬子？我的女兒怎樣也不許給他楊柳靑的兒子！」

劉炎漢一點也不生氣，反而望着黃振庭一笑：

「振庭老倌，你且息怒，楊柳靑想高攀你這門親事，也沒有別的意思，不過是想把黃龍的誤會化解化解，免得以後子子孫孫嘔氣。」

「他的意思很好，」黃振庭說：「只要烏龍不掛鈴鐺，天大的事不就了了？」

「嘛！」劉炎漢手一拍：「烏龍掛鈴鐺也是祖上傳下來的，既不是他楊柳靑興的，他楊柳靑又怎麼敢廢？」

「那他們也不應該在我面前獻醜，擺來擺去！」

劉炎漢一笑，隨後又說：

「年輕人那個不好勝？烏龍先在我門口輸了黃龍一陣，所以他們就在你老倌面前獻寶。」

「不管你劉老倌怎麽會說，我的女兒就是不許給他楊柳青的兒子！」黃振庭斬釘截鐵地說。

「振庭老倌，你這眞叫我進得了門出不了門，我在楊柳青面前誇下了海口，怎麽收得回去？我六十多了，你總不能看着我栽筋斗？」

黃振庭看着劉炎漢一臉尷尬的笑，也感覺得左右爲難，他在堂屋裡兜圈子，背着手兜來兜去。恰好荷花捧着一盞盌茶來遞給他，他突然靈機一動，反過身來對劉炎漢說：

「女兒是絕對不許給他，他要是眞想攀這門親事，丫頭倒有一個。」

劉炎漢尷尬地一笑，輕輕地說：

「振庭老倌，你這不是故意藐視他？」

「爲了顧全你的面子，也只好這麽辦，不然連丫頭我也不給他。」黃振庭說：「荷花雖然不是我家的骨肉，我可是把她當女兒看待。」

劉炎漢瞟了荷花一眼，覺得這女孩子長得眉清目秀，年紀也和黃振庭的女兒不相上下，雖然沒有黃振庭的女兒那種氣派，但比起一般人家的女孩子還強一點。他等荷花進去之後輕輕地對黃振庭說：

「振庭老倌，這丫頭人倒是不錯，但是這樣走馬換將，叫我怎樣向楊柳靑啓齒？」

「你既然有種做這個媒人，你自然有做媒人的辦法。」黃振庭笑着雙手一推。

「好，你三下五除二，推得一乾二淨，我眞是一個倒楣的媒人！」劉炎漢笑着站了起來。

黃振庭留他吃飯，他無論如何不肯。黃振庭把楊柳靑兒子的時辰八字交還他，他苦笑地對黃振庭說：

「振庭老倌，你暫時收下，不然，我出得了你的門可進不了楊柳靑的門？」

「劉老倌，話我要先和你講淸，」黃振庭指着劉炎漢鄭重地說：「時辰八字我可以暫時收下，但我答應的是丫頭不是女兒。」

劉炎漢無可奈何地拉着黃振庭笑罵：

「你這個老黃龍！」

五

楊柳靑爲了息事寧人，澈底解決烏龍黃龍的糾紛，丫頭他也答應。

第三天劉炎漢又趕到黃振庭家裡來，告訴黃振庭這件事，黃振庭也很高興，他笑着對劉炎漢說：

「我已經把荷花的八字和楊柳青兒子的八字合過了。」

「怎樣？」劉炎漢問。

「龍配龍，鳳配鳳，跳蚤配臭虫。」黃振庭笑着說：「他們兩人倒配得很好。」

「振庭老倌，那你拿什麽陪嫁？」劉炎漢笑着問他。

「像你女兒一樣，少不了八抬八盒。」黃振庭慷慨地說。

「楊柳青也托我帶了兩樣聘禮來。」劉炎漢說着隨即從懷裡摸出一個紅紙包，攤在黃振庭的面前。

那是一對金耳環，一對銀手鐲，份量都很重。

黃振庭把聘禮收下之後，劉炎漢對他說：

「楊柳青希望在明年燈節之前把荷花接過去。」

「可以，」黃振庭爽快地說：「下半年是嫁女兒娶媳婦的日子，隨便他選定那一個黃道吉日，都可以把荷花抬過去。」

「到時候我自然會送日子來。」劉炎漢說。

這天，劉炎漢因爲功德圓滿，在黃振庭家裡吃了一頓飯，臘魚，臘肉，臘鷄，擺了一滿桌，還有上好的高粱酒，兩個老倌吃得興高彩烈，面紅耳赤。一家人都跟着高興，荷花也喜在心裡。

飯後，黃振庭特别吩咐荷花把自己吸用的上好的黃絲烟，龍井茶葉，桂圓，裝了一大盒子交給劉炎漢帶回去，他和荷花親自把劉炎漢送到一棵大楊樹下，分手的時候他又鄭重地對劉炎漢說：

「劉老倌，荷花的事我完全依楊柳青，但是希望楊柳青也依我一件事。」

「什麼事？」劉炎漢緊張地問。

「明年燈節時，請他把烏龍的鈴鐺摘掉。」

劉炎漢望了荷花一眼，突然哈哈大笑：

「黃老倌，我看你眞是越老越糊塗！試問母龍沒有公龍怎麼會生小龍？那兩個寶貝摘掉了荷花又怎麼會生兒子？」

黃振庭聽了也不禁噗嗤一笑。荷花羞得把頭一低，身子一扭，烏黑的大辮子搖呀搖地跑回家去。

風雪歸人

一

從臘月二十四過小年那天起，就開始下雪。起先是六角雪，大家都說這是瑞雪；「瑞雪兆豐年」，明年自然又是一個豐收的好年成了。

這場雪直下到臘月三十還沒有停止，二十五起就是大雪片了，滿天飛舞着雪白的鵝毛，輕輕地飄落下來，地上的積雪已經一尺多深了。

楊子江的水彷彿被連天的大雪凝塞住，流得很慢，很慢。

家家的年貨都已經辦好，自己的雞鴨，年猪，前兩天就殺好了，三十這天只忙着糊窗戶，貼對聯。窗戶先用棉紙糊好，再塗上一層秀油，便顯得又薄又亮。大門，後門，厨房，甚至牛欄都貼滿了紅紙對聯，一抬頭便可以看見「抬頭見喜」、「對我生財」、「前途遠大，後地寬宏」這些紅紙和對聯，大門口貼的多半是「國安家慶，人壽年豐」這類的對聯，紅紙和字都比別的地方大。兩扇大門上還貼了秦叔寶和尉遲恭兩位大門神，完全是一副新年氣氛。

屠戶彭多年的大門口貼的是「天增歲月人增壽，春滿乾坤福滿門」的紅紙對聯，這是他本家先生彭美玉代寫的。彭多年是連門楣上的那個大「春」字都不認識的。

他雖然一個大字不識，但他還是捧着水烟袋站在門口欣賞端詳，因為這是他的本家「美玉先生」寫的，他覺得那些字好像龍飛鳳舞一般，並不比張家的先生們寫的差。美玉先生是他們彭家的擎天柱子，他臉上彷彿也沾了不少光彩，因此雪花飄在身上他也不覺得。

這時，江邊有隻小木船悄悄地靠了岸，一個穿着舊棉袍的三十來歲的漢子走了上來。他冒着漫天飄舞的雪花，艱難地爬上土坡，雪很深，斜坡很大，爬了幾步又滑下去，一雙破棉鞋脫了好幾次，雙手又在雪裏，連袖子都陷了過去，費了半天功夫才爬上來。

他站起身來抖袖子，撣撣頭髮撣撣頭上的雪花，但白的雪花又立刻落在他的黑頭髮上，他把頸子一縮，像一個縮頭的烏鴉，兩手抄在袖筒裏，弓着背向家裏走去。

「哥哥，那好像是老三？」彭多福指着來人對彭多年說。

「他回來幹什麼？這個偷牛賊！」彭多年轉過身子用那對殺猪殺紅了的大眼睛望着來人說。

「我們找他好多次都沒有找到，他自已送上門來不更好嗎？」彭多福說。

「老二，你再仔細望望看，到底是不是他？」彭多年對彭多福說。

彭多福凝神地望着來人，彭多年也仔細望了幾眼。

來人正是老三彭多壽，他滿頭白雪，抄着手弓着身子，踏着深雪，一步一步走過來，破棉鞋常常陷在雪裡，因此常常停頓下來。

「是老三，是他！」彭多福說。

「丟人！眞是丟祖宗三代的人！」彭多年把燃著的紙捻，用手捏熄：「虧他有臉回來？」

「大概是在外面混不下去，過不了年？」彭多福說。

「哼！」彭多年從鼻孔裡哼了一聲：「屋裡也不許他過，我們不能背這個賊名！」

「他回來了，那怎麽辦？」彭多福望着彭多年，輕輕地問。

「河裡有水！岸上有索！」彭多年斬釘斷鐵地說。

「不打算活埋？」彭多福的聲音輕微得只有他們兩人才能聽見。

「我要和美玉先生商量一上，看他怎麽說？」彭多年沉着臉回答。

彭多壽一步一個深深的脚印，從江邊一直印了過來。他的頭不時搖動幾下，企圖搖掉頭上的雪，他的身體冷得發抖，背脊弓成一個駝子。他走近家門時，看見門口的紅紙對聯，心裡有點喜悅，他也分享了這份過年的歡樂。

可是當他看到兩個哥哥的臉上罩着一層冰，他便不自禁地打了一個寒噤，麻臉上立制蒙着一層羞愧。他勉強做了一個微笑，對他們兩人叫了一聲「哥哥」，但是毫無反應。

「我回家過個殘年，開正就會走的。」他又靦顏地補充兩句。

「你還有臉面回來？」彭多年冷冷地問。

「大哥，古話說過，『有錢無錢，回家過年，』所以我特爲趕了回來。」

「你知道彭家祖宗三代的臉都被你丟光了？」彭多福問他。

「所以我平時不敢在屋門口丟人現眼，臭也臭在外邊。」彭多壽畏怯地回答。

「你回來也好，你的事遲早應該有個了斷。」彭多年把袖子一拂，走了進去。

彭多福也跟着進去。彭多壽在門口痴了一會，然後頓頓脚上的雪，摸摸頭，一聲不響地走了進來。

侄兒們帶着幾分驚奇的眼光望着他，兩個嫂嫂鄙視地看了他一眼，便不再理他，他自己的女人艾怨地望了他一眼，立刻縮進房去。

他覺得自己像個不受歡迎的瘟神，坐也不是，站也不是，便縮進自己房裡去，他幾乎有一年沒有進過自己的房了。

「我都沒有臉面做人了，你還有什麼臉面回來？」他女人抱怨地說。

「我要是知道一家人對我都是這個樣子，我也不回來。」他有點懊悔地說。

「你也不想想你自己作的好事？那個瞧得起一個偷牛賊？」她說。

他的麻臉抽搐了一下，無言地望着她。過了很久才說：

「如果不是想看看妳，我眞不會回來。」

「回來又什麼意思？明天大年初一你還有臉見人？」

「今天我偷偷地回來，過一兩天我也偷偷地走開，大年初一我會躲在房裡，決不丟人現眼。」

「你這麼大的漢子了，褲襠再也包不住。難道你眞是天生的下流胚子？」

「沒田沒地，我幹什麼？」

「他們殺猪，你就不能殺猪？」

「我怕見白刀子進，紅刀子出。」

「你裝什麼假慈悲？殺猪又不犯法，偷牛人家會打斷你的螺絲骨。」

「我不會讓人家捉到。」

「走多了夜路總會碰見鬼，捉到了你就沒有命。」

「偷牛又不犯死罪。」

「人家會吊在樹上打。」

「我會特別小心。」

「你一共偷了幾條？」

「兩條。」

「錢呢?」她突然把手一伸。

「吃了分了。」他尷尬地說,隨手從荷包裡摸出一個紙包遞給她。

她打開一看,只是一個小髮網,馬上唾了他一口,往他臉上一拋,蹬蹬蹬地走了出來。

她看見彭多年和彭多福在後門口唧唧噥噥,便走向厨房,他們兩人看見她立即停嘴。

她走進厨房之後,彭多年立刻附着彭多福的耳朶說:

「你注意老三,不要讓他跑了,我到美玉先生家裡去一下,看他如何發落?」

二

彭多年從後門溜出去,把圍巾包着頭和兩耳。

雪,紛紛地落下,鞭炮劈劈啪啪地響着。

他匆匆地趕到美玉先生家裡,美玉先生正彎着腰,伏在方桌上寫一個大「福」字,這是中堂用的,他已經寫了好幾個,認爲不好,所以再寫。

他看見彭多年進來,抬頭望了他一眼,停筆問:

「有什麼事嗎?」

彭多年走到他的身邊,附着他的耳朶輕輕地說:

「偷牛賊回來了。」

彭美玉立刻放下大字筆，把彭多年帶進書房，隨手把房門關上，問：

「幾時回來的？」

「剛到。」

「我還以爲他飛到天邊去了？」彭美玉摸摸八字鬍子說。

「大概是沒有那麼長的翅膀。」彭多年說。

「你看他的景況怎樣？」

「好不了！」彭多年搖搖頭：「現在我們該怎麼辦？」

彭美玉捻着八字鬍子，踱着方步，沉吟不語。

「他說開正就走，」彭多年接着說：「我怕他又成了放飛了的風箏，再找就如海底撈針了。」

彭美玉猛然把頭一抬，睜着三角眼，反問彭多年一句：

「你看應該怎麼辦？」

「我只會殺猪，你是族長，自然應該聽你的。」彭多年說。

「站在族長的立場，我要整頓門風，不能收留這種敗類子弟；但你們是親兄弟，所以我也不願意獨斷獨行。」彭美玉說。

「族有族規，」彭多年說：「我們雖然是同胞兄弟，我也不願意背個賊名。」

彭美玉摸摸鬍子，沉吟了一子，然後對彭多年說：

「以前我們也商量了幾個辦法，你看那一個合適？」

「開正大家都要討個吉利，活埋恐怕不好？」

「難道你能像殺猪一樣，把他宰掉？」彭美玉望着彭多年說。

「這樣自然也不大好，」彭多年遲疑地說：「每年正月十五日以前我決不開刀。」

「我也想到這一層，」彭美玉翻翻三角眼說：「這件事我們最好做得神不知鬼不覺。我要執行家法，但也怕觸了王法，落個不乾不凈。」

「玉先生，你說吧，我和老二照着你的意思辦就是。」彭多年有點急躁起來。

「你過來，」彭美玉向他點點頭，彭多年走了過去，彭美玉附着他的耳朵唧噥了一陣，然後背着手站開，提高一點聲音說：「你看怎樣？」

「玉先生，你想得很周到。」彭多年敬佩地說。

「你讓他好好地吃頓團年飯，到時候我會過去。」彭美玉說着隨手把書房的門拉開，然後若無其事地走到方桌那邊去繼續寫他的「福」字。

彭多年出來時天已經黑了下來，由於大雪紛飛，完全是個粉粧玉琢的世界，所以並不覺得怎麽黑暗，只是家家關門閉戶，在吃年夜飯了。

彭多年仍然從後門走進自己的家，彭多福連忙走過去悄悄地問：

「玉先生怎麽說？」

彭多年附着他的耳朵唧噥了一陣，然後關心地問：

「沒有溜吧？」

彭多福搖搖頭，又指指彭多壽的房間：

「還在裡面，沒有臉面出來。」

於是兩兄弟走到堂屋來，堂屋正中擺好了一張大方桌，圍了紅桌裙，桌上並排擺着猪頭、公鷄、鯉魚這些祭品。

彭多年放了一掛鞭炮，領先跪在桌前向祖宗神位磕頭。他雖然一臉橫肉，一對血眼，可是磕起頭來却很虔誠，彷彿歷代祖宗都在上面看着他們。

他磕完之後，彭多福接着磕頭，他們兩兄弟永遠是上下手，殺起猪來兩人更是同心合力，三四百斤重的猪，一到他們兩兄弟的手上，三五分鐘就可以解決。

彭多福磕過頭站起來拍拍長袍，平時他總是一身短打，今天過年特別穿上長袍，因此非常愛惜。

「老三，難得你回來，出來向祖先磕個頭。」

彭多壽抄着手弓着背着走了出來，畏怯地望了兩個哥哥一眼，然後走到桌前往蒲團上一跪，恭恭敬敬地磕了幾個響頭，表示對祖宗的尊敬和懺悔。他磕完之後才輪到女人孩子——按長幼尊卑的次序輪下去。

大家拜過祖宗，彭多年隨即解下紅桌裙，女人們忙着上菜，先後上了十二大盌，這是一年當中最豐盛的一頓晚餐。

彭多年彭多福自然高踞首席，彭多壽乖乖地在兩位哥哥的對面坐下，女人孩子平時不准上桌，今天是吃團圓飯，所以分別在兩邊擠着坐，誰也不願意和彭多壽坐在一條長櫈上。彭多年看他們太擠，便吩咐彭多壽的女人和彭多壽坐在一塊。

他們三兄弟都愛酒，彭多年和彭多福的酒量更好。一錫壺燙熱的高粱，斟在藍花酒盅裏還冒着騰騰的熱氣。彭多年擦根火柴在酒盅裏一點，立刻燃起一團藍色的火燄，他高興地說：

「酒很道地，王老倌沒有滲水。」

「今年我沒有搭他的猪頭肉，他自然不敢滲水。」彭多福接着說，隨即饞涎欲滴地抿了一口。

彭多年也跟着喝了一大口，彭多壽望了兩位哥哥一眼，也低着頭喝了一口。菜多，酒熱，彭多年和彭多福的眼睛喝得更紅，彭多壽沒有他們兩人喝得多，因爲他的杯子乾了，他們兩人往往裝作沒有看見，不給他斟酒，他們喝兩杯，他才能輪到一杯。他們兩人喝到心滿意足了，彭多年才提起酒壺的把手用力搖搖，覺得裏面還有不少酒，便替彭多壽多斟了幾杯，使彭多壽有點受寵若驚起來。

飯後，彭多年彭多福從荷包裏摸出幾張嶄新的鈔票，向孩子們散發壓歲錢。孩子們非常高興，過後又望望彭多壽，他的手塞在荷包裏半天抽不出來，麻臉顯得非常尷尬，於是孩子們失望而鄙視地看了他一眼，便悻悻地離開。他求助地望了自己的女人一眼，她却掉頭而去。

他又百無聊賴地跟着她回到自己的房裏。他女人轉過身來哀怨地指着他說：

「你背了一個偷牛賊的罵名，連孩子的壓歲錢也拿不出來，有什麽出息？還有臉蹲在家裏？」

「大年初一我就走，我還是出去打流。」他懊喪地回答。

「隨你，我認命，情願守活寡，免得背個罵名，落個乾淨。」她說。他在房裏也就不住，又走了出來，恰好有人敲大門，他又自卑地縮進房去。

彭多年連忙趕過去拉開門栓，彭美玉大步跨了進來。他頓頓鞋上的雪，又取上觀音兜抖抖，輕輕地問：

「那個敗類在不在?」

「在。」彭多年點點頭，用嘴向彭多壽房裏呶呶。

三

桌上重新點亮了兩枝大紅蠟燭，上好三柱大香，三牲祭品又端了出來，擺在桌子正中。一切妥當之後，彭美玉向彭多年說：

「叫他出來。」

彭多年走到房門口，對裏面說了一聲：

「老三，出來。」

彭多壽畏怯地走了出來，一看見彭美玉更不自在。他假斯文地向彭美玉拱拱手說：

「玉先生，過年好。」

彭美玉點點頭，摸摸八字鬍子問他：

「你在外面幹的事你自己應該清楚?」

彭多壽脈臉一紅，沒有作聲，彭美玉接着說：

「我們洲上是夜不閉戶，道不拾遺，雖然沒有出過狀元，也沒有出個偷牛賊！想不到我們彭家竟出了你這個敗類？把祖宗三代的人都丟光了。你知不知道？」

「兎兒不吃窠邊草，丟人我丟在外頭，屋門口的牛毛我都沒有動過一根。」彭多壽說。

「你知道好事不出門，惡事傳千里嗎？遠遠近近，誰不知道我們彭家出了你這個偷牛賊？而且失主曾經找上了我的門，向我要牛要人，這個人我和你哥哥怎麼丟得起？」彭美玉說。

「一人做事一人當，他們找我好了。」彭多壽回答。

「要是他們找得到你，早就敲斷了你的螺絲骨，還會來找我？」

「考三，你偷了別人的牛，這件事你認了？」彭多年突然插嘴。

彭多壽望了他哥哥一眼，然後點點頭。

「你應該先向祖先磕頭認罪。」彭美玉指着祖宗牌位說。

彭多壽向前走了幾步，站在桌子面前，望着祖宗牌位拜了三拜，才站起來。

彭多福手裏拿了一根牛索，走到彭多壽的面前：

「放乖一點，你自已把手伸出來。」

彭多壽望了彭多福一眼，又望望彭多年和彭美玉，他們三人的臉孔都綳得很緊，他緩緩地把兩隻手一齊伸了出來。

彭多年走過去，把他的手反剪起來，讓彭多福捆好。

女人孩子沒想到會發生這樣的事，都睜大眼睛望着他，彭多壽的女人自然感更到驚駭。

他不聲不響，讓兩個哥哥把他的雙手捆住。

彭美玉看看已經捆好，便對彭多年彭多福說：

「走！」

彭多年隨手把大門拉開，搶先走了出去，彭多福推了彭多壽一下，彭多壽望了自己的女人一眼，跟着出去，他手上的長牛索牽在彭多福的手裏。

彭美玉最後走出，三個女人一齊圍着他，輕輕地問。

「玉先生，你們把他解到那裏去？」

「妳們婦道人家，不要多管閒事！」

隨即長袖一摔，走了出去，又立即回轉身來對她們說：

「一關門，不許聲張出去。」

「玉先生，你們到底把他解到縣裏還是府裏？」彭多壽的女人衝上一步，急切地問。

「妳還有臉發問？」彭美玉厲聲地說：「還不給我滾開！」

彭多壽的女人駭得倒退兩步，她大嫂隨即胆怯地關上大門。

外面飄着大雪，彭多壽原先回來時踩的脚印已經看不清楚，現在留下的是他們三兄弟的又大又深的脚印。

彭美玉循着他們三人的脚印追上去，他的長皮袍下擺在雪上掃動，幾乎掃平了自己的脚印。

他們二人一直向江邊走去，水位淺，土坡高，斜坡大，雪滑，他們三兄弟走到江邊，幾乎同時滑倒。

彭多年和彭多福滑倒之後很快地爬了起來，彭多壽因爲兩手反剪在背後，無法用力，竟爬不起來。彭多福和彭多年互相看了一眼，對彭多壽說。

「兄弟，索性委屈你一下。」

說着便用多餘的長牛繩把彭多壽的雙脚也捆了起來，像捆着一隻豬。

「哥哥，隨便你們把我解到那裏？我都不會跑，何必連脚也捆起來？」

「馬上上船了，用不着走路，你暫時委屈一下。」彭多年說。

他們兩人把他捆好，又把他抬上他原先回來的那隻空木船，船上已經蓋了一寸多厚的白雪，他們就把他放在船頭甲板上。

彭美玉站在雪坡上不能下來，彭多年爬上來扶着他走下斜坡，扶着他走上船，又用衣袖一掃，掃掉了橫樑上的積雪，請他坐下。

彭多福用篙子把船撐開，然後盪起雙槳，沿着岸邊向下游盪去。

雪，無聲地飄落，落在船上，落在他們的身上。

彭美玉他們不時用手揮揮身上的雪，雪在他們身上停留不久；彭多壽手脚都被捆住，雪在他身上堆積起來，不多久全身盡白，白得像個雪人。

天氣很冷，江風像一把銳利的刀，凍指裂膚。

彭美玉穿着皮袍，戴着觀音兜還冷得發抖。

彭多壽躺在雪上冷得牙齒咯咯叫。

他們四人彷彿四個啞吧，沒有誰開口說話。空氣也彷彿凍結起來。

彭多壽側眼望望岸邊，覺得船行的方向不對，不像是送他到縣裏去？他忍不住問：

「玉先生，你們到底把我送到那裏去？」

彭美玉沒有回答，彭多年彭多福也不作聲。只有雙槳盪在江面的「刷——刷——」的聲音，單調而淒清。

「哥哥，我的手脚都冷僵了，我說了我不會跑掉，解開好不好？」彭多壽說。

「等一會就到了。」彭多年說。

「好像離縣裏越來越遠，你們到底把我解到什麼地方去？」

彭多年沒有回答，彭多壽又接着說：

「其實我沒有死罪，被別人捉住了也只敲螺絲骨，這樣捆着手脚實在難受。」

「就是王法饒你，家法也不饒你，」彭美玉插嘴說：「早知今日，何必當初？」

「玉先生，你不知道，殺猪我就手軟……」彭多壽牙齒咯咯地說。「不偷牛我又有什麼辦法？」

「你簡直是生成的賊骨頭！」彭美玉說。「彭家的人都被你丟盡了！」

「玉先生，如果我也讀了書，我就用不着做那樣丟人的事。」彭多壽說：「我承認我犯了錯，我想知道你怎樣發落？」

「不必問，等會你就知道。」彭美玉冷冷地說。

彭多壽望望冰凍般的江水，直從心頭冷起，冷得一陣哆嗦。

「玉先生，偷牛眞的沒有死罪，你不會把我沉到江裏去吧？」彭多壽又冷又怕，哆哆嗦嗦地說。

雪，漫天蓋下來，船上的積雪越來越厚，彭多壽身上的積雪也越來越厚。雪，幾乎把他埋葬了。

半夜，天氣越來越冷，彭多年和彭美玉都冷得齒咯咯響，彭多壽冷得不能講話了。

彭多福因爲用力盪槳的關係，除了手脚凍得難受之外，身上反而暖和起來。他費了很大的功夫，才把船盪到兩股江水重新會合的激流處，江水遇着南岸山石的阻擋，又打着一個個漩渦，他把船向漩渦附近盪去。

他們四個人都緊張起來，彭美玉和彭多年同時站起，彭多年爬上船頭，向彭多壽爬去。彭多壽心裏明白，他聽着嘶嘶的水聲，心裏更加害怕，但他的嘴舌不聽指揮，不能講話。彭多年爲了本身的安全，跪在船頭上，跪在彭多壽的身邊，對彭多壽說：

「兄弟，你不能怨我，是你自己做錯了事，敗壞了門風，對不起祖先，我和玉先生不過是執行家法，你還是早死早投胎吧！……」

說着他雙手用力一推，彭多壽便撲通一聲，掉進江裏，想叫却沒有叫出來，最後的一聲嘶喊恰好被冰冷的江水封住了嘴巴，只聽見咕咕的聲音。

也許是一身棉衣的關係，彭多壽沉下去又浮了起來，剛好在彭多福的身邊冲起，彭多福却用槳槳把他往水裏一按：

「兄弟，早死早投胎吧！」

這句話聽起來和他與彭多年殺猪時所說的「早死早投入胎吧」那句話差不了多少。

江水打着漩渦向下流去，彭多壽再也沒有冲出來，他被漩渦轉進江底，從水面下向下游流去。

「唉！要不是爲了彭家的門風，我也下不了這樣的毒手。」彭美玉先生輕輕地嘆了一口氣，好像心安了一些。

雪，無聲地落着。地上一片白，船上一片白，他們三人的身上也一片白。

花子老趙

一

第二次長沙會戰前夕，師長將我和特務營第一連連長徐良對調。臨陣易將，本來是兵家大忌，雖然一個上尉連長只是一員低級幹部，但特務連長卻關係師部的安全，何況徐良又是我同隊的同學，將他從連長調成參謀，他心裡一定不大痛快，說不定還要誤會我在師長面前挖他的牆脚？爲了一個主官位置得罪同學，我認爲是最沒有意義的事，基於這兩種原因，所以我不想幹那個連長，我把這意思當面報告師長，師長卻訓我一頓：

「要談兵法你現在還早得很！兵法是死的，運用之妙存乎一心。我派你去接徐良不是開玩笑，我已經考慮過很久，我的性命也不是撿來的。至於你的第二理理由，那更不成爲理由，你簡直不配作革命軍人！我這個師長也是接我同學的，將來也不知道是那位同學來接我？」

他停頓了一下，我不敢接腔，他將嘴角一撇，冷哼一聲：

「哼！我看你那兩個理由都是假的，怕死才是眞的！」

「報告師長，我並不怕死！」我受不了師長的奚落，立刻把胸脯一挺。

「不怕死就快點到差！」師長把手一揮。我不敢再停留，恭恭敬敬行了一個禮退了出來，立刻單槍匹馬去接連長的事。

徐良已經準備停當，監交人副營長已經在連部等我，徐良將移交清冊遞給我，我翻開一看，移交人和監交人都已蓋章，我也毫不猶豫地掏出圖章蓋上，退還一份給徐良，呈一份給副營長，我自己留下一份，就這樣完成了一次最簡單的交接。

連部駐在離汨羅車站不到兩里的羅家，羅家的房子很大，門口還有一個大晒場。

晚飯前我告訴值星官，晚點名時我要作一次裝備檢查，除了必要崗哨及值勤人員之外，必須集合聽點，本來在前方不必天天晚點，但我剛接連長，我要瞭解連上的眞實情況，不能不這樣作。

不到九點，隊伍就在大晒場集合好了，我爲了不讓弟兄們站着久等，提前走了出來，由值星官和特務長陪我檢查裝備，每一位士兵都是全副武裝，我用手電筒照着逐一檢查他們的槍枝子彈，結果我很滿意，因爲伙伕的行軍鍋都擦得很乾淨。

當我把第三排士兵點完之後，就點勤雜兵，他們站在排尾，由連部的軍需上士率領，特務長站在我身邊隨時替我解答問題。

伙伕有兩個，一個是二等兵，一個是一等兵，當我點到二等炊事兵趙春生時，我覺得他的年紀太大，但他那對鷹眼却很有神，那對眼睛我好像在什麽地方見過，可是一時又想不起來。

第二天早晨，趙春生正忙着洗菜弄飯，一個十來歲的男孩搗他的鬼，湖南人不怕當兵的，連女人孩子也不在乎，這孩子似乎更頑皮，他把趙春生弄火了，趙春生把那對鷹眼向他一瞪，一句粗話衝口而出：

「㑚你姐！」

軍隊裡講粗話雖然是家常便飯，但這句粗話聽起來特別刺耳，我怕他惹出禍來影響「軍民合作」，因此我要勤務兵把特務長叫來。

「特務長，伙伕你也應該管敎管敎，不可以用粗話駡人。」

特務長怔怔地望着我，他有點摸不着頭腦，便細聲氣地問我：

「報告連長，你說的是誰？」

我把剛才的情形告訴他，他聽了一笑：

「報告連長，老趙就是這個毛病，其實人倒蠻好。」

剛才趙春生的一句粗話，和現在特務長稱他「老趙」，以及他那對鷹眼，突然勾起我一個糢糊的記憶，這三樣湊在一起，使我想起一個「花子」；但他又缺少蓬頭髮，棕鬍子，長口袋，討飯棍，破棉袍，癩皮狗和兩塊竹片，自然年紀也大了十多歲。

「他到連上多久了？」我問。

「我沒有來時他已經來了。」特務長說：

「他年紀大了，能挑得起行軍鍋嗎？」我有點躭心，不但行軍鍋重，伙伕又要起早摸黑，非常辛苦，弄一百多人的飯是不簡單的。

「他和年輕人一樣，比年輕人更負責。」

「你把他叫來，我要親自問問他。」

特務長看了我一眼，有點替趙春生躭心，臨走時還補上兩句：

「連長，老趙實在很行，就是那點毛病——」

「你把他叫來好了。」我溫和地說。

沒有多久，趙春生來了，站在門外大聲地喊了一聲「報告」，我叫他進來，他才把帽子夾在左脇下，走了進來，向我恭恭敬敬地一鞠躬。

我打量了他一眼，頭剃得光光的，露出一層青色的頭皮；鬍子一根也沒有，嘴唇下巴周圍光光的；一身灰棉軍服雖然沾了不少鍋烟油跡，但腰皮帶紮得緊緊的，甚至綁腿打得也很合格，不像一般伙伕理髮兵那樣鬆鬆地纏在腿上，像猪腸子一般拖下來。我在他身上唯一可以尋回記憶的只有一點——就是那兩隻瞇眼。

他看我打量他，顯得更加拘束。

「連長，你找我有什麼吩咐？」他輕輕地問。

我看了他一眼，笑着問他：

「我想吃叫化鷄，你會不會燒？」

他臉一紅，兩隻鷹眼盯在我的臉上，然後淡淡一笑：

「連長，你怎麼想吃那種鷄？」

「我小時候吃過一次，味道很好。」我笑着回答。

「連長，你是——」他想笑，眼睛却在發紅。

「我是那個吃叫化鷄的孩子。」我說。

他哦了一聲，眼淚跟着掉了下來。

「你眞是花子老趙。」我站了起來。

他點點頭。

「老趙，我眞想不到會在這裡碰見你！」我走過去拉着他的手。

「連長，怎麼俺一點也認你不出來？」他抱歉地說，用手擦擦眼睛。

「那時我同那個和你搗蛋的孩子一般大，現在你怎麼認得出來？」

「連長，那你又是怎麼認出俺的？」他向我一笑，輕鬆自然多了。

「第一是你這對眼睛。」我指指他的眼睛說。

「還有呢？」

「還有就是妳那句罵人的粗話。」我向他一笑，他的臉又紅了起來。

「連長，俺就是那個毛病改不了！」他紅着臉抱歉地說。

「如果你眞的改了那個毛病，我就認不出你是老趙了。」我笑着安慰他。

「連長，今天晚上俺就燒一隻叫化鷄給你吃，」他高興地說，隨後又一遲疑，加了兩個字：

「可是——」

「可是什麼？」我笑着問。

「連長，」他輕輕地說：「請你千萬別講俺當過花子，要是給別人知道，俺就混不下去啦。」

「你放心，我決不會講。」我拍拍胸脯。

他向我感激而愉快地一笑，走了。

他走後，我却想着一段兒時往事。

二

秋收後，田地一片空曠，屋子裡滿囤滿倉，這是一年中最富足的時候。雲，像流浪漢，在遼濶而蔚藍的天空游蕩；陌上的烏桕樹紅得像火，更像個喝醉了酒在秋風中輕移蓮步的紅粉佳人。

鴻雁像一羣氣宇軒昂的貴賓，翩然而至，但又過門不入，只在空中「咯啊—咯啊—」幾聲，便以整齊的空中分列式，浩浩蕩蕩地從樹杪上，屋頂上飛過。

而與鴻雁以俱來的，却是一羣衣衫襤褸，揹着長口袋的異鄉人—叫化子，老年人稱他們爲「花子」，或是「王花子」。

這些花子是職業的要飯人，他們要的多半是糧食，只有遇着吃飯時他們才接受飯菜，吃飽了仍然要糧食。

他們有一個頭子，這個頭子叫「老趙」。正如「紅鬃禧」裡的金松一樣，老趙是個有點權威的花子。除了他自己以外，他還帶了一個跟班—一條癩皮狗，手上也多了兩塊發紅發紫的唱「蓮花落」的竹片。他自己不常出馬，他一出馬決不打空手，隨便那一家都得給，不給他就唱個不休，或是兩眼一瞪：「肏你姐！」給少了他也會把葫蘆瓢一甩，將你給的東西甩出一兩丈遠，而且嘴裡不乾不淨，弄得女人們面紅耳赤，但是沒有人敢得罪他。

那時女人們嚇唬孩子們的兩句口頭禪是：

——摸鬍子來了！摸鬍子來了！

——王花子老趙來了！王花了老趙來了！

而老年人對於花子這種職業，簡直有點欣賞和羨慕，他們常常對靑年人說：

「不搶不偷，討飯是好漢的大路。」

花子之上有時加上一個「王」字，大概就是表示合乎王法的意思？

花子老趙的生活，的確十分自由愜意。吃飽了，喝足了，便坐在柴草堆邊晒太陽，捉蝨子；或是靠在柴草堆上呼呼大睡，無憂、無慮、天塌下來好像也與他無關。

遇上紅白喜事，老趙便率領花子們成羣結隊而至，喊聲「恭喜」，或是唱幾句「蓮花落」，便和客人們一樣，坐在桌上大吃大喝。他們自然地湊上一桌或兩桌，淸一色的破棉襖，長口袋、討飯棍、蓬頭、垢面、十足的花子。

主人爲了討個吉利，一點也不敢怠慢老趙他們，三四兩重一塊的豬肉，一海盌一海盌端上去，他們吃完了，只用筷子在盌上敲敲，打雜的便連忙跑過去服侍他們，像對待眞的客人一樣。

吃喝得高興時，老趙便率領花子們站起來唱幾句：

「嗨，洞房花燭夜，金榜題名時：今夜入洞房，明年生貴子。」

「嗨，洞房花燭夜，金榜題名時；新娘一朵花，新郞是探花！」

老趙唱一句，花子們跟着和一句。老趙手中的兩塊紅得像檀香木一般的竹片，敲得呱嗒呱嗒響，聽起來很夠味。

他們吃吃喝喝，猜猜拳，五魁八馬喊得像打雷，的確能增加幾分歡樂。如果主人怠慢了他們，老趙立刻把盌底朝天，罵聲「肏你姐！」便全體退席，主人得連忙向老趙打躬作揖，添酒加菜，請他們重新入座。

老趙看上去大約四十來歲，瘦長個子，長頭髮，棕鬍子，鷹眼。初來時女人孩子都很怕他，漸漸地孩子們不怕他了，尤其是當他唱「蓮花落」，或是坐在柴草堆邊晒太陽捉蝨子時，便不禁圍了過去。

老趙會自編自唱「蓮花落」，他的「蓮花落」彷彿唱不完。

老趙身上的蝨子彷彿也只生不滅，永遠捉不完。

捉蝨時老趙把破棉袍披在身上，把又髒又破的褂子脫下來，衣縫裡蒜是大蝨婆，抓住一個他就放在嘴裡一咬，滋的一聲，然後和口水一道吐出去，再加上一句粗話：「肏你姐！」

有時他也把蝨子夾在兩個大姆指指甲中間，用力一擠，蝨子便滋的一聲爆出一星血，他也會罵一聲：「奶奶個熊！」

如果他捉到一個特別大的蝨婆，他會和孩子們開玩笑：

「啮！拿回家煨湯喝！」

孩子們連忙搖頭倒退，他却笑着往嘴裡一塞，用力一咬，嚼幾下吞下去，向孩子們笑着說：

「牠吸俺的血，俺吃牠的肉，俺倆是寃家對頭。」

當他把褂子上的大蝨捉完之後，便站起來把衣服穿上，兩眼向四周一掃，又向孩子們使使眼色。

「兎仔子們站開些，俺要捉褲襠裡的蝨子。」

他隨即用破棉袍遮住身子，把褲子脫下，又坐在地上捉蝨，他褲襠裡的蝨子似乎比褂子上的更多。

褲襠裡的蝨子他不往嘴裡塞，統統用指甲擠死，邊捉邊駡，要費不少時間才能把蝨捉完，然後把褲子穿上，自言自語：

「今天夜裡俺可以睡一個好覺。」

孩子們趁着他高興時要他教「蓮花落」，他故意兩眼一翻：

「你們又不討飯，學這幹啥?」

「好玩。」

「回家去洗你奶奶的裹脚布玩。」

他雖然這麽說，還是拿起身邊的檀香木般的竹片，呱嗒呱嗒地搖打起來。

「唱一個，唱一個！」孩子們拍手歡叫。

他先瞪孩子們一眼，又用力吐口痰，便隨口唱起來：

「嗨！年成好，好年成，家家滿倉又滿囤！」

「嗨！天公道，天公道，只有人心不公道」

「嗨！姐兒好，姐兒俏，姐兒出嫁坐花轎」

「嗨！叫化子叫，家家要，五湖四海走大道！」

孩子們正聽得入神時，老趙却把兩塊竹片一合，牽着癩皮狗，揹起長口袋，輕鬆地說：

「俺要去趕喜酒，不能和你們這些小子們窮耗！」

走了幾步，他又回過頭來對孩子們說：

「要是那家有紅白喜事，小子們，你們要先告訴俺一聲，不然俺不給你們唱蓮花落。」

孩子們爲了想聽他的蓮花落，自然齊聲說好。

一天下午，天很冷氣，北風呼呼叫，彷彿要下雪的樣子。我發現老趙蹲在牛欄背風的一面，起先我以爲他是在烤火，走近一看，却發現一大團泥巴煨在火灰裡面，噴出一股特別的香味。老趙看見我走近，便笑着問我：

「小子，你家裡有沒有酒？」

『你想喝酒？』

「你請俺喝酒，俺請你吃鷄，俺倆公平交易。」他指指灰中的那團泥巴說。

我看見那團污泥，就倒胃口，我想除了叫化子之外，誰也不會吃那種髒兮兮的東西。

雖然我不想吃他的鷄，但我還是回去將那把盛酒的錫壺塞在棉袍裡面悄悄地裝了半壺酒拿了出來。

他笑着從我手裡接過錫壺，先用嘴抿了一口，然後把它煨在灰燼裡面，把那團泥撥了出來，用討飯棍把泥敲開，鷄毛和泥同時脫落，露出黃鬆鬆的鷄皮。他很快地就把泥和毛脫光，又大方地扯下一隻鷄腿給我，他的手很髒我不敢接。他向我一笑。

「小子，別不識好歹，錯過了今天，這種鷄你一輩子也吃不到！」

我只好接了過來，香味直往我鼻子裡鑽。

他一面喝酒，一面大口地吃鷄，酒香四溢，我也忍不住咬了一口鷄腿，眞香眞嫩！臘鷄燉鷄都比不上。

老趙的胃口很好，鷄吃完，酒也喝光，他的癩皮狗也飽吃了一頓骨頭。

鷄吃飽了，酒有三分醉了，老趙在我頭上拍了一下，牽着癩皮狗走了。走在呼呼的北風中。

我眞沒有想到我長大後會當連長？更沒有想到老趙會在我連上當伙伕？我們居然在汨羅江邊相遇？

三

晚上我睡覺以前，老趙眞的給我端來一隻叫化子鷄，不過弄得乾乾淨淨，看來一點也不噁心。

「老趙，這隻鷄多少錢？」我一面問他一面掏口袋。

「連長，你不必掏，」他向我一笑：「這隻鷄就算俺的見面禮。」

「那怎麼可以？」我用力搖頭。

「俺記得俺曾經估量你不敢當兵，連長，算俺冒犯，陪禮！放心，決不是偷的。」

「老趙，你還記得那些陳年舊事？」我向他一笑。「說不定你那一隻鷄是偷的？」

「俺年紀雖然大了，記性倒很好。」老趙得意地回答。又紅着臉一笑：「不瞞你說，那隻鷄眞是偷的。」

「現在可不能再作那種事？」我警告他。

「現在俺有糧有餉，犯不着。」老趙坦然地說：「不信，你向羅家查查，看是不是眞的？」

聽他這樣說我便把錢遞給他，他無論如何不肯接受。

「連長，俺落難時叨你們府上的光也不少，何必計較這點小意思？」

我想以後的日子還長，也就算了。但我想起他以前在我家鄉討飯時那種粗野態度，不禁警告他：

「老趙，你以前在我家鄉的那種態度，現在可要收斂一點？」

「連長，俺也是看人打卦，」他向我抱歉地一笑：「俺打聽了你們貴處的人怕事，所以行點蠻。」

「湖南的老百姓可不好惹？」我說。

「連長，你放心，俺知道！」他向我一笑。隨即退了出去。

叫化鷄雖然好吃，但我只吃了一半，留一半給老趙，要他端了回去。

沒有幾天，長沙二次大戰爆發，這次敵人攻勢雖猛，但結果還是被我們打了回去，造成一次空前大捷。

我們的部隊又回到原駐地，老百姓也很快地回到自己的家。

一天晚上，師部特別舉行了一次祝捷晚會，除了師政工隊擔任演出之外，各部隊也要參加一兩個節目，指導員問我參加什麼？我要老趙表演一個「蓮花落」。

「連長，你是說伙伕老趙？」指導員不大信任地望着我。

我點點頭，指導員不好意思正面反對，只是遲疑地問：

「我怕老趙不行？丟連上的臺。」

「反正不是比賽，你不妨給他一個機會。」我說。

指導員只好點點頭走了。

他走後我把老趙找來，告訴他這件事，要他好好的準備。老趙誠惶誠恐地向我一笑：

「連長，那是要飯的玩藝，怎麼可以上臺？」

「你不妨上去唱幾句，讓大家樂樂，」我說：「你好好地編幾句詞兒，準備你的竹片。」

他摸摸後売腦，走了。

演出的那天晚上，指導員替他化了粧，打扮成一個小丑模樣，在一個更換節目的空檔裡老趙走出前臺。

「嗨！說東洋，道東洋，東洋小鬼太猖狂！二次要把長沙犯，卸甲丟盔汨羅江！」

「嗨！軍民愛，民敬軍，軍民本是一家人，大家合力打日本，最後勝利是我們！」

他手裡的竹片搖得呱嗒呱嗒響，聲音清亮，節奏分明，人在臺上走來走去，動作滑稽可笑，他沒有唱完臺下就哄笑起來，一知道他是伙伕老趙，大家更熱烈鼓掌。

他一跑到後臺，用手在臉上一抹，把假鬍子抹掉，衝着我說：

「連長，俺獻醜了！」

「不，你表演得很好。」他拍拍他的肩說。

「連長，俺這一手只有你知道，」他向我輕輕地一笑：「要飯的玩藝，搬上戲臺，丟人！」

指導員也連忙過來誇獎他，要他以後多參加表演，他卻把頭搖得像個博浪鼓兒似的。

由於我們部隊參加第二次長沙會戰正面作戰的經驗，我瞭解老趙的工作很辛苦，他不但起草摸黑，挑着行軍鍋東跑西跑，還要上火線替弟兄們送飯，他的危險不比戰鬥兵少，辛苦卻有過之，五十幾歲的人了，我怕他吃不消，因此我和特務長研究改調他一個輕鬆一點的工作，而一般列兵又不願意當伙伕，連上工作最輕鬆的要算我貼身的勤務兵，他年輕，身強力壯，因此我想到把他們倆人工作對調，名義不變。特務長搖搖頭說：

「連長，那不好。」

「怎麼不好？」我問。

「前方不比後方，」特務長說：「王健生不但身體好，槍法也好，放在連長身邊，對連長有很大的幫助，上次如果不是他，連長就上了日本人的暗算。」

是的，上次在白水車站肉搏，一個日本兵從我後面偷襲過來，刺刀幾乎刺上了我的背脊，被王健生發現，連忙給他一左輪，才救了我的性命。但是我還是決心把他們對調，我對特務長說：

「那次是我疏忽，以後我會小心。伙伕關係全連的性命，勤務兵只關係我一個人，老趙雖然上了年紀，你知道我還年輕，你知道我的槍法也不在王健生之下。」

特務長算是沒有作聲，可是對於王健生卻費了很大的口舌才說服他。

老趙調到我身邊工作之後，比做伙伕要輕鬆多了。雖然我不要他服侍，可是他對我卻無微不至，除了洗臉水，洗脚水他替我按時送來之外，還替我洗襯衣襯褲。最可笑的是，他居然關心到我的婚姻問題！

一天晚上，他替我鋪好床鋪之後，輕輕地問我：

「連長，我看羅家姑娘人很不錯，你看怎樣？」

我們駐紮的羅家有位大小姐休學在家，二十歲了還沒有出嫁，人很大方，樣子也長得不錯，我實在沒有心思想到婚姻大事，也很少和她打交道，想不到老趙竟想到這件事？但我一口回絕他：

「我還不想成家。」

「連長，你不要像俺一樣，就誤了下一代，」老趙誠懇地說：「如果俺媳婦不被別人霸佔，俺的兒子比你還大，你看，現在俺只剩一條光桿，這就斷了香烟啦！」

「沒有關係，」我安慰他說：「你跟我好了，我會養你。」

「連長，俺這不過是比喻，並沒有想你養俺，俺是為你着想。」老趙說。

「謝謝你的好意。」我說。

他無可奈何地退了出去，可是過了幾天，他竟向羅小姐要了一張照片給我，一看我就大發雷霆：

「老趙，你怎麼可以作這種糊塗事？人家小姐的照片也是可以隨便要的？」

「連長，你也不能完全怪俺？」他向我一笑：「如果羅家姑娘對你無情無意，你自己要她也不會給。你看，她在相片後面還簽了個花名哩！」

我翻過照片一看，真的寫了我和她的名字，這真使我啼笑皆非！

「老趙，你真是米湯裡洗澡，你叫我怎樣下臺？」

「你也送她一張不就得了？」他向我一笑。

「胡說！」我臉孔一板。

老趙碰了一鼻子灰，臉色慘白，過後又唉聲嘆氣：

「唉！眞是好心沒有好報！」

「老趙，你這件事情做得太冒失！使我進退兩難！」

老趙這一來，的確使我十分尷尬。退回去嗎？那會傷害羅小姐的自尊心：何況她叔父當師長，大哥當團長，又不是沒有身份地位的人家。不退嗎？那她又會誤會我接受了她那份感情；而我實在是不想這麼早結婚，我看過多少拖家帶眷的官長那份艱辛，我尤其不願意和我駐紮的人家發生這種事情。但是老趙給我惹上了！

「連長，你記得你當初吃化子鷄吧？」老趙望着我說：「當初俺給你你也不敢接，後來吃出味道還想再吃。俺告訴你，不要錯過了機會。」

說完他就悄悄地退了出去，我望着他的背影罵了一聲：「胡扯！」

但是這還不算尷尬，碰見羅小姐時才眞尷尬，她以爲我眞領了她那份情，那對脈脈含情的眼睛確實使我不知道怎樣應付？太冷會傷害她的自尊心，太熱會使她信以爲眞，我不會演戲，很難表現得恰如其份。

而老趙看了却很開心，我眞恨不得用扁擔打他一頓屁股。

幸好，第三次長沙會戰不久就爆發了。羅小姐全家忙着逃難，我忙着指揮作戰，戰爭把我們衝開了。

這次會戰我們連上犧牲慘重，三個排長陣亡了兩個，弟兄們死傷了三分之二，我的大腿也被機槍打了幾個窟窿，不能行動，老趙揹着我撤退，但是敵人緊跟在屁股後面追，老趙火了，把我往一個坟堆下面一放，抽出胸前兩顆手榴彈，大罵一聲：「肏你姐！」便向敵人直奔過去。

我聽見轟轟兩聲，幾聲慘叫，以後便痛暈過去。

我不知道是怎樣被救出戰場？到長沙住院後，才聽見特務長告訴我，如果不是老趙那兩顆手榴彈阻住了追兵，我就救不出來。

「老趙呢？」我連忙問。

「老趙和敵人同歸於盡了。」特務長沉痛地說。

我心裡一陣難過，眼睛有點模糊，想不到老趙竟爲我送了性命！

景雲寺的居士

承虛雲法師的介紹，我在景雲寺作了一個「掛單」的俗人。景雲寺的住持靜安法師是一位五十多歲的高僧，內地人，他和虛雲法師的交情很好，所以對我也格外客氣。

臺灣的山雖然不矮，但沒有大陸的山那麼雄偉峻秀，石頭也很鬆脆。台灣的廟宇更沒有大陸的廟宇那種恢宏的氣象，自然更找不到南北朝時代的古剎。景雲寺在台灣算是個大廟，但和廬山的五大名利比較起來實在相差太遠，連黃龍寺也比不上，自然更沒有黃龍寺那麼好的風水。但它在山上，遠離都市，遠離擾攘不休的世界，所以在幾年前我就看上了它，但是直到今天才能一肩行李，搬上山來。

靜安法師吩咐小和尚悟明替我打掃了一個樓上的房間，六蓆大小，木床、木桌、木椅，剛好夠我安身，對於這個新環境，我很滿意，這麼一個小房間，如果是在台北市區，每月行租最少五百，還得先繳半年或三個月的押租，而我在這裏連吃帶住，一年只要付五千塊錢。我為了圖一年的安定，免得再為瑣事煩心，先將這筆費用一次付清。在山上我不要錢用，報紙我訂了一年，信紙，信封，郵票，稿紙也足夠我一年需用，日用品和消炎止痛的各種成藥，我了帶了不少，另外還帶了一個電晶體收音機，我的問題就全部解決了。

悟明替我把房間收拾好後，逕自下樓房裏去了。我將旁邊的窗戶打開，的光線更好。我住的是U字形的最前端的一間客房，前面是一排走廊，三面開窗，這是這一排位置最理想的一個房間。而且現在只有我一個人住，其他三間客房都是空着的，非常安靜，這正是我所希求的。在這裏我可以把一切錯綜的人事丟開，回復到自我的世界。我不妄想成仙成佛，但願過着一種聽得見自己心跳的生活。

透過旁邊的窗戶，可以望見對面的青山，山上只有相思樹之類的灌木，和一些野生的芭蕉，沒有太平山，大雪山，大元山上那種高大的紅檜，因爲這山和景雲寺的位置不相上下，只有五六百公尺高。

我走到走廊上來，發現對面那排客房有三間門窗都是關閉的，只有頂端的那一間的窗戶是開着的，我望見一個蓬亂的頭頂，聽見軋軋的打字機聲，我有點奇怪，他分明不是個出家人，而且還帶着打字機，他究竟是幹什麼的？

悟明替我送開水上來時，我悄悄地問他：

「對面客房裏住的是什麼人？」

「哈！」悟明咧嘴一笑，「一個怪人！」

「怪人！」

「你不相信？」悟明歪着頭望我。

「我沒有見過，自然不敢相信。」

「他可不願意和別人打交道，你休想同他攀交情。」

「講講話也不可以？」

「他就是不愛講話！」悟明加重語氣說，「他在我們廟裏住了三年，一年難得講三句話。」

「他在這裏住了三年？」我以爲只有我看中這個地方，想不到他已經住了三年？

「他比我來得還早。」

「他在這裏作什麼？」

「誰知道？」悟明茫然一笑，「他不是爬山，就是關起房門來嘀嘀嗒嗒。」

我向對面房裏望了一眼，他仍然低着頭在打字。悟明打量了我一眼，突然笑了：

「吳居士，台北多好？你怎麼也到深山來住廟？」

「台北太鬧，這裏沒有人吵。」

「我倒歡喜人多的地方，」悟明望了我一眼，輕輕地說，「這裏太靜，住久了你就會受不了。」

「你還年輕，」我看他不過十六七歲，一派天真。「等你長到我這麼大，自然受得了。」

「山上沒有事做，不賺錢，你怎麼生活？」

「我有我的辦法，你們廟裏的伙食費，我還繳得起。」我向他一笑，又指指對面，「他怎麼生活？」

「不知道他變什麼戲法？」悟明迷惘地笑了。「他在這裏三年，從來沒有欠過伙食費，不然我們眞想把他趕走。」

「照你這樣說，如果我欠了伙食費，你們不也要把我趕走？」

他沒有想到我會問這句話，紅着臉搖搖頭，又就心地問我：

「吳居士，你不會要我送飯吧？」

「我又不是坐牢，怎麼要你送飯？」

「他可要我送飯，」他把嘴巴向對面一呶，「眞討厭！」

「爲什麼？」

「他不和我們一塊吃，他要單開。」

「你嫌麻煩是不是？」

他天眞地、頑皮地說：

「我才沒有那麼乖！我會少給他一盌飯，不然就少給他一樣菜。」

「他不罵你？」

「他像個啞吧，給他什麼吃什麼，不說一句閒話。」

「這樣的人不很難得？」

「所以後來我也不忍心整他。」悟明天眞地笑了。

悟明很愛講話，也許是平時太寂寞的關係，也許因爲我是新來的，和我說了半天還不肯下樓，直到一個大和尙站在院子中間向樓上高聲喊叫：

「悟明，你又偷懶？怎麼老賴在樓上不肯下來？」

他才向我做了一個鬼臉，連忙跑下樓去，邊跑邊說：

「師兄，我在替吳居士做事，你怎麼說我偷懶？」

「你玩什麼鬼把戲我還不知道？」大和尙站在院子裏接腔，「你還想翻過如來佛的掌心？」

悟明不再作聲，脚步咚咚地跑下樓去。

我看了好笑，對面的那位先生也伸出頭來探望一下，又迅速地掠了我一眼。我發現他的頭髮很長，大約有兩三個月未剪，鬍鬚也有一兩寸長。他有一張大方臉，嚴肅，堅決而精力旺盛，年齡不大，看樣子還不到四十歲。我正想向他打個招呼，他卻低下頭去打字。

晚飯時我逕自下樓去飯廳吃飯，静玄法師笑着對我說：

「吳居士，你如果覺得不便，也可以和王居士一樣單開。」

「不，那太麻煩你們了。」我望了悟明一眼說。

「沒有什麽，」靜安謙冲地說，「與人方便，自己方便。」

悟明偷看了靜安一眼，不敢作聲。

「我沒有想到貴寺還住了一位先生？」我說。

「嗯，王居士來了很久，他很安靜。」靜安說。

「他也不和你談談？」

「他愛靜，我一切隨緣。」

「你以前和他認識嗎？」

「不，是一位楊居士介紹來的。」

「我可不可以和他作個朋友？」

「這要看你們的緣份了。」靜安笑着說。

「悟明說王先生是個怪人，你看怎樣？」

「人生是個苦海，他小孩子懂得什麽？」靜安望了悟明一眼，悟明把頭一低。「王居士是個有學問的人，只是胸中有塊壘。」

「究竟是怎麽回事？」

「貧僧不好瞎猜。」靜安抱歉地說。

我也不便再問。靜安隨即吩咐悟明替王先生送飯，悟明到廚房裏去了一會，提了一個飯盒出來，正要走上樓去，靜安把手一招，悟明走到他的面前，他將蓋子揭開，看了一遍，對悟明說：

「你應該多給王居士打點菜，怎麼沒有腐竹？」

「大師兄說那是給吳居士加的菜。」悟明回答。

「不必爲我特別加菜，大家同吃好了。」我看看桌上的菜不少，我知道是悟明暗中搗鬼，只是不便點破。

悟明很聰明，他馬上回到廚房去，隨後又討好地把新添的腐竹拿給靜安看看，靜安揮揮手，他便提着飯盒匆匆地跑上樓去。靜安拉我入席，又客氣地說：

「出家人生活清苦，實在沒有什麼好菜，以後還請吳居士多多包涵。」

「以後日子長，請不要客氣。」我覺得菜不少，質料也不壞，如果天天這樣，他會賠老本的。因爲素菜不但味道絕妙，而且比一般葷菜貴，一枚香蕈就要幾塊錢。

飯後靜安陪我聊了一會，我便獨自上樓，在走廊上散步，看看暮色蒼茫的羣山，羣山無語，四顧寂然。靜，單純，完全不像台北華燈初上車水馬龍的情形。

我沒有開燈，王先生房裏也沒有開燈，我不知道他在作什麼？不敢貿然造訪。王先生既然愛靜，我也不是爲了結交朋友而上山的，還是讓他保持他的自我世界，我保持我的自我世界。泰戈爾說：「過分接近可能殺死，保持距離或許成功。」對於一位有個性而沉靜的人，我是特別敬重的，他們不會和你一見面就稱兄道弟，但一交上了那份友情就如芝蘭一般淸香四溢，經久不變。我自然希望多交一兩位這樣的朋友，但這種人正如紅粉知已一樣，可遇而不可求，有時甚至會失之交臂。王先生這位「怪人」我算是遇上了，能不能和他交個朋友？那眞要看我們的「緣份」了。

暮色四合之後，樓下佛堂和僧房燈火通明，只有樓上我們兩個房間一團漆黑。我倚着欄杆自然想起許多陳年濫帳，想到過去那樣忙忙碌碌，犧牲皇皇，不禁好笑。生平無得意事，只有廬山那段野鶴閒雲的生活値得咀嚼回味。棲賢、萬杉、秀峯、歸宗諸寺，都有我的足跡；姊妹峯、瀑布水、九疊屏、仙人洞、都有我的遊踪；尤其是黃龍寺，是我盤桓留戀的地方，一杯雲霧茶便和老和尙坐在大寶樹下消磨一個下午。山中一夜雨，樹杪百重泉，黃龍潭水聲疏隆，黃龍寺鐘聲悠然；雲自山頭起，霧向脚邊生，我雖非神仙，卻在神仙世界。景雲寺無丘壑之勝，更無虎穴龍潭，也沒有與我朝夕相對的人，而王先生又是那樣可望而不可即，我也不免有點悵然。

我走進房間扭亮電燈，台灣的電實在方便，山上的和尙也能享受到這種利益，因此台灣的廟宇也缺少那份古佛靑燈的古意。

我的房間通明，但是我不想作事，連信也懶得寫，我上山來，除了虛雲法師以外，沒有別人知道，暫時我也不想讓人知道。

我和衣靠在床上，把電晶體收音機放在床頭，我把音量開得很小，收聽平劇節目，這是我唯一的嗜好。電影我早已看膩了，最好的片子也只能看兩遍，我生平看過兩遍的電影只有「翠堤春曉」，「金玉盟」和「梁山伯與祝英台」。平劇卻聽不厭，一句青衣的二簧倒板，就足够令人廻腸盪氣，一段「生死恨」就會使人悽然欲泣，那種哀而不傷的味道會永留心底，比那種號啕痛哭的一瀉無餘的情感不知道要深刻多少？「臥龍吊孝」那種惺惺相惜的心情又豈是西洋人所能能領略體會？我不知道王先生除了爬山打字之外怎樣打發他這三年的歲月？我除了工作之外，就要靠這架電晶收音機了。

我不知道王先生是什麽時候開燈的？當我向窗外一望時，發現他躺在床上看報，因爲距離太遠，我看不清他看的是什麽報？

他看了一會把報紙往旁邊一扔，雙手交叉地枕着頭，兩眼望着天花板，他的頭髮像雄獅的鬣毛一樣倒披下來。

他完全不注意我這邊的動靜，他沉浸在他自己的世界裏。

我因爲白天走了山路，提前睡覺。但是我沒有一倒上床就呼呼大睡的福氣，今天也許是換了新環境的關係，更遲遲不能入睡，儘管身體疲勞，頭腦卻很清醒，想的事也特別多，三皇五帝都到眼前來，塵封了十多年的往事歷歷如繪，剪不斷，理還亂，我只好重新起來。

除了我和王先生的房間燈火輝煌之外，樓下的燈火已全部熄滅，此刻更靜，王先生軋軋的打字聲音，更清晰可聞。

我先寫一封信給虛雲法師，謝謝他的盛意，同時報告我到達景雲寺的情形。隨後我又寫了一篇短文，看看錶已經十二點十五分，我毅然熄燈去睡，望望王先生他卻毫無睡意。

第二天清早，我起來時，發現王先生拄着一根粗藤杖走出山門，大概是出去爬山散步。他身材中等，強壯結實，步伐穩定。直到吃早飯時他才回來，帶着一束野花，逕自跑上樓去。

我來到景雲寺一個禮拜了，始終沒有機會和王先生交談，有幾次我想過去和他談談，看看他的房間，但一想到他那種嚴肅沉鬱的神情，我就不敢冒昧，因此茶餘飯後只好和靜安法師閒聊。

我本來很愛早起，只是近年來的都市生活，使我晨昏顛倒，無法保持早起的習慣。上山以後，我的生活逐漸正常，起得很早了。

一天，天剛亮，我也去散步。寺旁有一條小路，直達山頂，這是一條樵夫砍柴的山徑，我沿着山徑直往上爬，希望爬上山頂看大海，看日出。

當我爬上山頂時發現王先生坐在一塊石頭上，望着遠方出神，我不能不和他打個招呼，我向他心」一聲「早」，又表示一點歉意：

「對不起，王先生，我打擾你了。」

他回頭望了我一眼，淡然地說：

「不必客氣，這座山又不是我私人的。」

「景雲寺的樓上本來只有你一個人，我住進來會不會妨礙你？」

「我們河水不犯井水，有什麼妨礙？」

「我聽說你愛靜。」

「我相信你也不是來趕熱鬧的。」他打量了我一眼。

「不錯，我很不容易跳出十丈紅塵，想不到你已經捷足先登。」

「請問你從什麼地方來的？」他望望我說。

「台北。」

「台北現在更熱鬧了吧？」

「就只沒有電車。」

「你捨得離開那樣的地方，一定有什麼原因吧？」他望着我說。

「我和別人不同，在哪裏都是一樣。」我說。

他又打量了我一眼，然後問我：

「和尚有廟產，你在這裏大概也買了山？」

「生不帶來，死不帶去，有錢也不買，何況無錢？」

他聽我這樣說，讚賞地一笑：

「我看閣下和我倒有點兒臭味相投？」

我想不到他倒有幾分幽默感，也第一次看見他臉上有一絲笑容。我也高興地回答：

「榮幸之至。」

他指着附近的一塊石頭，說了一聲：「請坐！」我的脚有點酸，他既不嫌我打擾，我就不客氣地坐下。

這山頂上看不到日出，因爲山外有山，東面的山比它高，卻可以望見大海、西海岸的田野和一簇簇的人家。看落日倒是一個會理想的所在。

早晨的空氣清新得很，呼吸多了台北的煤煙，再在這裏呼吸新鮮的空氣，就像帶着一身髒跳進清溪裏一樣舒暢。

「王先生，聽說你住在景雲寺很久了，你不寂寞？」

「寂寞的人住在鬧市還是寂寞，」他淡然一笑，「何獨深山？」

「你好像很忙？」

「我倒不覺得。」他望着我說。「看樣子你倒眞不輕閒？」

「和尙也要撞鐘，我總得做點事。」我笑着回答。

他粲然一笑，露出一排雪白整齊的牙齒。又打量了我一眼，問：

「你究竟忙些什麽？」

「爬爬格子。」

他哦了一聲，又打量了我一眼，歉然的笑了：

「恕我有眼無珠，原先我以爲你是個上山享享淸福的大居士？」

「承你抬舉，可惜我沒有那麽大的福份，此地又非廬山，不能避暑。」

「大居士我見得很多，可連正眼也沒有瞧他們一下，倒是對你這位爬方格子的，有點歉意。」

的確，我上山以後，他一直沒有正眼看我，假如我不是事先對他有點瞭解，我眞會生氣。

「你天天嘀嘀嗒嗒，打些什麽？」我笑着問他。

「和你一樣。」

我有點驚奇，我們爬方格子都是手工業者，還沒有人使用打字機，想不到他躱在山裏倒先用了？

他看我的表情有異，又接着解釋：

「我打的是英文，中文打字我還沒有學會呢。」

「那你是第二個林語堂了！」

「他在美國作寓公，我在山上作居士，怎麼比得上他？」

「你在山上賺外滙，更了不起。」

「我一個月不過發表一兩篇短文，三兩百美金，差得遠。」

「那你用不着那麼忙？」他白天最少有一半時間在嘀嘀嗒嗒，我想他決不止生產那麼一兩篇短文。

「我打打改改，一篇稿子要打好幾次，另外我還在進行一篇長的。」

「你不用中文寫作？」

「我懶得嘔氣。」

「你在山上生活簡單，賺了美金也無處使。」

「我有個無底洞。」他輕輕地嘆口氣，臉孔又是那麼嚴肅沉鬱。

我問他是什麼無底洞？他突然站了起來，抱歉地說：

「對不起，今天我已經講得太多，我要回去了。」

他蹓步下山，我很後悔問他那句話。生怕再引起他的不快，我不敢跟着他一道下去。

原先我們談得投機時，我以爲他正常得很，一點不怪，現在他怫然下山，我又有點迷惘了。

我回到景雲寺時，已經吃過了早飯。我悄悄地上樓，準備挨一頓餓，想不到悟明隨後提了飯盒進來，笑着問我：

「吳居士，你大清早跑到哪裏去了？」

「爬山。」我說。

「你也學他一樣？」他用手向對面一指。

「學他有什麼不好？」

「吳居士，我怕你也得神經病。」悟明說。

「悟明，你不瞭解王先生，他沒有神經病。」

「我看他有點神經兮兮的，不然又不是啞吧，怎麼老不講話？」

「今天他和我講了不少。」

「眞有這回事？」悟明驚奇地望着我。「師父待他那麼好，他也難得和師父講上三句話。」

「各人的緣份不同呀。」

「難道你和他特別投緣？我天天替他送茶送飯就沒有一點緣份？」

悟明的話間得很有道理，只是我沒有辦法向他解釋。

這天晚飯後，我又在走廊上散步，瀏覽風景，王先生忽然從窗口探出頭來，向我招招手，我眞有點受寵若驚，連忙繞了過去。

「對不起，請恕我早晨失禮。」他握着我的手說，他的手勁很大。

「沒有什麼，我實在不該那樣冒失。」我說。

他房子裏的陳設和我房裏一樣簡單，只是到處都是英文書報，最多的是Time, Look, Life，Reader's Digest, China Post.桌上放着一架英文打字機，一部韋氏大辭典，和打了一張的稿紙，他的英文名字是Henry Wong。

「王先生，你眞是坐擁書城，我房子裏空空如也。」

「你剛來，我在這裏住了三年，自然變成了一個書報攤。」

「再過三年你就無處容身了。」他的房間和我的一樣大小，六個榻榻米實在容納不了多少東西。

「也許我會住一輩子？」

「我倒有此打算。」

「你準備出家？」他我打量了我一眼。

「那倒未必。」我笑着搖搖頭。

「你也六根未淨？」

「要是六根淸淨，那就一個字也寫不出了。」

「不錯，」他點點頭，「我在山上寫了三年，其實也只寫了一個字。」

「哪一個字？」

「Love!」他像嘆氣般地嘆出這個英文字。

「其實不僅你只寫一個字，古往今天來多少人嘔心瀝血也只寫一個字。」

他望望我默然不語，我隨即用別的話打岔，，同時邀他到我房裏來坐坐，幸好他沒有拒絕。

我把電晶體的收音機打開，他聽了欣然色喜，同時感慨地說：

「三年來我像個閉關的和尙，除了暮鼓晨鐘，靑山綠水以外，無聲無色。」

「電影也不看一場？」

「收音機我都不聽，何況電影？」他搖搖頭，長髮飄飄。

「你的頭髮也該理了。」我指指他的長髮說。

「我兩三個月才下一次山，順便理一次，平時哪有心思想到它上面去？」

「我有刀片，你要不要刮刮鬍鬚？」我故意提醒他，我想他刮掉鬍鬚之後會相當英俊。

「免了，我連鏡子也懶得照。」他又搖搖頭。

他的年齡和我不相上下，精力旺盛，我想不出他爲什麼這樣抑鬱？可是我不敢再問，早晨的事我還耿耿於心。

我隨手把收音機撥動一下，收音機裏馬上播出「梁山伯與祝英台」的插曲，最近幾乎家家電台都在播這種歌曲。本來我最討厭所謂「時代歌曲」，但是由於看過這部片子，印象很好，加之黃梅調在故鄉一帶非常流行，從小我也會哼哼唱唱，聽來非常親切，而這時又播的是樓台會，有點令人廻腸盪氣，所以我沒有撥過去。

「……我爲你，淚盈盈，終宵痛苦到天明。

……………………

我爲你，碎了心，哪有良藥醫心病……」

原先我以爲他不愛聽，想不到他越聽越聚精會神起來，聽到「春蠶到死絲方盡，英台呀，我不到黃河不甘心！」，他眞的「淚盈盈」了。

我把收音機關掉，笑着對他說：

「一曲梁兄哥，不知賺了多少人的眼淚。」

「這故事的本身就很感人。」他一抬手，抹掉眼角的淚珠。

「多少情場失意的男女，在電影裏痛哭失聲，啊啊不停。」我把電影院的情形告訴他。

「本來，人生最難解脫的就是一個『情』字。」他輕輕嘆息一聲，又默然地走了出去。

我沒有送他。他走後我又把收音機扭開，收聽平劇，獨個兒沉浸於絲竹聲中。

亨利王的中文名字是王大中，他對廟裏的和尚仍然像個三緘其口的金人，臉上也毫無笑容，但是他和我的感情卻在漸漸增進，也許是整個廟裡只有我們兩個俗人？不過我們也只談些日常瑣事，和一些寫作上的問題，我知道他那部「苦雨戀春風」的大著已經打了四十多萬字，我希望他能成功，甚至得個諾貝爾文學獎，洋人不懂中文，但一定看得懂他的英文著作。可是他輕輕描淡寫地說「志不在此。」

一天下午我正在睡午覺，悟明忽然跑到我房裏來把我搖醒，煞有介事地說：

「吳居士，吳居士，我告訴你一個新聞！」

「新聞？」我揉揉眼睛望着悟明，心裏有點生氣，嘴裏就拿不出好言語來。「你們和尚廟裏還有什麼桃色新聞？」

「唉！」悟明像碰了一個橡皮釘子，摸摸光頭笑着說：「我們出家人還會有什麼桃色糾紛？這就出在你們居士身上了。」

「悟明，你不要胡說，你們廟裏總共只有王先生和我兩個俗人，難道我睡覺還睡出什麼桃色新聞來？」我從床上一躍而起。

悟明以爲我會揍他，連忙倒退兩步，紅着臉說：

「吳居士，剛才我說重了一點，其實也不是什麽桃色糾紛，是王居士的太太來了。」

王大中有太太？這對我倒是一個新聞，但我故作平靜地說：

「他太太來了有什麽稀奇？你爲什麽要那樣大驚小怪？」

吳居士，怪不得，我們廟裏誰也不知道他有太太，我們以爲他是一個老光棍，老怪物，看他那麽窩囊，哪有女人要他？想不到他眞有太太，他太太還鬼迷了心，要他回去？你說這是不是奇事？」

我聽悟明的話有點刻薄，把王大中貶得太厲害，忍不住敎訓他兩句：

「出家人人要積點口德，你還年輕，懂得什麽？」

他的光頭上彷彿突然挨了一棒，他望着我一楞，後悔地唸了一聲：「阿彌陀佛。」

我向外望了一眼，突然發現王大中和一個瘦女人的背影，像兩隻氣泡魚似地衝出山門。悟明也看見了。

「吳居士，我該沒有扯謊吧？」悟明又回過頭來望我一眼，表白地說。

「王太太以前沒有來過？」我問他。

「我說了我們根本不知道他有太太的。」悟明也給我一點顏色。

我有點納悶，我對王大中知道得太少。悟明歡喜講話，他的嘴巴很難停下來，他又自言自語地說：

「真奇怪，有太太為什麼住廟？」

「你去問你師父，他可以告訴你。」

「嗨！我師父才不和我講這些事咧！他只教我唸阿彌陀佛。」悟明雙掌當胸一合。

我本來想把他支使出去，看樣子他還不想走，我便單刀直入地對他說：

「悟明，唸經是你的正事，你還是下去把金剛經唸熟吧，不然你師父又會罵你。」

他望了我一眼，不大樂意地走下樓去。

我走到王大中房裡去看了一下，書報亂七八糟，打了字的稿紙吹了一地，打字機上還夾着一張打了幾行的白紙。我將地上的稿紙檢了起來，按次序一張張疊好，用茶杯壓住。

天黑以後，王大中才回景雲寺，像一頭受傷的黑熊，頑強、沉默。

上樓以後，他將電燈扭亮，往桌邊的籐椅上一坐，雙手支頤，望着打字機出神。

我悄悄地走了過去，笑着問他：

「吃飯沒有？」

他搖搖頭。

「我去叫悟明送一份上來。」

「謝謝，不必。」他又搖搖頭。

我又和他講了一些不關痛癢的話，他心不在焉，彷彿沒有聽見，我這才轉入正題：

「聽說你太太來過？」

他點點頭。

「有什麼事嗎？」

「要我回家。」

「那很好，有家就不必往廟。」

「我一輩子也不回去！」他突然在桌上用力一搥，茶杯跳了起來。「我決心出家。」

「那又何必？」我說，「景雲寺已經有七八個和尚，不在乎多你一個。」

「老兄，你不知道我的痛苦！」他又在桌上一捶。

但是我不敢問他有什麼痛苦？停了一會，他重重地嘆了一口氣說：

「我們是南轅北轍，同床異夢，在一起有什麼意義？」

我不作聲，他又接着說下去：

「我的稿費幾乎全部給她，只希望她讓我在廟裡落個淸靜，可是她還不放過我，今天又找上山來。」

隨後他又拉開抽屜，拿出一張女人照片遞給我，這是一個十分文雅深情的女人，我看了一眼，氣憤不平地說：

「老兄也應該知足，有這樣的太太還鬧什麼意氣？」

他哈哈一笑，笑得比哭還悽厲。

「你以爲我會那樣混帳？煮鶴焚琴？」他睜大眼睛望着我，我不作聲，他從我手裏把照片搶了過去，望着它悽愴地說：「她是一位難得的紅粉知己，就是爲了我太太，才使我們心碎。」

「你是不是因爲她才和你太太感情破裂？」

「不！是我和太太無法相處以後多少年了才遇上她的。我曾經坦白地對我太太講過，希望彼此好來好去，不要作寃家對頭，可是她存心和我作對！」他停了一下，又指指照片：「結果她傷心另嫁，我來到深山住廟，我太太還不放過我，你說我除了當和尙以外還有什麼辦法？」

要是別的事也許我還能替他出個餿主意，但是遇上這種事我又有什麼辦法？不過我還是不贊成他出家，那會斷送他的文學生命。

這天晚上我們談了很久，我第一次看見他泫然落淚，我們的感情已經非常融洽，但是我沒有辦法打消他出家的念頭。

第二天，我突然發現他剃了一個和尙頭，鬍鬚也刮得光光的，我大驚失色，拉住他輕輕地問：「你爲什麼一定要這樣做？」

「他眼淚奪眶而出，過了一會又反問我：

「你勸我不要出家，那你又爲什麼上山住廟？」

我一時語塞。

他從抽屜裏拿出一個大封套給我，我抽出一看，是他未完成的長稿，和那張他視如拱璧的照片，我怔怔地望着他，不知所措，他抹抹眼淚對我說：

「拜託你，你就當作是我的遺物，曹雪芹也沒有寫完紅樓夢，下山去，我希望你作第二個高鶚，不要走我這條路。」

人與樹

一

自從住進這個山窩之後，我整天面對着青山，只要一抬眼，就自然地與山接觸，這座山雖然沒有故鄉廬山那麼雄偉壯麗，但在此時此地來講，已經算是很不錯的了。

每當我推窗外望，首先映入眼中的就是山上那一簇白色的天主教公墓，白色的十字架掩映在綠竹與相思樹之間，看來有一種肅穆寧靜之感，我想：即使是一個非熱中於權勢的人，只要天天看看這些十字架，也許會慢慢地恬淡下來。

除了這簇天主教公墓之外，最引我注目的就是山中間那一株張着翠綠的傘蓋，如巨人般矗立的古松。這種松樹在我二十年前居住廬山的那些日子，是看得太多了，可是離開廬山之後我就很少看到，尤其是到了臺灣，連幾尺高的小松樹也沒有看見過，更不要說枝葉婆娑，高可十丈的巨松了。因此，對於這座山上這株唯一的大松樹，我更覺得它氣概不凡，落拓不羈了，而尤其觸發我思古之幽情的，是那株大松樹旁邊有一所簡陋的房屋，它配合得竟那麼巧妙！當我還是個學童的時候，在含鄱口底下，在蘆林一帶的深山中，就看見過好幾處高大的松樹旁邊搭蓋着一所矮小的茅屋，而裡面住的又盡是些高人雅士，一襲青藍布大掛，走起路來飄飄欲仙，談吐之間又迥異於市井俗人。據說他們過去都做過大官，一提起他們的姓名，連老師們都肅然起敬，青芝老人每年暑假上山時還要去探望他們呢！但是當時我實在想不通，牯嶺，蘆林多的是一塵不染的別墅精舍，他們爲什麽不去住，偏要住這種簡陋的茅屋，嚼菜根淡飯，反而怡然自得呢？二十年後的今天，我雖然還是不怎麽了解，但重新看見這種松樹，這種簡陋的房屋，我便有一種如見故人和時光倒流之感了。

但是那房子裡住的是什麽人呢？是高人雅士嗎？不會，我想不會，今天大家都忙於爭權奪利和最低限度的生活，那有那種曠達的胸懷呢？我想準是世居深山的窮苦人家，我的一個女兒曾經告訴過我，她說她有一個同學就住在很高的山上，說不定就是那家人家吧？

因爲我是一個忙於最低限度生活的俗人，雖然住在山窩裡面整日面對青山，可是卻無遊山的雅興，因此對於高山上松樹旁邊的那戶人家，還是一個謎，別的人對於它更漠不關心，要打聽也無從打聽，我除了白天多望它幾眼之外，夜晚下班經過那段山坡時也總要駐足抬眼望它幾下，那豆大的燈光在深山裡隱隱約約，更增加了它的神秘和對我的誘惑，不管我回來多遲，它裡面的燈光總是亮的，雖道它的主人也和我一樣是幹夜間工作的嗎？住在深山裡的人也有此必要？這眞令我難以理解。

一天下午，我心裡苦悶得很，只想發脾氣，看什麽都不順眼，自己覺得自己也有點討厭，我簡直像一座快要爆發的火山，如果不及時制止，那又要鬧得很不愉快，唯一的辦法只有轉換一下環境：有些人會出去看場電影，或上街買醉，我這裡離城市很遠，看電影買醉都不方便，青山卻在眼前，於是我循着一條最近捷的路上山，這是我在這裡住了一年後的第一次上山。

我不走那條去天主教公墓的大路，我沿着小徑向另一個方面走，這是一條很少人走的小路，兩邊佈滿荊棘茅草，鵝卵石子大小不一，不小心就會摔跤，而且彎彎曲曲，眞如古話的羊腸小道。

我循着小徑信步而行，我想這條小徑也許有個盡頭，也許能夠通到山頂。要是眞的通到山頂，我準備爬上山頂去看看大海，它的高度足夠擴展我的視界，那上面的新鮮空氣，也可以洗滌我胸中的鬱悶。

因爲路不好走，沒有走多久我就累出一身汗，幸好山風很冷，兩旁竹葉蕭蕭，頓覺心曠神怡。

我低着頭走，我並沒有注意那株松樹和房屋，加之竹林比我更高，密茂的竹葉又擋住了我的視線，所以我看不遠，但是回頭看卻一望無際，山下的房屋像積木一樣擁擠，大人變成小孩，矮了半截，而我自己卻像偉大了很多。

走着，走着，我忽然聽到一陣咈咈松濤，抬頭一看，我已經走到松樹底下了。這條小徑到這裡也就斷絕了，它沒有再向山頂延伸上去，一塊巨大無比的青石擋住了我的去路。

我在松樹底下停了下來，我欣喜地用雙手去圍抱樹幹，剛好可以合抱，抬頭望上去，更覺得它的高大婆娑。它所覆蔭的面積很廣，那個簡陋的房屋有一半在它的枝葉籠罩之下。

我正考慮該不該進屋去拜訪主人時，忽然一隻健壯的大黑狗向我撲過來，使我嚇了一跳，這隻狗雖然勇猛，却很有靈性，牠彷彿察出我並無惡意，撲了一下就沒有再撲，只是虎虎地監視着，正在我進退兩難的時候，從房子裡走出一個四十來歲的健壯的漢子，他手裡提着一枝槍，我心裡一驚，我生怕遇着了亡命之徒，但我看看那人的面貌一點也不兇惡，只是顯得很安祥堅定，隨後我又發現他提的不是步槍，是一枝獵槍，我的膽子就壯了起來。

我驚魂甫定就聽見他沉着地問我：

「請問你找誰？」

「我不找誰，只是隨便走走。」我笑着回答。

他也回我一個微笑，然後提示我說：

「前面沒有路。」

「走到這裡我才知道。」我抱歉地說。

「你從什麽地方來的？」他問。

「山下。」我指着我來的地方說。

「你住在下面？」他又問我。

我點點頭，他似乎也放了心，把槍放下來，和善地說：

「請到裡面休息一下。」

他迅速地轉身，向黑狗一招手，黑狗就蹦蹦跳跳地跑到前面去了。

這所房屋是舊式的瓦房，一連三間，墻脚是用磚砌的，三尺以上却是用的土磚，屋頂蓋了一層薄薄的紅瓦，所有的竹木材料一看就知道是就地取材，非常簡陋，但是周圍的環境却很淸潔。

一進屋我就聽見鷄聲咯咯，彷彿有很多鷄，我不禁欣喜地問：

「怎麼你也養了鷄？」

他先點點頭，然後又反問我：

「看樣子你也養了這玩藝？」

我用力點頭，他笑着說：

「那我們是『有志一同』了！」

我向他一笑，我覺得他的話很風趣。

「我可以參觀一下嗎？」我指着兩邊的房間問他。

「你知道養這玩藝是不歡迎別人參觀的，」他向我一笑，隨後又補充說：「不過你是第一個光臨的貴賓，我願意讓你看看。」

「在我以前沒有別人來過嗎？」我奇怪地問。

他搖搖頭，停了一會又說：

「別人不願意跑這麼遠的山路，我也不希望別人來擾亂我的心情。」

「那我太冒失了！」我向他道歉。

「我知道你不是有意的。」他向我寬恕的一笑。

他一共養了一百隻鷄，五十隻來亨，五十隻蘆花，都是用籠式飼養，左邊房間養來亨，右邊房間養蘆花，都在生蛋，養得很不錯。

「你的成績很好。」參觀過後我讚賞地說。

「我也失敗過。」他平淡地回答。

接着我們談了一些養鷄的問題，談得很投機，我問他飼料和鷄蛋的問題怎樣解決？他說每個星期天有人把飼料送到山脚下，然後由他自己揹上山來，鷄蛋是用同樣的方法交換，他因爲不願意下山來，所以自己不賣鷄蛋。但是這很吃虧，飼料商人兩頭賺，我把這意思向他說明白之後，

他却爽朗地笑笑：

「他賺兩頭，我賺中間，我還是可以維持生活。」

接着他又向我解釋，除了養鷄之外，他還種了青菜和地瓜，主食副食都不成問題，爲了證明他的話，他又帶我看了屋前的菜圃，和旁邊的地瓜，他說這都是他開山開出來的。山地本來非常貧瘠，但他用鷄糞作肥料之後，土壤就好多了，所以瓜菜也長得嫩綠可愛，只是地瓜藤很短很瘦，比平地的差多了。

我發現他房間裡陳設非常簡單，只有一張單人竹床，一張竹桌，此外就是洗臉用具，和一隻樟木箱子，因此我不禁問他：

「你一個人嗎？」

「還有一隻黑虎。」他笑着向我指指那隻黑狗說。

本來我想問他有沒有結婚？有沒有女朋友這類問題，但是由於初見面，不便深談，所以話到嘴邊我又忍住了，不過，我還是浮泛地說了一句：

「不太寂寞嗎？」

「我並不喜歡熱鬧。」他向我淡然一笑，不能完全掩飾心底的凄凉。

「如果你不見棄，我歡迎你下山玩玩。」我向他建議，同時告訴他我的姓名住址。

「謝謝你，我已經一年不下山了。」他誠摯地說。

臨走時我忽然想起我還沒有請敎他的尊姓大名，因此我抱歉地說：

「眞該死，我還沒有請敎貴姓？」

「劉。」他簡單地回答。

「臺甫呢？」我又問。

「朋友，我想這已經很夠了。」他拍拍我的肩頭向我深沉地一笑，然後又表示幾分歉意地對我說：「假如你不見棄的話，就叫我老劉好了。」

當然，我不便再問，他這種答覆我已經很滿意了，我覺得他在某些地方還是很豪爽的。

「我可以再來嗎？」走到門外時我又這樣問他。

他沉吟了一下，然後爽快地說：

「你是例外，別人我可不歡迎。」

「謝謝你。」我握了握他的手。

他也緊緊地握了一下我的手，但是沒有作聲。

他把我送到松樹底下就不再送了。

我走了一段路之後，無意地回頭望望，發現他和那條黑狗仍然隱約地站在松樹底下。

二

回來之後，我心裡老是惦念着山上的老劉，我不知道他爲什麼要一個人獨居深山？說是隱居嗎？他又不大像我在廬山遇見的那種隱士，而廬山的那些隱士又都是有太太或小姐作伴的，雖然清高，並不寂寞，甚至生活費用也有別人接濟。但是老劉不同，和他作伴的只有一條黑狗，他雖然隱居深山，還要養雞，種菜，種地瓜，甚至打獵來維持生活。他是自食其力，似乎沒有任何人接濟，在這種人跡罕至的深山，達官貴人是不會蒞臨的，那能同廬山那種隱士相比？如果說他是一個純粹的勞動者，那又不對，他沒有一般勞動者的那種世俗觀念，他的修養看來是遠在一般人之上的。當初，我絕對想不到山上會住着他這種人，而且是孤零零的一個。

因爲惦念老劉，我常常不自覺地打開窗戶，望着山上那棵松樹和房屋發呆，他在星期天雖然要到山脚邊來揹飼料，但是我並沒有碰見他，我不知道他什麼時候來？雖然他並不拒絕我再度造訪，可是我有我的工作，很少空閒，所以我也一直沒有再上山去看他。

畢莉颱風過境，我的籬笆統統吹垮了，雞也差一點「報銷」，因此，我把我自己的籬笆編好，雞重新安置之後，連忙跑上山去看老劉。

路邊的竹子有很多都吹倒了，有些大樹竟連根拔起，我眞有點躭心那棵大松樹和房屋，先前我忙着自已的事，沒有心思看它們，匆匆忙忙上山之後，又被竹林樹木遮住了我的視線，想望也望不見。但是等我走到松樹底下一看時，那棵松樹仍然像巨人一般矗立在那裡，它的粗根深深地鑽進那塊大青石底下，不動不搖，甚至連樹枝也沒有吹斷一根，而那些針狀的葉子經過大雨的冲洗，反而顯得格外蒼翠，只是老劉的克難房屋揭去了不少瓦片，老劉正蹲在屋頂上一心一意檢瓦，所以他沒我發現我，倒是黑虎機伶，我一走到松樹底下，牠就衝到我面前來，不過這次沒有第一次那種敵視態度，牠顯得友善多了，我輕輕地叫牠「黑虎」，牠竟向我搖起尾巴來。

由於黑虎的跳躍和歡欣的叫聲，使老劉回頭望了一下，他一發現是我來了，竟掩飾不住內心的喜悅，高興地對我說：

「想不到你會來，你的鷄怎樣了？」

「總算萬幸，沒有什麼損失。」我說：「你的鷄呢？」

「瓦揭走了不少，有幾隻在患感冒。」他站在屋頂上回答我。

「要不要我幫忙？」我問。

「不必，我快補好了。」他說着又蹲下去急忙檢瓦。

沒有多久，他從竹梯上爬了下來，赤膊短褲，兩手烏黑，他攤開手向我一笑說：

「我不和你握手了。」

說過之後他就迅速地走到竹筒那邊去接水洗手，隨後又張着口接水漱了幾下，再跑過來和我一道進屋去休息。

房子裡的積水還沒有十分乾，舖蓋完全打濕了。

「昨夜你怎麼過的？」我關心地問。

「在雨裡淋了一夜。」他向我一笑。

「我看這屋頂應該徹底翻造一下。」我說。他現在這種屋頂是經不起颱風的。

「慢慢來。」他淡淡地回答。

這時我聽見兩邊房間裡有鷄短促的咯叫，確是傷風感冒了，我問他有沒有藥？他說已經給牠們吃了蘇爾美，大約兩三天就會好的。

畢莉確實給他帶來了不少災害，除了屋頂損壞之外，他種的茄子、絲瓜、豇豆都吹倒了，只有空心菜反而欣欣向榮。我躭心他的菜蔬供應會受影響，他却爽朗地說：

「明天我就會把它們統統扶起來，就是一樣空心菜也照樣可以吃飯。」

「這次山上的竹子和樹木吹倒了不少，只有這棵松樹安然無恙。」我說。

「它是永遠吹不倒的！」他望着那棵松樹很得意地說：「它的年齡可能比我們大幾倍。」

「我眞躭心你的房子。」我又看看頭上單薄的屋頂和那些土磚墻說。

「吹倒了我會再蓋。」他毫不考慮地回答。

「你這房子蓋了多久?」

「兩年。」他伸出兩個指頭，隨後又望望山下說：「那時你們的房子還沒有蓋，山下一片荒地，夜晚還有鬼哭。」

我聽了有點毛骨悚然，我知道他不是說假話，我初搬到這裡來時，三兩天就有人抬着棺材從我門口經過，別人也許不相信有鬼，但以前我曾親眼看見過鬼，他說有鬼哭，也不會是嚇唬我的。不過我心裡有點奇怪，那時山下沒有人烟，這山中就更孤寂了，他為什麼會住上來?因此我問：

「你怎麼會選擇這地方住下來?」

「我喜歡清靜，但是我又不願意在深山古廟裡作掛單和尙，所以我選擇了這個地方。」他穿起一件無領的白布汗衫說，顏色已經由白變黃，有點像嬰兒的尿布了。

「臺灣的廟都在鬧市，臺灣的和尙也怕寂寞。」我笑着說。

「我覺得他們比俗人還俗。」他用一種近乎輕蔑的語氣說。

「現在的風氣變了，臺灣的和尙也講究交際。」

他輕蔑地搖搖頭，然後又悽然一笑：

「因此，我只好到山裡來養鷄。」

「來這裡以前，你幹什麼？」我試探地問。

「好漢不想當年勇，過去沒有什麼好談的。」他用一個微笑來堵住我。

「那你打算長久住在這裡嗎？」我關心地問。

「未來的事很難說，你知道希特勒並沒有統治世界？」他向我意味深長地說：「史太林也已經完結，他們當初何嘗不是想得很遠？」

「假如他們都能如願，我們也就不要想活了。」我說。

「所以像我這樣一個微不足道的人，還狂妄地談什麼未來？」他諷刺自己地一笑，笑得却很豁達開朗。

「你不想成家嗎？」沉默了一會之後，我又問他。

「我這不是有一個家嗎？」他笑着反問我。

「不，我是說你應該有個太太。」我大膽地說了出來。

「我總不能化錢去買？」停了一會他才這樣地回答我。

「你不可以談談戀愛嗎？」我笑着說。

「戀愛？」他大聲地笑了起來，嘴巴張得很大，聲音非常響亮，笑過之後又輕輕地問我：「同誰戀愛？」

「當然是女人哪。」我迅速地回答。

「女人？」他又大笑起來，笑了一陣又喃喃地說：「女人？女人？」然後又是一陣突然爆發的狂笑，歷久不絕。

他笑得我莫明其妙，等他笑完之後我才輕輕地問：

「你不歡喜女人？」

「醇酒美人，誰不歡喜？」他走過來問我，又背轉身去狂笑起來。

他這一笑眞使我有點驚愕，我想可能是他的神經失常，但他很快地回轉身來輕輕地拍着我的肩說：

「老王，戀愛也不是俗人談得來的，你想，這世界上有幾個女人懂得戀愛？又有幾個男人懂得戀愛？大家還不是胡亂湊合？還不是各取所需？」

聽了他的話我不禁肅然起敬，的確，希臘只有一個伯拉圖，中國也只有一個李後主，此外我再想不出有什麼人眞正懂得戀愛了？

老劉看見我默不作聲，又非常親切地望着我說：

「倒是英國的溫莎公爵和辛浦孫夫人可以算得一對。」

他的境界之高使我無法再表示我的識見，我只好連連點頭。

他看見我再沒有什麽話講，就拿起一個鋁質洗臉盆揀鷄蛋，我也跟着他去，竹架上已經排列了很多雪白的鷄蛋，他按着次序去揀，邊揀邊作紀錄，一下子就揀了半臉盆。

「有幾成蛋？」他揀完之後我順便問他。

「八成。」他隨口回答。

「蘆花呢？」我又問。

「蘆花也將近八成。」他說着又走過去揀蘆花鷄蛋，蘆花蛋殼是粉紅色的，兩種蛋湊起來快一臉盆了。

揀完鷄蛋他又忙着挖地瓜，他說晚飯等着地瓜下鍋，我問他是不是完全吃地瓜？他說有時也吃點米飯，米也是由飼料行送來的。

他挖地瓜時黑虎也跟在他身邊，他挖出來的地瓜就交給黑虎，由牠一個個地卸到房子裡去，我覺得黑虎不但勇敢，而且聰明。

「你這隻狗很有訓練。」我向他讚賞黑虎。

「還有點用處。」他也得意地一笑。

「是土狗還是洋狗？」

「土狗。」

「這樣好的土狗眞不多見。」我覺得這隻狗比一般土狗大，比一般土狗漂亮，也比一般土狗聰明。

「牠的確不下於洋狗，打獵時最有用處。」他望望黑虎。

「你時常打獵？」我好奇地問。

「一個月總要打幾次。」他向着我說：「不然我那有肉吃？」

「你的生活很有意思。」我不禁羡慕起來。

「如果是你恐怕在這裡住不上三個月？」他向我調侃地着說：「這是一個沒有女人的世界。」

「這裡沒有任何誘惑。」我接着說。

「鹿子對我却是最大的誘惑。」他向我笑笑。

他挖了十幾個地瓜就不再挖了，他把土扒平之後就提着鋤頭回來，我看看時間不早向他告辭，他不再送，只笑着對我說：

「假如你還有興趣的話，下次你可以來和我一道去打獵。」

三

一個月以後，我又來到山上了。

這天是一個晴朗的好天，我清早就跑上山來，竹葉上的露水像一顆顆小小的珍珠，非常晶瑩可愛，鳥兒也在竹林裡面啣啣喳喳地叫，一隻褐色的兎子從我面前箭一樣地穿過去，鑽進草叢裡不見了。

我一走近松樹脚下，睡在門口的黑虎一個箭步跳到我面前來，老劉也接着趕了出來，手裡還提着那管獵槍，他一看見是我就笑着說：

「我還以爲是一隻兎子呢？想不到是你！」

「老劉，你討我的便宜。」我笑着責怪他。

「我不是有心討你的便宜，黑虎看見兎子就是這樣追上去的。」他咧開嘴巴說。

我不好再責怪他，我改口問：

「老劉，今天可不可以打獵？」

「可以，只要你有興趣。」他點點頭說。隨即把我帶進屋裡。

他的竹床上擺了一大盌熟地瓜，他指着地瓜對我說：

「你要不要吃兩個？」

我因爲上山來時沒有吃東西，走了一段山路肚子已經有點餓，就不客氣地隨手拿起一個地瓜來吃，同時問他：

「你不吃？」

「我剛才吃過了，」他說：「你吃飽，我去上鷄食，等我料理清楚之後，我們就一道出去。」

我吃飽之後，他還沒有料理清楚，他在加飼料，我幫他換水，大約費了半個鐘點的時間，才全部弄好，鷄一天的飲食是沒有問題的了。

他把十幾個熟地瓜放在乾糧袋裡，往肩上一掛，提着槍就走。我怕他忘記了携帶彈藥，及時提醒他，他指着槍膛向我一笑：

「早上在這裡面了。」

「那怎麽够？」我覺得既然出去打獵，彈藥一定要帶充足，萬一一槍落空，還可以有彈藥再打，這麽一套本錢一槍打空了就只好空着手回來了。

他聽了我的話向我深沉地一笑：

「我不能浪費彈藥。」

他既然說出這樣的話來，那就用不着我再就心了。

本來這條小山路是到他這裡爲止的，此外我再也看不出什麼地方有路？可是他把我帶到屋後邊去，那裡又出現了一條小徑，如果不走近去那是看不出來的。

「這條路通到什麼地方？」我隨便問了一句，我仍然希望有一條路通到山頂去。

「我走到什麼地方，它就通到什麼地方。」他說。

我不解地望着他，他又接着說：

「山上本來沒有路，這都是我走出來的。」

說着他就邁開大步向前走，黑虎已經跑在他的前頭，牠在路邊東嗅西嗅，一會兒撒一點小便，一會兒又往路邊的草叢和樹林裡鑽，老劉望望黑虎又回過頭來向我一笑：

「黑虎是最好的尖兵！」

「你也應該是一個很好的射手。」我回答說。

「今天我想讓你試試？」他向我一笑，好像要考驗我似的。

「我不能浪費你的彈藥。」我坦率地說，我從來沒有打過獵。

「那你希望我打什麼？」他友善地徵詢我的意見。

「碰見什麼就打什麼。」我隨便回答。打獵要碰運氣，不能選精擇肥。

「我可不這樣。」他搖搖頭說：「最理想的是鹿和獐，打一隻可以吃十天半個月。」

「你打過沒有？」我問。

「這地方不多，三個月前打到一個。」他說：「希望今天托你的福。」

「也許我的運氣很壞。」我說。

我的話剛說完，黑虎正從矮樹叢裡趕出了一隻野鷄，牠在後面叫，追，可是野鷄飛得有一丈多高，牠咬不到，我連忙催促老劉：

「快打！快打！」

他却若無其事地說：

「我只有一套本錢，鷄，我有的是。」

因為他不打，那隻野鷄終於飛走了。我顯得有點懊喪。

他看出我的懊喪神情，馬上打趣地說：

「如果你想吃鷄，等會回去我殺一隻就是。」

「算了，算了，我只是見獵心喜，倒不在乎吃。」我笑着回答，我實在沒有想到吃。

「不要性急，我想今天會有機會。」他胸有成竹地說。

這時，黑虎又趕出一隻兎子，我又催他快打，他仍然若無其事，不動聲色，狗在拼命地追，兎子亂跑亂鑽，終於被牠鑽進洞裡去了。狗在洞門口用脚拼命地扒，還是沒有捉到，我不禁嘆了一口氣：

「唉！可惜。」

他却微微一笑，仍然若無其事，反而把手向黑虎一招：

「黑虎！」

狗聽見他叫，就很乖地跑了過來，他拍拍牠的腦袋，賞了一個地瓜給牠吃，狗吃完地瓜，又繼續跑到前面去搜索。

我不知道老劉搗什麽鬼？野鷄不打，兎子不打，還打什麽獵？但是我不好意思再問，只默默地跟着他前進。

路越來越難走，現在已經無所謂路，我們只是選樹林和荆棘少的地方走，越向上走，樹木越密越大，這些樹木從來沒有人來砍伐，完全是自生自滅，竹林也漸漸稀少了，大概它們競爭不過高大的喬木。

黑虎仍然在樹林中東竄西竄，牠比我們的行動敏捷得多，有時根本不見牠的蹤影，連叫牠幾句才突然竄了出來，又蹦蹦跳跳地走了。

我因爲走在老劉的後面，無意中發現他耳根骨附近有一個傷疤，傷的地方還不太小，有一小塊不再生長頭髮，在他對面看不見，因爲被他的大耳朵遮住了，在他後面却看得很明顯，我很想問他是怎麼弄傷的？但一轉念之間又覺得很不妥當，這是他的缺陷，我怎麼可以揭開他的瘡疤呢？我想很可能是打獵時被樹枝什麼的刺傷了，或是被野獸抓傷了？他這種滿不在乎的樣子是很可能的，因此我終於忍住了沒有發問。

我忽然發現老劉有一副寬濶的肩膀，這是我以前所忽略的，他的背脊也自然地挺直，走起路來篤篤實實，他的個子雖然不算高大，却給人一種強有力的感覺，不是那種虛有其表的體型，在他後面看他走路就更加深了這種印象。

現在我也才覺得他的頭髮有點奇怪，簡直不成式樣，彷彿是他自己用剪刀隨便修剪的，因爲髮脚高低不平，頭髮長短不一，經過山風一吹，就顯得更加凌亂了。

他左手提槍，右手不時把披下來的頭髮大把地拂掠上去，或者把頭用力地搖擺。

「老劉，我看你應該下山去理理髮了。」我乘機慫恿他下山去，他是是一個文明人，我還是希望他回到文明社會去。

「我自己有剪刀傢具，用不着去找理髮師。」他回過頭來對我說。

「理髮師的手藝比你高明，理得比你漂亮。」我說。

「我又不談戀愛，要那樣漂亮幹什麼？」他向我爽朗地一笑。

「來亨鷄也常用嘴梳理自己的羽毛，你怎麽不把頭髮好好地整理一下？」

「我覺得這樣已經很好，比印第安人強得多了，印第安人也並不覺得自己難看，你說對不對？」他又向我爽朗地一笑。

很顯然的，這一着我並沒有成功，他並不關心自己的儀容。於是，我又想到電影上去，最近我看了一部西班牙的片子「海女」，這是我養鷄以來看的第一部片子，覺得它很不錯，的確能一新耳目，因此我又慫恿他下山去看電影，並把「海女」的一切好處添油加醬地說了一番，最後還特別聲明由我「請客」。他聽了只是淡淡地笑笑。

「你笑什麽？」我連忙問他。

「不管是西班牙的也好，義大利的也好，好萊塢的也好，所有的電影幾乎有一個共同的公式。」他慢條斯理地說。

「什麽公式？」

「結局還不都是男女KISS？」

我不禁啞然失笑，因爲「海女」的女主角最後也是抱着男主角的浮屍擁吻，還是逃不了一吻的結局。

「你笑什麽？」

「你沒有說錯。」我只好承認他是對的。

「所以我已經幾年不看電影了。」

我覺得我已經技窮，我再沒有什麽辦法可以勸他下山了。

我們這一陣走走說說，不覺已經過了兩點，他首先在一塊石頭上坐了下來，從肩上取下乾糧袋，遞了兩個熟地瓜給我：

「吃了地瓜再走吧。」

我接過地瓜也跟着坐了下來，我也有點餓了。

他喊了一聲「黑虎」，黑虎馬上從樹林中鑽了出來，站在他的面前搖頭擺尾，他向上空拋了一個地瓜，黑虎迅速地跳起來用嘴接住了。

我吃了兩個地瓜已經很飽，他却一連吃了四個，黑虎也吃了三個。大家吃完，我笑着對他說：

「今天不要打空手才好?」

他笑着在我肩上輕輕一拍：

「放心，麂子碰不着兎子總要逮一個!」

說完他輕輕地跳了起來，把槍往肩上一扛，大踏步地走了。

黑虎看見他走連忙跑到前面去，牠邊跑邊嗅，東竄西鑽，一會兒就不見了。我們越走越接近山頂，我很想爬上去看看，但是沒有路，靠近我們這邊的是一列斷崖。一到下午，太陽就照不到這一面，所以地上越來越潮濕，有些地方踩下去還是水吱吱的。

我提議早點回去，因爲我還要下山，天黑以後不好走路，何況我還要上夜班？「我們不能空手回去，再走到前面去看看。」老劉這樣對我說，同時把槍從肩上拿下來。於是我們又繼續走了一個多鐘頭，還是毫無所獲，老劉只好答應我的請求，向後轉。回來是另一條路，黑虎在他的指示下又跑在前頭。我想黑虎今天是白費氣力，我也是徒勞往返了。

在一條小山澗旁邊，黑虎又追着一隻兔子，那隻兔子跳得很高，跑得很快，牠東躲西閃，黑虎一時捉牠不到，我望着老劉不作聲，意思是說：「你還不打？」他看出我臉上的表情，向我一狀，迅速地舉起槍，朝兔子前面兩三尺的地方射擊，兔子的身子跳起來有兩三尺高，牠剛要落下的時候，子彈正好擊中兔的腦袋，兔迅速地跌落下來，黑虎在牠落地之前剛好一口把牠接住，這其間眞是間不容髮，再打在前面一點，子彈會落空，如果打在後面一點，那就正好打着黑虎，看見他這次傑作，我的嘴巴自然地張大起來。

但他只是淡淡地一笑，熟練地從黑虎口裡把把兔子接過來，拎着兔子的兩隻後腿顚了一顚說

：

「今天晚上我們可以打一次牙祭！」

四

對於老劉這個「怪人」我心裡實在敬佩得很，可是我總覺得他有點莫測高深，幾次接觸之後我看得出來他已經把我當作一個朋友，而且心裡還希望我經常去看他，雖然他嘴裡從來沒有講過這類的話。可是我邀他到我家裡來玩時他却一再拒絕，甚至到現在還不肯告訴我他叫什麼名字？上次和他出去打獵之後，我就覺得他拿槍的姿勢不同於普通獵人。那份沉着勁兒和射擊的奇準更非普通獵人可比，尤其是耳根骨附近的那塊傷疤更引起我的幻想和沉思，每當我深夜下班在那個小山頭駐足眺望他那一燈如豆的簡陋的房屋時，我心裡眞有一種說不出來的滋味！一個中年的單身漢，孤獨地住在深山，這是一種多麼高超的境界？又是一種多麼落拓的襟懷？這豈是我們這般俗人所能做得到的？假如有一個心靈息息相通的美人作伴，我也可以住在那種深山去，長久不出來；可是他沒有美人作伴，只有一隻狗黑虎隨侍在側，但他一住就是兩年，而且還不願意下山，這眞令我百思不解，本來我想時常上山去看看他，也許可以解解他的寂寞？但是我又沒有那麼多的空閒，我有很多鷄毛蒜皮的事要做，甚至爲了十塊八塊錢急得團團轉，我除了站在窗前對他的房屋多望幾眼之外，總要一兩個月才能上去一次。

一天，我正在惦念老劉的時候，忽然接到臺中老陳的一封信，他首先問候我的生活狀況，然後寫了這麼一段我意想不到的話：

「我有一個好友劉青松，兩年未通音訊，深以為念，經多方打聽結果，有人說他做了和尚，有人說他在北部山中養鷄，我想做和尚是不會的，他淡泊有之，但不會這麼消極，因此我相信養鷄的成份比較大。聽說你也在養鷄，你們『鷄友』可能常有接觸，不知道你知不知道他這麼一個人？如有線索，請你寫信告訴我。」

養鷄的人現在很多，我雖然偶有接觸，但只是隨便談談，很少通名問姓，我更不知道劉青松這個人，老陳以前也沒有和我談過他有這麼一個好友，所以我沒有一點印象。後來我忽然靈機一動，想到山上的老劉，因此我特地上山去問他是不是劉青松？他哈哈一笑，完全否認，我覆了老陳一封信，說是我這邊山上有一個老劉在養鷄，但我不知道他的名字，不能確定他是不是劉青松？老陳接到我的覆信之後馬上又來了一封信，問山上的老劉多大年紀？有什麼特徵？我又回信告訴他老劉大約四十上下，但是面部沒有什麼特徵，不過耳根骨附近有一塊疤，對面是看不到的，我認為這算不上什麼特徵，只是順便告訴他一下罷了。

信去之後我毫不介意，想不到第三天老陳就趕來了，而且一到我家裡連坐都不肯坐，要我立刻陪他上山去看老劉，我拗他不過，只好遵命。

我們剛走到那棵大松樹腳下，黑虎就跑了過來，牠朝着老陳敵意地叫了幾聲，我大聲地叫了兩聲「黑虎」，牠就走到我的身邊搖頭擺尾，不再對老陳狺狺作吠。

我正在安撫黑虎時，老劉趕了出來，他看見我先是一喜，後來發現老陳又是一怔，但他還是走了過來表示歡迎，老陳馬上跑過去和他緊緊地握手，同時責怪地說：

「金刀，你是怎麼搞的？一個人躲在這裡養鷄，連老朋友也不要了？」

我聽了老陳的話眞是丈二和尙摸不着頭腦？老陳要找的是劉青松，怎麼又叫老劉金刀？顯然老劉不是劉青松了？

老劉向老陳歉意地一笑，沒有再作解釋。

進屋之後，老劉笑着問老陳：

「要不要喝杯白開水？」

「我跑了這麼遠的山路，怎麼不要？」老陳氣喘吁吁地說。

「因爲我知道你愛喝綠茶，不喝開水，所以我要先問一聲。」老劉笑着說。

「飢者易爲食，渴者易爲飲，現在還管什麼白開水和綠菓？」老陳接過冷開水之後咕嚕咕嚕地幾口喝完了。

喝完開水，老陳又用手巾揩揩汗，然後從容地問老劉：

「你怎麼會想到這裡來養鷄？」

「這裡清靜，同誰都不發生糾葛？」老劉說。

「你怎麼也不告訴我一聲？」老陳接着問。

「實在乏善可陳。」老劉笑着回答。

「你想隱姓埋名是不是？」老陳向他一笑：「今天可給我找上來了。」

「想不到你們也是朋友？」老劉笑着對我說：「早知如此，那次我真該拒絕你了。」

「那次你要是拒絕了我，今天你們可能不會見面了！」我指着老陳和他說，要不是那次打獵，我是不會發現他耳根骨附近有疤的。

「說真的，你爲什麼要躲到山裡來？」老陳又這樣問。

「我歡喜山，山不會搬弄是非，顚倒黑白，我樂得耳根清靜，眼睛舒服。」老劉笑着回答。

「僅僅爲了這個原因？」老陳望着他說。

「也爲了自食其力。」老劉平靜地回答。

「你現在過得很好？」

「我過得沒有什麼不好，」老劉向老陳一笑：「你要不要參觀我的鷄？」

老陳點點頭，老陳對於鷄完全是外行，問了許多外行話，老劉向我眨眼微笑。

「但是這太辛苦，鷄糞也很臭。」看過之後老陳這麼說。

「我並沒有這種感覺。」老劉微笑地回答。

最後老陳勸老劉放棄這種山野生活，回到都市去，老劉直搖頭。

「這對你很不合適，你何苦這樣作踐自己？」老陳苦勸。

「我倒心安理得，這樣與人無忤，無拘無束，自由自在，我爲什麼要回到都市去？」老劉心平氣和地回答。

「都市是文明世界，你在這裡簡直是過着原始生活。」老陳環顧了一下他的房屋和簡單的用具說。

老劉哈哈大笑起來，隨後又突然止住笑說：

「強姦，欺詐，搶刼，出賣良心，出賣人格，那是什麼文明世界？」

老陳望着他沒有話說，老劉又接着說下去：

「山上沒有這些，山上是一片淨土，山上的空氣也是乾淨的。」

「那你眞的不想回去？」老陳無可奈何地問。

「如果我留戀過去那種生活方式，我又何必上山來？難道你也以爲我有神經病？」老劉反問老陳。

老陳睁大眼睛看着他，然後默默地站起來，非常失望地說：

「那我這次算是白來了！你知道，我打聽了兩年才得到你的消息？」

「我很抱歉。」老劉說。

接着是一陣難堪的沉默，我也不知道說什麼好？老陳望了老劉幾眼，終於無可奈何地說：

「那我走了。」

「別走，讓我殺隻鷄給你吃。」老劉雙手擋住老陳。

「我要趕回去，我只請兩天假，我心領了就是。」老陳慘然一笑。

「假如你也改變一下生活方式，你就用不着向誰請假了。」老劉笑着說。

老陳臉上有點尷尬，無力地搖搖頭：

「我辦不到，也許我還缺少一點什麼？」

老劉不再接腔，走進去拿了一紙袋子鷄蛋出來，遞給老陳：

「你帶回去給孩子們吃，也許他們需要這個。」

老陳也就不客氣地接了過來。

於是我們一道下山，老劉送到山腳邊就不再送了。

老劉和他的黑虎回去之後，我問老陳：

「他就是劉青松嗎？」

老陳點點頭。

「那你怎麼叫他金刀？」我奇怪地問。

「這是他十年前的筆名，我叫慣了。」老陳說。

「他就是那個寫小說的金刀嗎？」我忽然想起抗戰後期一位風頭很健的小說家，他的小說是別具一格的。但我想不到他會是現在的老劉。

「可不是？」老陳嘆了一口氣。

「他現在爲什麼不寫？」我更奇怪起來。

「誰知道？」老陳茫然地搖搖頭。

「他耳根骨邊的那塊疤也有點來歷嗎？」我又問。

「那次他幾乎獻出了自己的生命，假使他真的死了，報紙上會用大字登載他的姓名。」

我要老陳把那段故事告訴我，老陳不肯講，他取笑我說：

「你想找小說題材是不是？」

我極力否認，我說我只想多瞭解老劉一點，他說老劉不願意提當年勇，也不願意別人談論他的過去，他為了尊重老劉，所以不能出賣那段故事。

我們沉默了一會，我不知道老陳在想什麼？我却有一種悵惘的感覺。忽然我想起老劉對女人的看法也和別人不同，因此我問老陳：

「老劉有沒有結過婚？」

「結過。」老陳說。

「離婚了？」我又問。

「不，他們感情好得很。」老陳斷然否認。「他太太是一個非常漂亮賢慧的女人。」

「那他們為什麼不在一塊？」

「他太太沒有出來。」老陳把手一攤說。

「這幾年來他沒有再談戀愛？」我好奇地問。

老陳搖搖頭，嘆了一口氣。

我也輕輕地嘆了一口氣，我眞替老劉惋惜，我心裡同時也升起一股敬意，因此我說：

「老劉眞是一個了不起的人。」

「他是一個眞正的硬漢，眞有見解的人，可是別人說他有神經病。」老陳沉重地說。

「他有神經病？」我不禁失聲大笑出來。

「別人都這麼說。」老陳向我點點頭。

我不相信，我不自覺地回過頭去望望山上，但是已經看不見老劉和黑虎了。那棵巨大的松樹卻巍然矗立，蒼翠欲滴，和它比較起來，那些相思樹和灌木就更顯得寒傖矮小了。

老陳看見我不作聲，卻主動地和我說：

「你應該常去看看他，他也許和那棵大松樹一般寂寞。」

我點點頭，我覺得我應該和老劉親近，像那些小相思樹親近那棵大松樹一樣。小相思樹也許不瞭解大松樹的心情，但它們可以聽聽那龍吟般的濤聲；我也許不能解除老劉的寂寞，但我願意聽聽那蒼涼的笑聲。假如我不住在山下，我那有這份榮幸？

過 客

一

翠華號在松山機場的跑道上輕輕地滑落了，機門開處，她首先走了出來，站在梯口一亮相，就惹起一陣騷動，一陣歡呼，攝影記者的鏡頭也對準她，咔嚓咔嚓，很多人都以爲她是水仙花后了。

等攝影記者拍完照之後，她才從容地，姍姍地，一步一步踏下扶梯，織錦旗袍在陽光中閃爍放亮，三四、一八、二四的三圍，吸引了不少男性的眼睛在她身上滴溜溜地轉，當她離地還差兩級時，一位五十多歲的紳士趨前握住她的手，殷勤地攙扶着她走下來，記者們趕上來問她是不是水仙花后？那位紳士笑着回答：

「不，她是一位作家。」

記者們楞了一下，然後哦了一聲，一位洋記者連聲說：

「枉得福，枉得福！」

隨即把照相機對準她，又咔嚓咔嚓地拍了兩張照片。

當她擠盡鏡頭之後，才含笑地挽着那位紳士的臂膀，脫離了包圍，把同來的水仙花后丟在背後。

一切檢查及提取行李手續，完全由那位紳士代辦，那位紳士看來頗有苗頭，同檢查人員寒喧幾句之後，就完全OK，於是她坐着那位紳士的黑得放亮的轎車，直駛臺北。

這是她第四次來到臺北，她覺得臺北又繁榮了不少，新添了一些大廈高樓，原來是荒蕪的土地，現在正在大興土木，原來是兩層三層的建築，現在又在頂上再加一層。

「臺北眞的在一天天繁華。」她帶着幾分驚喜地說。

「妳就留在臺北吧？」紳士笑着對她說：「臺北不愁吃，不愁穿，雖然比不上華盛頓和紐約，但也不愁沒有地方玩樂。」

她沒有回答，只向紳士含蓄地一笑。

紳士替他在「自由之家」訂了一間最好的房間，陪她吃過晚飯之後才走，本來他想約她跳舞，但她推說旅途疲倦，需要早點休息，紳士很有禮貌地道過晚安走了。

紳士走後，她馬上撥了一個電話給她在報社工作的表叔，接通之後，她帶點嗲聲地說：

「表叔嗎？我是丁蘋。」

她表叔聽了大爲驚奇，興奮地質問她：

「又是什麽風把你吹到臺北來了？妳怎麽不事先通知我一下？」

「是波密拉把我吹來了。」她銀鈴般地笑起來。「表叔，如果我先通知你，你怎麽會這麽驚奇？」

她表叔又笑了，笑過之後馬上問她：

「妳現在住在那裏？」

「自由之家三〇三號，」她輕快地回答，隨即補上一句：「表叔，你不來看我？」

「來，我寫完方塊之後馬上來。」

「多少時間？」她追問一句。

「十分鐘。」他說。

「喲！表叔眞是倚馬高才，越寫越快了！」她打趣地說。

「表叔的文章沒有妳的値錢，今天就偷工減料一下。」他也幽默地回答。

「表叔，别開玩笑，我等你。」她在笑聲中把電話掛了。

她從箱子裏拿出兩本新近在馬來亞出版的小說，又翻出幾件旗袍，放在床上挑選，她的旗袍都是最好的料子，最新的款式，而且每一件都綉了花，她想挑一件比較素雅一點的，因爲她知道表叔的性格相當古板，他雖然只大她十一二歲，却是她父親那一代讀書人的典型，講究新思想，舊道德。

她剛換上一件天藍色的緊身旗袍，表叔就來了。

他一進門，看見她床上放了四五件旗袍，笑着問她：

「妳請我來看服裝展覽？」

「表叔，我怕那些旗袍你不歡喜，所以才換這件樸素的，想不到你來得這麼快。」她笑着回答。又炫耀地問一句：「表叔，你看這幾件旗袍怎樣？都是我自己設計的。」

「妳設計的東西自然都是好的，」她望了那些旗袍一眼，淡淡地一笑：「這兩年來妳就只環遊一次世界，設計這幾件旗袍嗎？」

「哎喲表叔！一見面你就借着題目訓我，」她嬌嗔地說：「你以爲我是到處遊玩嗎？我不寫作那來的美鈔？」

說着她就拿起那兩本書遞給他，他隨便翻了一下，笑着對她說：

「妳到底比表叔勤快，這兩年我一本書也沒有出。」

「表叔，我怎麼能比你？我不出書怎麼生活？」她嬌笑着說。

「這次妳又爲什麼到臺北來？」過了一會他問。

「第一是來看看你和表嬸，」她乖巧地說：「表嬸好嗎。」

「黃臉婆，老樣子。」他笑着回答。

她笑了起來，用纖纖的食指指着他說：

「表叔，你這就不對，要是在美國，表嬸就可以提請離婚。」

「我不怕，這是中國。」他笑着回答。

「在中國作丈夫的眞幸福。」她故作感慨地說：「在美國，丈夫簡直是太太的奴隸，完全是一部賺錢的機器，不管賺多少，都一五一十地交給太太處理，對太太還要小心翼翼，一句錯話兒也不能講，那像你這麼神氣？」

「那妳怎麼不嫁個美國丈夫？」他笑着問她。

「表叔，你知道我是黑眼珠，黑頭髮，黃皮膚？」她嬌嗔地望着他。

「那有什麼關係？」他故作輕鬆地說：「臺北很多中國小姐希望嫁給美國人，釣個金龜婿。」

「表叔，我可不這麼想。」她嘟嘟嘴說。

「難道妳想嫁中國人？」他正色地問。

「表叔，你看臺灣有沒有合適的？」她的態度又嚴肅起來，低沉地說：「這幾年我也跑够了，需要休息休息。」

「本來妳不提起我也替妳想過，一個人總不能光爲着事業生活，像妳這樣的年紀早就應該結婚了，」他持重地說，稍停，又覺得有點爲難，不免遲疑起來：「不過臺灣的作家都很窮，恐怕配不上妳？」

「表叔，只要人合適，錢不錢沒有關係，不瞞你說，這幾年來我多少有點積蓄。」她坦率地回答，隨即翹起戴着鑽戒的中指：「光是這隻鑽戒，就值一萬五千美金。」

「那我替你留意好了」他鄭重地承諾。過了一會又問：「妳這次到臺北來還有沒有別的目的？」

「哦」，她想起什麽似的哦了一聲：「你不提起我差點忘記告訴你，我想在臺北找個翻譯。」

「妳的英語不是講得很好嗎？還需要什麽翻譯？」他不解地問。

「表叔，不是這個意思，」她搖頭一笑：「我同美國一個出版商訂了合約，要出版一本英文小說，我的英文不能寫作，所以想請個行家替我翻一翻，中文原稿我已經帶來。」

說着她從一個精緻的小皮箱裏取出一疊中文原稿，和那位出版商訂的合約，以及美國報紙上的宣傳資料，統統拿給他看。

他看了合約一點不假，同時出版商已經替她展開宣傳，譽她爲東方最傑出的女作家，報紙用很大的篇幅介紹她，還刊出她的全身照片，她最引以爲榮的是甘迺迪就職典禮那天，還特地邀請她觀禮，她的照片又和羅斯福夫人的照片登在一塊，他看完之後不禁倒抽一口冷氣，想不到這個晚輩竟這麽神通廣大？

「丁蘋，妳眞有一套。」他感慨萬千地說。

「表叔，這也沒有什麽稀奇，」她向他一笑：「只要懂得宣傳，就有辦法爬起來，老實說，黎錦揚是靠寫出來的，我是靠宣傳起來的。譬喩說，美國人歡喜旗袍，不論在任何場合，我就穿最漂亮的旗袍，引起別人的注意，此外我還和最上流，最出名的美國作家交遊，提高自己的地位，那次甘迺迪就職典禮，爲什麽不請黎錦揚偏偏請我呢？就是這個道理。」

說完之後她銀鈴般笑了起來。

他聽了有點目瞪口呆，活了四十多歲，寫了二十多年文章，自己的照片從來沒有登過報，也沒有參加過什麽國家大典，更未出國門一步，到現在還是靠薪水生活，而這位表姪女却已四次周遊世界，揚名美國，他覺得自己眞有點相形見絀了。

她看他半天不作聲，又笑着對他說：

「表叔，美國是一個工商業社會，講究急功近利，一切都很現實，如果我像你和父親一樣的死腦筋，當年在香港就餓死了！」

他望着她茫然地一笑。三十八年，她從家鄉逃到香港時，才十九歲，工作找不到，身邊又沒有錢，生活困苦得不得了，可是無論怎樣困苦，她總留着一件最漂亮的旗袍，她活躍於上流社會和文化新聞界，終於找到了地盤，練習寫作，六塊錢港幣一千字，還要被編輯剋扣三塊，她只好多寫，一天寫四個方塊，情願關起門來一頓吃一盌陽春麵，可是卻租最漂亮的房子住，和最上流的人來往，就這樣她竄起來了，稿費也跟着提高，以至應接不暇，她自己不但在香港那個五方雜處的殖民站穩了脚，還幫助弟弟完成了大學教育，並且送到美國去留學，隨後她自己也去了美國，終於造成了現在的地位。

想到這些，他雖然還不敢苟同這位侄女兒的作人處世方法，可是心裏也不能不敬佩，要是他自己在香港和美國那種社會，那眞會一籌莫展的，因此，他向她尷尬地一笑。

「表叔，臺北的稿費現在多少錢一千字？」過了一會她又問他。

「多則五十六十，少則三十四十。」他說。

「美金還是臺幣？」她問。

「當然是臺幣。」他說。

「啊，那太少了！」她說。

「所以臺灣沒有職業作家。」他說。

「那我這篇東西請人翻譯應該付多少錢一千字?」她問。

「我替妳打聽一下。」他說。「明天我請妳到青白咖啡室喝咖啡，另外邀三兩位作家作陪，順便談談這件事，改天再請妳到我家裏吃便飯。」

「謝謝你，表叔，我在臺北人地生疏。」她笑着說。

「妳別和我耍花槍，我知道妳在臺北有很多朋友。」他笑着回答。

於是兩人同時笑了起來。

二

第二天清早，那位紳士就打電話來約她吃早點，她化粧了一個多鐘頭才出去。她對於這位紳士知之有素，在新嘉坡，在紐約，他都追求過她，她知道他有太太，可是決不拒絕他的殷勤服務，也始終不給他一個確切的答覆，她知道怎樣運用男人，知道怎樣防衛自己。因此她到任何地方都有男士替她服務，而她自己都不屬於任何男人。

當她和那位紳士在國際大餐廳出現時，所有吃早點的紳士淑女都向她注目，她的擧止，風度，在在予人以深刻的印象，看起來永遠是二十四五歲，不太年輕，更不會太老，她的化粧術和修養使她保持最高的吸引力。

吃過早點，她把那位紳士支使開之後，又到一兩個地方應酬了一下。中午，吃了一頓可口的中國飯菜，睡了一頓安適的午覺，下午三點才和表叔一道去靑白咖啡室，他約的那兩位作家已經先到。

他們對於她這位揚名海外的女作家，表示熱忱的歡迎，她對他們也一見如故，大家談得非常融洽，其中一位靑年作家就是她表叔特地約來替她翻譯那本大作的。

她把原稿交給那位靑年作家看了，那位靑年作家也把自己翻譯的中英文作品交給她過目，他們原則上同意合作，但是沒有談到合作的條件。

「丁小姐，我們不但希望妳這本大作在美國暢銷，也希望妳替臺灣作家作個橋樑，替臺灣作家打條出路。」兼搞出版的李白虹說。「今天的臺灣並不是文化沙漠，而是我們的作品很少輸出，如果臺灣作家的作品能打進美國社會，臺灣作家的生活也不會這麽艱苦。」

「臺灣的市場太小，這是作家們的致命傷，假如我在美國能想出辦法我一定幫忙。」她爽快地說。

「如果我們有人在美國出一個長篇，拍一部電影，那不就抖起來了？」李白虹天眞地說。

「一點不假，」丁蘋笑着點頭：「黎錦揚一部花鼓歌已經賺了幾十萬，他現在在紐約買了房子。」

「如果他也在臺北，還不是和我們一樣？」李白虹不大服氣地說。

「這是機會問題，美國現在很需要富有東方色彩的作品，像「蘇絲黃的世界」，儘管寫得並不算好，可是到處受人歡迎，我這篇東西也是以香港作背景的，我相信出版商一定可以賺錢。」她說。

「以妳估計可以銷多少本？」李白虹問。

「暢銷書一版三五十萬本沒有問題，我這本書一版十萬八萬本應該也沒有問題，如果照他們的宣傳攻勢看，可能超過這個數字。」她說。

「妳這本書定價多少？」那位青年作家問。

「三塊五毛。」她說。

「如果以百分之十的版稅計算，那妳一版就可以收三四萬美金了？」青年作家說。

她矜持地笑笑。

「如果好萊塢的製片家看中了，買下電影製片權，一次就可以賺二三十萬。」李白虹有出版家的頭腦，很會計算。

「當然，我出書的目的也就是想打進好萊塢。」她坦率地說：「好萊塢現在最貧乏的就是電影故事。」

她的話提高了李白虹的興趣，他靈機一動，想和她合作，作個代理人，如果交易成功，要他從中抽取百分之十的利潤，那比自己的出版事業有出息得多了。

丁蘋說這件事她願意考慮，但詳細情形要等他到美國打聽以後再談，這個問題暫時就這樣告一段落。

接着她就和那位青年作家談到翻譯她那本著作的條件，她開門見山地問：

「劉先生，你坦白告訴我，你翻譯我這本東西需要多少報酬？」

青年作家遲疑了一下，沒有立刻答覆，他想最多能要她兩百塊錢一千字，全部翻譯費也需要兩萬多塊錢，她還未必肯給？如果能向她要百分之二三的版稅那就強多了，而且不大現形，依她在美國的宣傳聲勢來看，初版銷二三十萬本不會有什麼問題，那麼自己就可以分享幾千美金了，那不比要她幾個翻譯費強多了嗎？不過他一時不便出口，因此他說：

「翻譯費的事改天我們兩人再仔細研究，不過我想先向妳提出一個要求？」

「什麼要求？你不妨直說。」她爽快利落地說。

「將來妳這本書出版時，要註明是我翻譯的。」他說。

她略一考慮之後，又爽快地回答：

「可以，可以，美國出版界也有這種先例，如果是翻譯的，在背後而印一行小字，註明譯者姓名。」

關於翻譯她那本大作問題，初步會談就此結束，因爲李白虹另有一個應酬，丁蘋要回「自由之家」，她表叔要去報館，大家就分道揚鑣了。

三天之後，她表叔來「自由之家」，約她到他家去吃午飯，順便問她一句：

「劉靈翻譯的事談妥沒有？」

「表叔，我正想同你談呢！你問起來正好。」她掠掠頭髮，閃動向上翹捲的睫毛說：「想到劉靈的條件蠻苛？」

「他要多少？」他問。

「本來我準備給他一百塊錢一千字，另外再送他一點打字費，可是他嫌太少。」

「他要多少錢一千字？」他問。

「嘿！」她向他一笑：「他不跟我談多少錢一千字，他要分我兩成版稅，還要我和他簽約。」

「你答應他沒有？」他問。

「這我當然不能同意，」她兩眉一挑說：「表叔，我出一本書也不容易，在美國成名的老作家如海明威，福克納這些人，固然有出版商搶着出他們的書，但是初出道的作家還是不行，我是化了不少功夫才談妥這一本，並不是很稀鬆平常的事。」

「有沒有折衷的辦法？」她表叔關心地問，因爲劉靈是他介紹的，他很想幫助這位青年作家一下。

「表叔，不瞞你說，」她向他淡淡地一笑：「劉靈翻的東西我拿給幾位洋朋友看了一下，他們說他的文字還嫩得很，我倒眞不想要他翻呢！」

「也許美國人歡喜他那種格調的英文呢？」他笑着說。

「表叔，我可不願冒那個險，我準備另外找一個人翻。」

「這樣吧，」她表叔笑着對她說：「妳另外去找一個人翻也好，劉靈還是讓他翻一份，妳給他一百塊錢一千字，由我負責交涉，妳拿兩個譯本給那個美國出版家看，他們歡喜那一個就用那一個，這不是兩全嗎？」

「哎喲我的表叔！」她尖聲地笑起來：「你以爲美金好容易賺？我爲什麼要出兩份錢？他既然獅子大開口，我正好乘這個機會順水推舟。」她說着把兩手一甩。

「劉靈是我介紹給你的，妳這樣作把表叔的面子放到什麼地方去？」他笑着問她。

她吟吟地笑了起來，笑過之後平淡地說。

「表叔，不是我不買你的面子，是他不識抬擧，他在臺北寫文章，頂多不過六十塊錢一千字，我給他一百他還不想幹，這怎麼能怪我？自然更不能怪你了？」

他對這位精明能幹口齒利落的侄女兒，只好寬容地一笑，他也實在找不出責備她的正當理由。於是，他催她動身去他家中吃飯，她笑着對他說：

「表叔，你坐一下，我化化粧就來。」

說着她就走進化粧間了。

「已經夠漂亮了，到我家裏去還要化什麼粧？」他笑着責備她。

「表叔，我不願意任何男人說我是黃臉婆！」她從化粧間伸出漂亮的臉孔幽默他一下。

他被她逗得噗哧一笑，又望着她的背影搖搖頭。

「表叔，我在臺北的時間不多了，你替我物色的對象呢？」過了一會，他在化粧間曼聲地問他。

「齊大非偶，丁蘋，這件事我無能爲力。」他解嘲地說。

「表叔，我說了不要男人養我，難道臺北的文藝圈子裏面沒有一個合適的？」她對着鏡子一面擦口紅一面說。

「可是男人也不願意妳養他，這問題就難了。」他笑着回答。

「各人賺錢各人用，這不頂簡單？」她反問一句。

「妳賺美金，他賺臺幣，這問題並不簡單哪。」他說。

「表叔，那我這次不又是白跑一趟？」她笑着從化粧間走了出來。

「妳的男朋友那麼多，妳從他們中間挑一個就是了。」他笑着說。

「表叔，選丈夫不是挑貨物，要挑一個擁有幾十萬幾百萬美金的男人在我並不太難，但是總挑一個情投意合的丈夫可不簡單。」

「那妳就以寫作終身好了。」他也實在想不出有什麼適合她的對象，老的太老，小的太小，不老不小的又多半結了婚，而且都是窮湊合，在臺灣打單身的男人雖然多，但擁有十萬八萬美金的男人也就不愁討不到太太了。他衡量她的條件，就是打着燈籠火把也替她找不到一個合適的對象的。

「表叔，人總是人，不管事業如何得意，感情總需要有個寄託，我跑遍了全世界，但不論他回到華盛頓或紐約，最後總是一個人，冷冷清清，這味道也不好受。」她坦率地說。

「那妳就留在臺北，慢慢地物色好了。」他說。

「不成，光是房間一天就得三百多塊，六十塊錢一千字，我每天要寫多少？人又不是機器。」她搖搖頭說。

「妳的問題很難，以後再說，現在還是到我家裏去吃飯吧！」他笑着站了起來。

她也向他一笑，隨即把手插進他的臂彎，他顯得有點尷尬，她看了出來，抿着嘴一笑：

「表叔，你怎麼還是這麼古板？難怪你只能賺六十塊錢一千字囉！」

他搖頭一笑，臉一紅，很快地紅到耳根脖子上去。

三

她在「自由之家」住了一個多月，翻書的事已由美新處的朋友替她介紹了一位行家，以六十塊錢一千字的條件談妥，限定兩個月以內交貨。只是找對象沒有找人翻書那麼簡單，她不打算再就下去，還是騎着驢子看唱本，走着瞧吧！

她臨走的那天，她表叔和李白虹，以及那位紳士，還有一些她表叔不認識的人，都趕到機場送行，她談笑風生地周旋於許多送行者的中間，送行的人都不希望她走，李白虹更糾纏着她為代替他的雜誌寫文章。

「丁小姐，妳在臺北住了一個多月，一篇文章也沒有替我寫，怎麼好意思？」

「眞抱歉，在臺北太忙，回到美國以後再替你寫好了。」她笑着回答。

「你表叔是我的人質，如果你不替我寫，我會天天逼他。」李白虹捉住她表叔對她說。

「你出多少錢一千字嘛？」他表叔笑着問李白虹。

「我們雜誌的稿費是臺灣最高的稿費，」李白虹自吹自擂地對丁蘋說，同時伸右手五個指頭，再加上左手一個大姆指：「六十塊錢一千字！」

丁蘋聽了哈哈一笑，隨即輕輕地對他說：「李先生，我付給人家的是兩百堂錢一千字，一次就付了兩萬五千塊。」

李白虹的氣燄馬上降了下來，不敢再談稿子的事，反而顧左右而言他了。

李白虹和她扯了半天，那位紳士有點不耐，就乘着這個機會接過腔來和她娓娓而談，她不時發出銀鈴般的笑聲，直到她走上扶梯，他還情意纏綿地叫着她的英文名字對她說：

「南施，其實妳可以留在臺灣不必走，我們都歡迎妳住下來。」

「謝謝你，約翰，」她站在扶梯上笑着對那位紳士說：「六十塊錢一千字實在養我不活，因此我只能作一個過客。」

然後她又轉過身來，笑容可掬地對她表叔舉起戴着長手套的右手，嗲聲嗲氣地說：

「表叔，拜拜！」

阿婆

我和阿婆比鄰而居已經三年了。起先我對於她一口廣東話實在沒有一點好感，加之她又有點嚕囌，說實話，有時簡直有點討厭她。不但我有這種感覺，凡是住在我們這一排鴿子籠式的眷舍的人也都有同樣的感覺。但慢慢地大家都會瞭解她，她的言語行爲即使有不得當的地方，大家也都一笑置之，不和她計較了。

阿婆在我們這一排人家裡面年齡算是最大的了，她年的十足年齡是六十二歲，所以我們這一排人不論大人小孩都喊她「阿婆」。她姓什麼？叫什麼？反而很少有人注意，我也直到今天才知道她原來姓文哩。

阿婆的頭髮現在完全灰白了，而且脫落得很多，只有那麼稀稀朗朗的一層，勉強可以遮住頭皮，她又把它剪得很短很短，這樣就可以免得梳梳了，那麼一點點頭髮也實在不好梳更是梳不起來的，所以她只用手把它向後掠掠幾下就可以了。這麼一大把紀的人，還講什麼漂亮？愛漂亮是年輕的太太小姐們的事，她是不管的。

阿婆的牙齒是什麼時候脫落的自然也很少人知道，現在大家所看見的是一口假牙齒，她一笑起來當面那一排門牙就會完全露了出來，甚至連那猪肝色的牙根也會露外面，要是年輕人這自然是一副很難看的長相，可是她年紀大了，大家也就不去計較那麼多，她能向你笑笑，那還是表示一種好感哩。

阿婆的背現在是越來越駝了，駝得使她的整個體型有點像個C字。她的脚又小，雖然不能說是三寸金蓮，但也不會超過四寸的。因此走起路來就像一個C字在地上搖搖擺擺，她人又很瘦，臉上只能看見一層起皺的皮膚，看不到什麼肉，特別突出的是兩個顴骨，手上也很乾皺，手背的青筋像一條條大蚯蚓蜿蜒着。脚腿子是沒有年輕人那個突出的腿肚的，頂多只有一截削了皮的甘蔗那麼粗。以我估計，她全身的重量決不會超過三十公斤，如果突然遇到一陣大風是很可能把她刮跑的。

阿婆有一個老伴，他們彼此怎樣稱呼我們是不知道的。最少我沒有聽見他們叫過，或者他們叫了我也不懂。我們叫她的老伴都叫阿爺，這也是我們對老年人所能表示的一點尊敬。據阿婆告訴我們他比她小兩歲，今年剛好六十，可是從表面上看起阿爺比她年輕多了，他走起路來還很輕快，講起話來也很響亮，而且愛說愛笑，還愛抽點煙喝點酒。爲了維持生活，他還做點小生意，多天灌臘腸，夏天賣麻油冰棒，他總是那麼輕鬆愉快的。

阿婆除了阿爺這個老伴之外還有一個二十五六歲的獨子，這是她十二個子女之中僅存的一個。不幸的是這個兒子的身體也不好，正害着一點肺病，這是阿婆最躭心的一件事。她常說要是大兒子沒死那比我大多了，孫兒孫女也有一大群哩。可是現在只有這麼一個最小的兒子，正害着病，又沒有結婚，連孫兒的影子也看不到，平常她這兒子又不在家，一個禮拜只回來一兩次，吃點什麼有營養的東西之後就走了，只剩下他們老兩口子在家，所以她心裡是相當寂寞的。

那麼阿婆的日子怎樣排遣呢？，這倒不必着急，她是一天到晚忙得團團轉的，她那兩隻小脚很少停留過。她究竟忙些什麼呢？說起來倒也是蠻有趣的。

每一天大清早你就可以看見她一面扣衣服一面擺呀擺的推開竹籬門，她第一件事就是看看鷄是不是少了或者病了？如果少了她就會嘿嘿地叫起來，然後喃喃地自言自語一陣，她不會像其他的女人那麼破口大罵別人，只是長久地嘟噥着，整天不開心。如果看見我她一定會拉住我說：

「嘿！張先，」接着就是她的鷄關得好好的怎麼不見了幾隻？這一定是別人偷去了。如此這般唧唧喳喳地講上一大頓，雖然十句我起碼有九句聽不懂，但她還是一股勁兒地講下去，一直要等我對她表示同情為止，最後還是要接連嘿嘿幾聲。不知道是她說得太快還是我的耳朵有點毛病？我總覺得先生的「生」字她一直沒有說出來。

少了鷄她會嘿嘿地叫起來，生怕別人不知道，要是鷄生了病呢？她就一聲不響。她生怕阿爺知道會埋怨她，阿爺是反對她養鷄的。如果看見我她就會拉住我輕輕地說：

「嘿，張先，我的鷄又生病了！」

為了養鷄阿婆真不知浪費了多少金錢？耗費了多少心血？每天從早晨直到夜晚她就忙着餵鷄

。她並不像別人養鷄一天只餵三頓四頓，她幾乎是時刻在餵的。因為皆糧不够吃，她又捨不得一次把鷄餵飽，只是抓點米撒在地上讓牠們當點心似的吃一點，但她又怕牠們飢餓，過了一會她又抓那一點米撒在地上，彷彿這樣少少地抓米，米就不會多消耗似的，要她一次拿一盌米給鷄吃她會覺得心痛，如果一盌米分做四次五次拿給鷄吃，那她就覺得好多了。因此鷄始終沒有吃飽，時刻在她脚邊轉，她又時刻在餵，或者順手捉一兩隻摸摸，看牠是否吃飽？有沒有蛋？除了餵米之外，剩了一點飯她也會馬上拿來餵，在菜場檢了一點菜葉她照樣會馬上拿來餵，所以一天到晚只看見她餵雞。除了土鷄以外她又養了一些火鷄，但三年來我就沒有看見她養大過一隻，總是死了又買，買了又死，要不然就買火鷄蛋孵，但最後還是一場空。養火鷄她所化費的心血和金錢比土鷄更多，小時候天天要買豆腐和葱來餵，蚊虫叮了她又替牠們擦紅藥水，弄得每隻小火「都像打破了頭似的，難看極了。一遇着驟雨她又會慌了手脚，前前後後搖搖擺擺地追趕小火鷄，她自己抓不着就請我幫忙，我不在才敢喊阿爺，遇着這種情形阿爺總是不大高興的，他每天做小生意賺幾塊錢最少有三分之一被化在鷄身上去了，而結果是養大一隻土鷄起碼可以買三隻，火鷄就從來沒有養大過一隻，這是他不高興的第一個原因。其次是他歡喜種菜栽花，這用不着化本錢，又乾靜又好看，還有收益，比養鷄實在好多了，鷄還會啄壞他的花和青菜，所以他總是這樣埋怨她：

「我不歡喜養鷄，又髒又沒有出息！還會糟蹋花木。」

阿婆總是裝作沒有聽見，一聲不響，不然就裂開嘴巴露出一排假牙齒向我笑笑。

我有時也覺得她太辛苦了，六十多歲的人成天不休息，又沒有一點好處，實在不值得，所以我也常勸她不要再養鷄，而她總是笑着說：

「張先，沒辦法啦，我高興養呃！」

是的，這眞是沒有辦法的事，我親眼看見她養了三年鷄，從鷄蛋裡孵出來一直到長大生蛋，總共不三四百隻了，這其間有的是很小就死了的，有的是半大死了的，有的是剛生蛋死了的，有時幾個月死一次，有時一天死好幾隻，現在又只有兩隻母鷄和三隻小火鷄了，這三隻小火鷄恐怕一隻也留不往，已經有一隻站不起來，很快就要完蛋了。

如果從經濟學的眼光來看，阿婆養鷄那是早就應該停止的，除了她的勞力和死亡的損失不算而外，就是每一隻鷄都能養大也是不合算的，俗語說斗米養斤鷄，現在一斤絕對買不到一斗米，而她的鷄種又是越傳越劣，最大的鷄也不到兩斤，普通的只有一斤半左右，別人的鷄有六個月就有三斤左右了，她的鷄一輩子也長不到三斤，而且要上十個月才會生蛋，每次最多能生十二個蛋就賴窩，一賴就是一兩個月，實際上眞沒有半點好處。

因此我禁不住向她說：

「阿婆，不要養吧，實在不合算哪！」

「張先，沒辦法啦，我高興羞呃。」她還是裂開嘴巴向我笑笑。

我也覺得好笑，不但她那副樣子好笑，她那種心理也好笑，正像她歡喜拜拜一樣地好笑。我是連自己的生日也會忘記的，每個月的初一十五那就更不用說了。但是自從和阿婆住在一起之後，每個初一十五她都會提醒我的。首先是那劈拍幾響的五十一聯的鞭炮，其次是那香烟冉冉的三柱香和正燃燒着的黃裱，再其次就是她合十望空拜拜了。

她的身體本來就有點像個C字，因此她拜拜的時候就變成一個O字了，我不知道她是不是佛門子弟，只知道她長年吃素，從她的行動來看，比那些吃肉的尼姑和尚是更守清規更虔誠禮佛的。就以她項上那一串唸珠來說吧，雖然質料並不太好，但已經戴得很光滑了，一年四季我從來沒看見她取下過一次，不餵鷄的時候她的手總是捻着那串項珠左摸摸右摸摸，或者一顆一顆來回地摸着，嘴裡也喃喃地唸着，我不知道她唸的是鷄是蛋還是金剛經，但她的嘴唇確實在動，一種非常有趣的動，你一看見了就會笑的。菩薩對於我們這一代的人或許已經沒有多大作用了，但阿婆却是深信佛力無邊的。這從什麼地方可以看出來呢？前面不是說過她兒子有肺病嗎？照理有肺病就應該打鏈黴素或其他的特效藥針，但他不相信這一套，她寧願跪在磁質的觀音像前爲兒子祈禱唸經，她相信觀音菩薩比醫生更靈。

「阿婆，你少先生應該吃藥打針啦。」我怕她兒子的病越拖越深，有時也忍不住講幾句。

「張先，菩薩保佑，觀音菩薩保佑。」她馬上把兩隻手掌合攏，同時喃喃地說。不但她兒子的病她信賴觀音菩薩，一切自然災害她也不去躲避。像去年和今年這兩次大颱風她也不怕，她憑什麽？不是防空洞，也不是鋼骨水泥的建築，老實說我們這棟房子經過去年貝絲小姐光顧之後，現在遇着大一點的風就搖搖欲墜了。但是阿婆不走，風來時她只是坐在床底下喃喃地唸着觀世音菩薩。觀世音菩薩就是她抵擋一切災難的法寶了。所以一遇着初一十五她一定要燒香上貢，還要向天地拜三拜，有時還收拾得乾乾淨淨，背着敬香的黃布袋子，到廟裡去參加臺灣人的拜拜。

阿婆一個月雖只拜拜兩次，可是這筆化費也不算少，她一個月只有三十塊錢的眷屬補助費，這個數字大概剛好够她一次拜拜，其餘不足之數那就靠阿爺賣冰棒麻油或做臘腸貼補，養鷄的費用既然出在阿爺的身上，拜拜的費用也只好照出了。（他的兒子賺的那幾十塊錢還不够他自己用。）阿婆雖然也知道這是一筆不小的消耗，但敬菩薩是大事，他也不好反對，而阿婆也不像養鷄那麽顧忌他，她每次都是堂而皇之地拜拜的。

阿婆知道我不信菩薩，不贊成拜拜，所以每次當她把身體變成一個字O之後，她總是回過頭來向我嚴肅地說：

「張先，菩薩保佑，菩薩保佑。」

「阿婆，唯願菩薩保佑你活一百歲」。我也只好這樣回答她。我眞躭心她會忽然被一陣風刮去，或者一覺睡着之後就不再醒來，因爲她的身體已經快到盡油燈枯的階段了，我從前有一位年老的女房東就是一覺睡着之後永遠爬不起來的。

「張先，菩薩保佑你會寫字勤，保佑張仔好勤。」她知道我愛在白紙上寫黑字，知道我的孩子身體不大好，所以她也很虔誠地向我說。

阿婆這種虔誠禮佛的精神我以前是很少看見的，不問有沒有神存在，對於她每初一十五的拜拜是未敢厚非的。

養鷄是勞神的，拜拜是嚴肅的，這兩件事只有使阿婆加速地衰老，所以這三年來我看見阿婆的白頭髮一天天增多，同時還在一根根地脫落，身體也愈向〇字形狀方面發展了。但是，她也有輕鬆愉快的時候，這也許是她的活力還能繼續不斷的原因呢？

阿婆是怎樣地過她輕鬆愉快的生活呢？她不像我愛看電影，也不像孫太太愛跳舞，（她那雙小脚走起路倒眞有點像跳舞哩！）她專愛看看臺灣歌仔戲，只要左營街上那個簡陋骯髒的小戲院裡有臺灣歌仔戲上演，她總是風雨無阻，每夜必到的。

每當吃過晚飯之後，我看見她脇下夾着一把黑布陽傘，與冲冲地迅速地跳動着她那雙小脚時，我就知道他是去看戲了。但我總愛問她：

「阿婆，那兒去？」

「張先，嘻嘻，看戲，看戲！」她一面裂開嘴巴向我笑，一面跳着麻雀般的碎步匆匆地向前跑，看見這種情形誰會相信她是六十二歲的人呢？這種興頭只有鄉下十幾歲的大姑娘趕草臺戲才有的。

「阿婆的精神眞好！」愛跳舞的孫太太看見阿婆這樣愛看戲的狂熱心情，也不免要讚嘆一聲。

的確，阿婆一天亮就爬起來，一起來就餵鷄，還得弄飯，買菜，洗衣，雖然只有他們老倆口子的，但也很勞動一番，到夜晚還有精神來回走三四里路去眞戲，你能不佩服嗎？

阿婆究竟歡喜看那類的戲呢？我沒有陪她去過自然不大淸楚。不過據阿婆說她最歡喜看西遊記，尤其歡喜看孫悟空和猪八戒這一對寶貝，對於唐僧那更是敬得了不得。每次看戲回來她都會津津味有地講給阿翁聽，直到深更半夜才睡。

不論夜晚睡得怎樣遲，第二天她還是天剛亮就起來的，自然她第一件事是打開竹籬門看看鷄。有時我也打趣地問她：

「阿婆，昨夜的戲好看嗎？」

「嘻嘻，好看，眞好看。」她聽了我的話就會裂開嘴巴向我笑。

「阿婆，我的生活是上班，下班，你的生活是養鷄，拜拜，看戲，你比我過得還有意思！」我常常這樣向她開玩笑地說。的確，她作的事都是自己願意的，我倒不能像她這樣隨興之所至了。

「嘻嘻，張先……」她也裂開嘴巴向我得意地笑。她的假牙露在外面，她的頭髮是灰白而蓬亂的，她的項珠經過一夜的磨擦顯得更光滑了；她的C字形的身體靠在竹籬門柱上又很像個D字了。

現在我不但不討厭阿婆，我們的情感已經很好了，如果有一天她突跨鶴西去，那對我真是一個很大的損失哩！

馬　脚

這是發生在我的家鄉——揚子江中游的一個大洲上的故事，那時抗日戰爭還沒有爆發，我也只有十歲，正在私塾讀書，剛剛讀完離婁和告子。

那年春天，我的堂嫂穆姣突然害了一場大病，她是一個健壯得像條母牛的高大女人，從來沒有生過病，可是這次却病得有點奇怪，日夜胡言亂語，講些她從來不知道的事，而且那講話的口氣不是她自己，完全是另外一個人的。

從害病的那天起，她就不讓我堂兄接近她，甚至不准他進房，她又常常自己罵自己，打自己的耳光，打得很重，一點也不叫痛，彷彿是別人打她，又彷彿是她打別人，而且不吃不喝，喋喋不休，眞不知道是一種什麽鬼病？

我的堂兄是一個矮小却又非常幽默滑稽的人，平日總是嘻嘻哈哈，現在看見堂嫂得了這種怪病，也不免緊張起來。

「該不是狐仙吧？」他這樣猜測。

「我看不像是狐仙，狐仙是有道行的，不會這樣亂搞。」他弟弟說。

「要不就是碰着了別的什麽邪？」堂兄說：「我看這不像病。」

「病人沒有這麼好的精神，一定是中了邪。」他弟弟說。

但是究竟怎樣？他們兄弟兩人也捉摸不定，因此只好和叔伯們探討，大家也不能斷定是狐？是鬼？只能說是中了邪。

既然大家斷定是邪，就商量辟邪的方法，一些年長的叔伯主張用漁網蒙在帳子上，也有些人主張用桃樹枝抽打，但一致的決定是多邀集幾個年青力壯陽氣充足的漢子坐在房子裡看守她。

於是五六個二十幾歲的大漢子，自告奮勇地擔任看護的工作，把一間臥房擠得滿滿的。

睡在床上的堂嫂看見他們就揶揄地說：

「你們來幹什麼？不要說你們這幾個毛人，再多來一點，我也不怕！」

「你到底是什麼鬼？老子用漁網蒙你！」堂兄警告「他」說。

堂嫂哈哈地狂笑起來：

「三寸丁，你有本事儘管使出來。」

堂兄聽她罵三寸丁，非常生氣，眞的把一張大漁網用力一甩，整個地蒙在帳子上。

但是堂嫂一點也不駭怕，仍然狂笑不已。

大家面面相覷，堂兄覺得有點難堪，於是他爬到我家後門口的桃樹上砍了一把桃樹枝，枝上的花朵正含苞待放，我心裡非常惋惜，堂兄却威風十足地趕回去，掀開帳子，揚起桃樹枝往堂嫂身上亂打，堂嫂仍然狂笑，同時揶揄他，一束桃樹枝打得寸寸斷，仍然沒有屈服她，堂兄自然非常喪氣，那五六個大漢子也莫可如何。

這兩個法寶失效之後，堂兄決定請娘娘菩薩。

江邊上有個娘娘廟，供着三位雕塑得非常漂亮的娘娘，娘娘很靈，是大家頂禮膜拜的中心，每年都道幾次盛大的香會，家裡如果有重病的人，還可以把娘娘請到家裡來坐鎮，或者處方診治。

堂兄終於把一位娘娘菩薩隆重抬到家裡來了，放在堂屋中間圍着紅絨布的方桌上，桌上香煙繚繞，一屋子的檀香味道，當天夜晚就唸經請「馬脚」，唸經的先生都是讀書識字的人，是娘娘的信徒，「馬脚」是我的叔祖父祖清先生，他是滿清最後的一個秀才，這時已經五十多歲。

唸過兩次經之後已經深夜了，我的叔祖父才走到堂屋來，他穿着一身乾淨的竹布長褂，腦殼光得放亮，面孔白皙，個子瘦長，完全一付讀書人模樣。

他先燒了幾張黃裱，在周身撣了一遍，然後坐下來，把頭伏在桌上。這時一字排開，跪在娘娘面前的蒲團上唸經的先生們就唸得更加起勁，聲音比先前大些，木魚也敲得響些，大約過了十多分鐘，叔祖父的光腦殼開始微微幌動，身體也微微顫抖，於是，唸經的先生們聲音唸得更大更急，那位跪在中間敲木魚的人敲得更快更響，唸經聲和木魚聲以一種非常快速而又十分協調的節奏繼續進行，叔祖父的光腦殼和整個身體隨着加速顫抖動起來，頭慢慢抬起，面孔也變了形狀，肌肉不停地扭動，眼睛卻沒有睜開。他兩手攀着方桌，方桌也跟着搖動起來。

忽然他虎跳起來，右手高舉，「嗚——唔——」一聲，聲音高亢，直震屋瓦，這時觀衆都屏息肅立，鴉雀無聲，唸經的先生跪着不動，靜聽吩咐，然後他把眼睛睜開，放射着一種不同尋常的神彩。

「火燭！」他短促地吩咐了一句。

於是，那個敲木魚的主事先生，連忙把事先準備好了的，黃裱捲成的，一端醮滿了香油的，燒着熊熊的火燄的大紙捻遞了上去，他接過去就往嘴裡一塞，把嘴巴一閉，大約過了一分鐘，又把紙捻抽出來，紙捻仍然熊熊地燃燒，於是又把紙捻塞進嘴去，這樣重複三次，最後才把紙捻用力向上一甩，唸經的先生連忙接住，放在香爐底下壓熄。

接着他大聲地吟起詩來，以前他吟的多半是杜甫，杜牧，李白、劉禹錫這些人的律詩，有些詩又查不出來歷，這次他吟的是：

要無煩惱要無愁

幾人騎鶴下揚州

………………

這也是一首律詩，他吟得抑揚頓挫，非常好聽，比起我的先生敎我吟：「雲淡風輕近午天，傍花隨柳過前川……」要好聽多了。

他吟過詩之後又「嗚——唔——」一聲，這才重行坐下。

那位敲木魚的先生連忙叩了一個響頭，然後跪直身子請問他的佛號，這是每次都要問清楚的，因爲每次降臨的神仙並不一樣。

「濟癲！」他簡單地說出了這兩個字。

我堂兄聽說是濟公和尙，就連連叩頭，並且稟明堂嫂的病情，他知道濟公和尙法力無邊，請問祂究竟是什麼邪？

「前世的冤孽。」祂說。

「可不可以捉？有沒有辦法解救？」堂兄又問。

「寃仇宜解不宜結」祂說。

隨後又吩咐送上黃裱一張，花針一口，祂用針把舌頭劃破，用舌頭在黃裱上畫了一道血符，吩咐貼在病人的房門口，又要堂兄在東南方五十步的地方燒點紙錢化解。

接着又有兩個老人問了一點家宅不安的事情，祂都指點了一下，然後一聲「吾神去也」，我的叔祖父就打了一個呵欠，頹然靠在椅背上，臉色蒼白，光腦殼上冒出了汗珠。

濟公和尙的血符沒有生效，紙錢也是白白燒了，堂嫂的病仍然沒有好，而且胡言亂語更加厲害，因爲不飲不食的關係，人一天天的消瘦，堂兄非常着急，也很恐懼，因此他軟了下來，以哀求的口吻對她說：

「你要什麼我都答應，只請你早點離開。」

「哼哼！」她冷笑起來，笑得非常狂妄：「你以爲一個瘋和尙就可以把我嚇跑，告訴你，我什麼也不怕，什麼也不要，我只要她的命，七七四十九天，她一天也不能多活！」

說過之後她又自己打了一個耳光，又脆又響。

「如果你眞的不走，我就請楊泗將軍來捉你！」堂兄看看哀求無效，又對她恐嚇。

她又狂笑起來，並且大膽地說：

「你請玉皇大帝來我也不怕。」

堂兄無奈，他爲了怕堂嫂餓死，和幾個大漢硬撬開她的口，餵點稀飯給她吃，同時決定請一個專門捉鬼的「武馬脚」來，叔祖父是「文馬脚」，他是從來不捉鬼的。

揚子江南岸有一個楊泗廟，那邊一個姓何的「武馬脚」是專門捉鬼的，那個馬脚是個莊稼漢，沒有讀書，連自己的姓都不認識，只認識一個一字，因爲「一」字像他挑東西的扁擔，一看見一字他就想起他的棗木扁擔，由於這種聯想作用，所以「一」字他不會認錯。

一天中午，堂兄和幾個年輕的大漢從江南抬了一個小菩薩過來，這個菩薩，雖然雕塑得只有一尺多高，可是濃眉大眼，背後插了一柄劍，手裡還拿了双鐧，樣子十分威武，它後面跟了一個三十來歲的莊稼漢，和尙頭，一臉大麻子，身體結實得很，看上去起碼能挑兩百斤，他穿着一身粗藍布短褂褲，兩脚穿着一双藍布鞋，鞋底打得很厚，鞋面布也用針線縫得密密麻麻，彷彿螞蟻排隊走路似的。

這個莊稼漢就是何馬脚。

何馬脚來到之後，先掏出幾張密符，交給堂兄在門窗上張貼，堂兄很快地遵辦了。這個小菩薩坐在前幾天娘娘坐的那張方桌上，祂面前燒着一爐檀香，另外還多了一個瓦罐子，這個罐子和缸是同樣的原料，也是從窰裡燒出來的，不過它的容量很小，最多只能盛兩斤高梁酒，平常我們家裡是用它來盛湖口豆豉的。在罐子底下壓了一塊紅布，這塊紅布是從正月十五玩龍燈的那件披紅上剪下來的，另外還壓了幾張黃裱和一根紅繩子，這些擺設和請娘娘菩薩時是大不相同的。

吃過晚飯之後，附近的大人小孩都趕來看熱鬧，他們知道來了一個捉鬼的馬脚，看這種武馬脚比看我叔祖父的文馬脚的機會少，文馬脚每年可以看好幾次，武馬脚一年難得看一次，所以大家都趕了來。

大概八點鐘左右，兩個年輕力壯的大漢子抬着空的轎馬在門口空場上練，轎馬上有鈴鐺，所以那兩個大漢子抬着它上下抖動和左右旋轉時，會發出鈴鈴鐺鐺的聲響，因此圍觀的人愈來愈多。

過了一會，何馬脚從屋裡走了出來，走進場中，他上身赤膊，露出古銅色的肌肉，他接替一個壯漢抬着轎馬，和對面那個壯漢將轎馬上下抖動和旋轉，那個壯漢嘴裡還「嗚唔」，「嗚唔」地叫嘯着，他抖動旋轉逐漸加快，等到他疲累時另一個壯漢馬上接替他，繼續抬着轎馬抖動旋轉，嘴裡也「嗚唔」，「嗚唔」地叫着，鈴鐺的響聲更急更大，沒有多久，這個新換上來的壯漢額上冒出了汗珠，漸漸支持不住，於是又換上來一個壯漢，這個壯漢初上來時還能配合何馬脚的行動，上下抖動，左右旋轉，但是何馬脚的力氣似乎愈來愈大，他不僅將轎馬抖動旋轉，還向前推送，對手用了很大的力量才能勉強頂住，漸漸地何馬脚的眼珠向上翻動，脚步也有點踉蹌，臉孔也抽搐起來，他的對手把轎馬抖動旋轉得更快，嘴裡也急促地「嗚唔，嗚唔」地叫嘯着，轎馬上的鈴鐺更如驟雨似地大響起來，忽然何馬脚「嗚——唔——」一聲，聲音大得嚇人，力氣也大了幾倍，他的對手已經支持不住，被他牽得團團轉，忽然他把右手一伸，連續說了兩個「盌」字，於是我堂兄連忙把一只景德鎮的藍花瓷盌送了上去，何馬脚接過之後放進嘴裡吃了起來，一只盌很快地吃完了，於是他又「嗚——唔——」一聲，連續兩個鷂子翻身，然後把轎馬一拋，迅速地衝進屋去，他把菩薩背上的寶劍抽了出來，又嗚唔一聲，直向堂嫂房間衝去。

當何馬脚初來時，堂嫂仍然胡言亂語，堂兄嚇唬她，她也滿不在乎，後來聽見外面練馬脚的鈴鐺聲，她就顯得有點緊張起來，不言不語，現在看見何馬脚仗劍衝了進來，她突然一聲驚叫，面色灰白，立刻委頓如死。

何馬脚用力向牀上刺了一劍，好像沒有刺着，隨即在房子裡追逐，東刺一劍西刺一劍，牀底下刺幾劍，牆角下也刺了幾劍，後來追到放馬桶的角落裡，只見他伸手一撩，就聽見一聲吱叫，我以為他抓着了一隻老鼠，大人們都說那是鬼叫。

於是，他右手握拳跑了出來，手裡彷彿握着一個蝙蝠似的小東西。

他跑到菩薩面前，把那個捉着的東西放進罐子裡，又把紅布蒙住口，然後把自己的中指咬破，在黃裱上畫了一道血符，壓在紅布上，再把紅繩子捆好，把它放在菩薩脚下，隨後他就問我堂兄還有事沒有？

堂兄恭敬地回答說「沒有」，於是何馬脚說了一聲：

「吾神去也——」

他隨即像一具殭屍一樣，直挺挺地向後倒下去，這時早有兩個年輕的大漢及時把他接住，再把他扶到桌子上靠着，端過椅子讓他坐下，他把頭伏在肘上休息了兩三分鐘，才淸醒過來，臉色非常慘白。

說也奇怪，自從何馬脚捉過鬼之後，我堂嫂睡得非常安靜，不再胡言亂語，不到三天，居然好了，一切正常，和生病前完全一樣。

[illegible]

[illegible]

小黃

牠是一隻小獅子狗，背脊上的毛是金黃色，項下，胸腹和脚脛下面都是乳白色，牠的毛很長，多在兩寸以上。

牠的祖籍是中國北平，但牠却生長在日本，當牠三個月的時候，便被一個中國水兵帶回中國，不是帶到北平，而是帶到臺灣。

當牠和母親兄弟姐妹分離時，牠母親眼淚汪汪，牠則不知愁苦，直到上了大而笨的灰色登陸艇，牠才感到寂寞難過，才想念母親，因此牠在甲板上汪汪地叫，但是牠的頸上已經加了一條鍊子，四周都是生人，船外是茫茫的海水。

那些穿藍制服的水兵，非常喜歡牠，他們叫牠「小黃」，牠却不大理會他們，他們用罐頭牛肉牛奶餵牠，牠也不吃，只是汪汪叫，團團轉，牠要回去，牠想念和牠一樣顏色的媽咪和兄弟姐妹。

牠的主人，一個年輕的小水兵，看牠不吃不喝，非常着急，他抱着牠哼哼哦哦，「小黄，小黃」地叫着，怪親熱，同時用手撫摸牠，在牠身上輕輕地拍拍。

餓了兩天，牠實在受不了，便開始喝牛奶，牠的主人看見牠喝牛奶，高興得跳起來，又用新鮮雞蛋拌飯給牠吃，牠禁不住雞蛋的誘惑，終於吃了一碗。

吃飽喝足之後，牠覺得非常舒服，主人抱着牠在甲板上晒太陽，吹海風，他的伙伴們逗着牠笑，在牠面前跳命擺，喳喳喳和曼波，他們知道牠不能用兩隻脚站起來跳舞，就教牠握手和拜拜這兩樣動作，起初牠毫無興趣，也不知道那兩個動作代表什麼意義？因此牠不想學，後來他們用牛肉逗引牠，牠的主人又捉着牠的兩隻前脚併在一起，一連拜了幾下，就給牠一塊牛肉吃。牠知道這樣做有肉吃就有興趣了，費了幾番功夫，牠終於學會了拜拜這個動作，但不久又忘記了，後來經主人再三教導，令牠不斷複習，才算完全熟練，只要他們叫一聲：

「小黃，拜拜！」

牠就舉起兩隻前脚，一連拜了幾下，他們馬上高興得又跳又叫，牠的主人更把牠摟在懷裡，把臉貼在牠的臉上，親熱一番，牠心裡似乎也很高興。

以後他們又教牠做握手這個動作，握手比拜拜容易，牠只要伸出左前脚或是右前脚，讓他們握一下就行了。做這個動作時牠自然又吃了不少牛肉。

來到臺灣以後，牠仍然住在船上，主人有時帶牠上岸去玩，牠覺得處處新鮮，街上有很多開紅花的鳳凰木，花朵紅得像野火，落花鋪了一地，牠在每一棵樹幹上洒點尿，在落花上打個滾，覺得一身輕快。牠的主人看見漂亮的小姐也很高興，他會向她吹口哨。牠却不會這一套，牠碰見了異性同類，只會用鼻子聞聞，彼此親熱，牠的同類比牠主人的同類好惹些，牠們不會拒絕牠親近，牠主人却沒有這種福份，他只能瞟對方幾眼，吹幾聲口哨，有時還會挨對方一頓臭罵，遇到這種情形，他只好牽着牠開步走，一刻也不敢停留，牠却可以大膽地當街談情說愛，無拘無束。

牠的身體一天天茁壯，牠的主人每隔幾天一定替牠洗個澡，洗得牠全身輕鬆舒服，牠的毛色放亮，黃的黃得像金，白的白得像銀，主人常常帶牠在他的吊床上睡，夜晚值更時也要牠陪伴，牠常常坐在船頭船尾瞭望，看見什麼可疑的東西牠就汪汪地叫起來，主人非常高興，就禁不住拍拍牠的腦袋：

「小黃，你眞乖！」

有時牠在他脚邊團團轉，陪伴他打發漫漫的長夜，海上的夜格外寂寞，除了風聲浪聲以外，看不見任何生物，牠的主人在海上就久了就顯得寂寞憂鬱（牠也不快樂，牠有點想看看牠的異性同類），牠不知道他想些什麼？反正他在船上不吹口哨，眼睛也不左顧右盼，他老是痴痴呆呆地望着茫茫的海水，只有逗着牠玩時才比較快樂。

「小黃，握手！」主人寂寞時便蹲下來對牠說。

牠把右脚伸給他，他握了一下，又要牠伸左脚，牠把左脚也伸給他，他笑了，拍拍牠的腦袋：

「拜拜，拜拜！」

牠直立起來，把兩隻前脚併攏，向他連拜幾下，他馬上把牠抱在懷裡，親熱親熱。

當然，牠並不每次都聽他的命令，如果他幾天不給牠吃牛肉，當他要牠拜拜或是握手時，牠就歪着腦袋看他，或是低着頭跑開，直到他給牠吃點什麼時，牠才向他拜拜，讓他握手，他抓着牠時就在牠腦袋上輕輕地敲兩下：

「小黃眞壞！」

牠的主人待牠很好，因此牠也格外依戀他，他到什麼地方，牠也到什麼地方，他一會兒沒有看見牠就大聲地叫：

「小黃—小黃—」

牠一聽見他的聲音就連忙跑過去，偶爾牠也故意不理他，讓他自己找來。

一天，他帶牠到一個生人家裡，他要牠向那個生人拜拜，牠不拜，那人拿出一塊牛肉引牠，牠才拜了兩拜，牠吃下牛肉後，牠的主人就叮囑牠一番，然後把牠交給那個生人，悄悄地走了。

牠的主人走後，牠心裡非常難過，坐立不安，牠在他坐過的椅子上聞聞，那上面仍然留着他的氣味，但是牠看不到他，便團團轉，汪汪叫，牠希望主人能够聽見牠的叫聲，馬上回來，但是他並沒有回來，牠想不透他爲什麼要丟下牠單獨離開。

一天不見他來，兩天不見他來，過了好幾天仍然不見他來，牠心裡非常想念，決定找他。終於，牠找到一個機會跑了出來，牠先到碼頭上去找他，但是船走了，人也不見，牠非常失望，望着港口汪汪地叫幾聲，又到別處去找，凡是他帶牠去過的地方，牠都找遍了，總是找不到他。

牠日夜流浪，再也吃不到牛肉牛奶，連剩飯冷菜也吃不到，餓極了就跑到垃圾箱裡去找食物，但是野狗常常欺侮牠，牠打不過牠們。

有人看見牠很可愛，想捕捉牠，可是牠總機警地跑掉。甚至牠主人的朋友來找牠，牠也不肯回去，牠一看見他就把頭一低，蹦蹦跑跳地跑了，他捉不到牠。

牠的身體一天天瘦，毛也一天天髒，白毛變成了黑毛，樣子非常難看。

牠流浪了三個多月，幾乎變成了野狗。

一天，牠主人從海上回來，忽然在路上碰見牠，叫了一聲「小黃——」，牠在垃圾堆裡抬起頭來一望，連忙蹦蹦跳跳地跑了過來，牠的脚雖然矮，可是跑起路來却很快，牠跑到主人面前，圍着主人蹦蹦跳跳，，而且不時直立起來，向主人連續不斷地拜拜，又伸出前脚讓主人握手，牠簡直快樂得流出了眼淚。

牠主人把牠帶回船上，替牠洗澡，發覺牠生了一身蝨蚤，骨瘦如柴，化了很久的功夫，才把蝨子清除乾淨。

一個月後，牠又恢復了往日的光彩，黃的金黃，白的雪白，又是人見人愛。

牠主人的同鄉需要一條狗，他因爲又要出海，一出海就是三五個月，說不定會遇上戰爭，因此把牠從高雄送到臺北。

牠主人的同鄉很喜愛牠，尤其是那位嬌小的王太太，得到牠如獲至寶，她的孩子們看見牠會拜拜，握手，也高興得跳起來。

牠主人走後留下了一個帆布手提袋，牠看不見主人，就嗅嗅他的手提袋，嘴裡嚶嚶地叫，彷彿孩子想念母親似的。

第三天晚上，牠找了一個機會又跑出去了，牠想找尋舊主人，找了一夜都沒有找到，也許這是一個陌生的地方，牠不敢亂跑。第二天大清早，牠就坐在新主人的後院門口，牠雖然只來三天，但是牠記得這個方向，記得主人後院門口的形狀，也聞到自已的尿騷。

王太太和她的孩子們都沒有起床，牠就一直坐在門口等，還不時用脚扒扒後院的門，但是門栓上了，牠扒不開，急得嚶嚶地叫。直到王太太和孩子們起來，發現牠在外門，連忙把門打開，牠馬上跳了進來，王太太抱着牠，摸摸牠的頭，獎勵牠說。

「小黃，你眞聰明，生地方你怎麼會找來回的？」

牠向王太太眨眨眼睛，樣子顯很格外溫馴。

也許是牠有一段流浪的經歷，牠的性子變得很野，愛在外面遊蕩，王太太一不小心，牠就溜出去了，叫牠也不回來。王太太一叫，牠就把頭一低，跑得更快，從後院門口經過也不進來，一直要等牠遊蕩够了，才會回來。

牠一看見王太太提着籃子就高興得蹦蹦跳跳，在她前面邊跳邊叫，看見她買牛肉牠就站起來向她拜拜，拜得又快又多，牛肉販子看見牠會拜拜，也弄點牛肉筋逗牠拜拜，牠爲了想吃牛肉，也向牛肉販子拜拜，吃過之後牠就不拜了。牛肉販子氣得想打牠，牠就把頭一低，連忙跑開。

王太太到什麼地方牠跟到什麼地方，無論走得多遠，牠都會自己回來。

有一天，牠跟王太太到人家家裡，那家有個雜種狼狗，比牠高大兩倍，那隻狼狗咬牠，牠一點不怕；牠被那隻狗打倒了又爬起來，向那隻大狗撲過去，但牠的力氣太小，那隻大狗一點不在乎，只隨便向牠撲一下，牠就被那隻大狗壓在地上爬不起來。

「小黃，你打不過牠，不要打。」王太太對牠說。

牠爬了起來，望了王太太一眼，又向那隻大狗撲過去，自然牠又被那隻大狗按在地上，後來還是那家主人把那隻大狗喝住，才結束了這場實力縣殊的戰鬪。實際上牠是打敗了，可是牠一點不氣餒，牠的尾巴還是捲得很緊，兩眼灼灼地望着那隻大狗，樣子仍然十分神氣。

「眞看不出來，牠個子小，勇氣倒不小。」那家主人說。

王太太高興地把牠抱起來，像抱着一個不滿週歲的小孩。

一個春天的夜晚，王太太他們都要睡覺了，小黃却嗥嗥地叫，前脚扒門，吵着要出去，王太太不讓牠出去，她的大兒子却偷偷地把牠放了出去。他這一出去，就兩天兩夜沒有回來，王太太急得不得了，以爲是別人抓牠去關了起來，她非常痛惜，埋怨大兒子不該說牠出去，大兒子挨了駡也不敢作聲。

其實牠不是被別人關着不放，原來附近有一隻黑色的母狗，突然春情發動，到處亂跑，牠一出去就找到了那隻母狗。但是追求的公狗很多那隻母狗到什麼地方，那群公狗就追隨在牠身後，小黃是那群公狗裡面最小的一個，比那隻母狗還小得多。

公狗爭風吃醋，隨時打架，誰也不准接近那隻母狗，一接近就會打起來，小黃在那群公狗後面，擠不上前，一擠上去就被別的狗咬了下來，而且不是一隻狗咬牠，所有的狗都圍着咬牠，牠們是打群架，一隻情場失敗的狗，往往被咬得皮破血流。小黃比牠們都聰明，但是身體太小，却打不過牠們，因此吃了很大的虧。但是牠並不就此退卻，牠還是繼續追逐，牠希望能親近那隻黑色的母狗。

牠伸長舌頭跟着那隻母狗追逐了兩天兩夜，跑了很多路，仍然無法親近那隻母狗。除了一隻最強壯的黃狗，擊敗了所有的情敵，能夠親近那隻黑色的母狗之外，其餘的統統沒有達到目的，直到那隻母狗厭倦了所有的異性之後，牠們才陸續散開，各自回去。

小黃回家時跛着一隻後腿，垂頭喪氣，不能站起來拜拜，可是王太太仍然高興得了不得，小黃回來了她就再也不讓牠出去，用一根長鍊子把牠鎖起來。

小黃自情場失敗回來，無精打彩，要牠拜拜牠不拜拜，要牠握手牠不握手，牠躺在窩裡兀自想着那隻黑色的母狗，做着未完成的春夢。

[redacted]

墨人博士著作書目（校正版）

書　　目	類　別	出　版　者	出版時間
一、自由的火焰 ｝與《山之禮讚》合併	詩　集	自印（左營）	民國三十九年（一九五〇）
二、哀祖國 ｝易名《墨人新詩集》	詩　集	大江出版社（臺北）	民國四十一年（一九五二）
三、最後的選擇	短篇小說	百成書店（高雄）	民國四十二年（一九五三）
四、閃爍的星辰	長篇小說	大業書店（高雄）	民國四十二年（一九五三）
五、黑森林	長篇小說	香港亞洲社	民國四十四年（一九五五）
六、魔障	長篇小說	暢流半月刊（臺北）	民國四十七年（一九五八）
七、孤島長虹（全集中易名爲富國島）	長篇小說	文壇社（臺北）	民國四十八年（一九五九）
八、古樹春藤	中篇小說	九龍東方社	民國五十一年（一九六二）
九、花嫁	短篇小說	九龍東方社	民國五十三年（一九六四）
一〇、水仙花	短篇小說	長城出版社（高雄）	民國五十三年（一九六四）
一一、白夢蘭	短篇小說	長城出版社（高雄）	民國五十三年（一九六四）
一二、颱風之夜	短篇小說	長城出版社（高雄）	民國五十三年（一九六四）

一三、白雪青山　長篇小說　長城出版社（高雄）　民國五十四年（一九六五）
一四、春梅小史　長篇小說　長城出版社（高雄）　民國五十四年（一九六五）
一五、洛陽花似錦　長篇小說　長城出版社（高雄）　民國五十四年（一九六五）
一六、東風無力百花殘　長篇小說　長城出版社（高雄）　民國五十四年（一九六五）
一七、合家歡　長篇小說　臺灣省新聞處（臺中）　民國五十四年（一九六五）
一八、紅樓夢的寫作技巧　文學理論　臺灣商務印書館（臺北）　民國五十五年（一九六六）
一九、塞外　短篇小說　臺灣商務印書館（臺北）　民國五十五年（一九六六）
二〇、碎心記　長篇小說　小說創作社（臺北）　民國五十六年（一九六七）
二一、靈姑　長篇小說　小說創作社（臺北）　民國五十七年（一九六八）
二二、鱗爪集　散　文　水牛出版社（臺北）　民國五十七年（一九六八）
二三、青雲路　短篇小說　臺灣商務印書館（臺北）　民國五十八年（一九六九）
二四、變性記　短篇小說　臺灣商務印書館（臺北）　民國五十八年（一九六九）
二五、龍鳳傳　長篇小說　幼獅書店（臺北）　民國五十九年（一九七〇）
二六、火樹銀花　長篇小說　立志出版社（臺北）　民國五十九年（一九七〇）
二七、浮生集　散　文　聞道出版社（臺南）　民國六十一年（一九七二）
二八、墨人詩選　詩　集　臺灣中華書局（臺北）　民國六十一年（一九七二）
二九、鳳凰谷　長篇小說　臺灣中華書局（臺北）　民國六十一年（一九七二）

三〇、墨人短篇小說選　短篇小說　臺灣中華書局（臺北）　民國六十一年（一九七二）
三一、斷腸人　短篇小說　臺灣學生書局（臺北）　民國六十一年（一九七二）
三二、詩人革命家胡漢民傳　傳記小說　近代中國社（臺北）　民國六十七年（一九七八）
三三、心猿　長篇小說　學人文化公司（臺北）　民國六十八年（一九七九）
三四、山之禮讚　詩　集　秋水詩刊（臺北）　民國六十九年（一九八〇）
三五、心在山林　散　文　中華日報社（臺北）　民國六十九年（一九八〇）
三六、墨人散文集　散　文　學人文化公司（臺中）　民國六十九年（一九八〇）
三七、山中人語　散　文　臺灣商務印書館（臺北）　民國七十二年（一九八三）
三八、花市　散　文　江山出版社（臺北）　民國七十四年（一九八五）
三九、三更燈火五更雞　散　文　江山出版社（臺北）　民國七十四年（一九八五）
四〇、墨人絕律詩集　詩　集　臺灣商務印書館（臺北）　民國七十六年（一九八七）
四一、全唐詩尋幽探微　文學理論　臺灣商務印書館（臺北）　民國七十六年（一九八七）
四二、第二春　短篇小說　采風出版社（臺北）　民國七十七年（一九八八）
四三、全唐宋詞尋幽探微　文學理論　臺灣商務印書館（臺北）　民國七十八年（一九八九）
四四、小園昨夜又東風　散　文　黎明文化公司（臺北）　民國八　十年（一九九一）
四五、紅塵（上、中、下三卷）　長篇小說　臺灣新生報社（臺北）　民國八　十年（一九九一）
四六、大陸文學之旅　散　文　文史哲出版社（臺北）　民國八十一年（一九九二）

四七、紅塵續集	長篇小說	臺灣新生報社（臺北）	民國八十二年（一九九三）
四八、墨人半世紀詩選	詩　選	文史哲出版社（臺北）	民國八十四年（一九九五）
四九、張本紅樓夢（上下兩巨冊）	修訂批註	湖南出版社（長沙）	民國八十五年（一九九六）
五〇、紅塵心語	散　文	圓明出版社（臺北）	民國八十五年（一九九六）
五一、年年作客伴寒窗	散　文	中天出版社（臺北）	民國八十六年（一九九七）
五二、全宋詩尋幽探微	文學理論	文史哲出版社（臺北）	民國八十九年（二〇〇〇）
五三、墨人詩詞詩話	詩詞・理論	詩藝文出版社（臺北）	民國八十九年（二〇〇〇）
五四、娑婆世界（定本）	長篇小說	昭明出版社（臺北）	民國八十八年（一九九九）
五五、白雪青山（定本）	長篇小說	昭明出版社（臺北）	民國八十九年（二〇〇〇）
五六、滾滾長江（定本）	長篇小說	昭明出版社（臺北）	民國八十九年（二〇〇〇）
五七、春梅小史（定本）	長篇小說	昭明出版社（臺北）	民國八十九年（二〇〇〇）
五八、紫燕（定本）	長篇小說	昭明出版社（臺北）	民國九　十年（二〇〇一）
五九、紅樓夢的寫作技巧（定本）	文學理論	昭明出版社（臺北）	民國九　十年（二〇〇一）
六〇、紅塵六卷（定本）	長篇小說	昭明出版社（臺北）	民國九　十年（二〇〇一）
六一、紅塵法文本	巴黎友豐（you fonq）書局出版		二〇〇四年初版

附　註：

▲北京中國文聯出版社　二〇〇三年出版　大陸教授羅龍炎・王雅清合著《紅塵》論專書

▲臺北市昭明出版社出版墨人一系列代表作，長篇小說《娑婆世界》、一百九十多萬字的空前大長篇《紅塵》（中法文本共出五版）暨《白雪青山》（兩岸共出六版）、《滾滾長紅》、《春梅小史》、《紫燕》，短篇小說集、文學理論《紅樓夢的寫作技巧》（兩岸共出十四版）等書。臺灣中華書局出版的《墨人自選集》共五大冊，收入長篇小說《白雪青山》、《靈姑》、《鳳凰谷》、《江水悠悠》（爲《東風無力百花殘》易名）、《短篇小說・詩選》合集。《哀祖國》及《合家歡》皆由高雄大業書店再版。臺北詩藝文出版社出版的《墨人詩詞詩話》創作理論兼備，爲「五四」以來詩人、作家所未有者。

▲臺灣商務印書館於民國七十三年七月出版先留英後留美哲學博士程石泉、宋瑞等數十人的評論專集《論墨人及其作品》上、下兩冊。

▲《白雪青山》於民國七十八年（一九八九）由臺北大地出版社第三版。

▲臺北中國詩歌藝術學會於一九九五年五月出版《十三家論文》論《墨人半世紀詩選》。

▲《紅塵》於民國七十九年（一九九〇）五月由大陸黃河文化出版社出版前五十四章（香港登記，深圳市印行）。大陸因未有書號未公開發行僅供墨人「大陸文學之旅」時與會作家座談時參考。

▲北京中國文聯出版公司於一九九二年十二月出版長篇小說《春梅小史》（易名《也無風雨也無晴》）；一九九三年四月出版《紅樓夢的寫作技巧》。

▲北京中國社會科學出版社於一九九四年出版散文集《浮生小趣》。

▲北京群眾出版社於一九九五年一月出版散文集《小園昨夜又東風》；一九九五年十月京華出版社出

版長篇小說《白雪青山》大陸版，第一版三千冊，一九九七年八月再版一萬冊。

▲長沙湖南出版社於一九九六年一月初出版墨人費時十多年精心修訂批註的《張本紅樓夢》，分上下兩大冊精裝一萬一千套。立即銷完、因未經墨人親校，難免疏失，墨人未同意再版。

Mo Jen's Works

1950 *The Flames of Freedom*（poems）《自由的火焰》

1952 *Lament for My Mother Country*（poems）《哀祖國》

1953 *Glittering Stars*（novel）《閃爍的星辰》

The Last Choice（short stories）《最後的選擇》

1955 *Black Forest*（novel）《黑森林》

The Hindrance（novel）《魔障》

The Rainbow and An Isolated Island（novel）《孤島長虹》（全集中易名爲富國島）

1963 *The spring Ivy and Old Tree*（novelette）《古樹春藤》

1964 *Narcissus*（novelette）《水仙花》

A Typhonic Night（novelette）《颱風之夜》

Ms.Pei Mong-lan（novelette）《白夢蘭》

The Joy of the Whole Family（novel）《合家歡》

Flower Marriage（novelette）《花嫁》

1965 *White Snow and Green Mountain*（novel）《白雪青山》

The Short Story of Miss Chung Mei（novel）《春梅小史》

The Powerless Spring Breeze and Faded Flowers（novel）《東風無力百花殘》(《江水悠悠》)

Flower Blossom in Loyang（novel）《洛陽花似錦》

1966 *The Writing Technique of the Dream of Red Chamber*（literature theory）《紅樓夢的寫作技巧》

Out of The Wild Frontier（novelette）《塞外》

1967 *A Heart-broken Story*（novel）《碎心記》

1968 *Miss Clever*（novel）《靈姑》

Trifle（prose）《鱗爪集》

1969 *The Road to Promotion*（novelette）《青雲路》

1970 *A Sex-change Story*（novelette）《變性記》

The Biography of the Dragon and the Phoenix（novel）《龍鳳傳》

1971 *A Brilliantly lighted Garden*（novel）《火樹銀花》

1972 *My Floating Life*（prose）《浮生記》

Selection of Mo Jen's Poems《墨人詩選》

A Heart-broken Woman（novelette）《斷腸人》

Phoenix Valley（novel）《鳳凰谷》

Mo Jen's Works（five volumes）《墨人自選集》

Selection of Mo Jen's short stores《墨人短篇小說選》

1978 *Hu Han-ming, the Poet and Revolutionist*（novel）《詩人革命家胡漢民》

1979 *The Mokey in the Heart*（i.e. The Purple Swallow renamed）《心猿》

1980 *The Hermit*（prose）《心在山林》

A Collection of Mo Jen's Prose（prose）《墨人散文集》

A Praise to Mountains（poems）《山之禮讚》

1983 *Mountaineer's Remarks*（prose）《山中人語》

1985 *My Candle Burns at Both Ends*（prose）《三更燈火五更雞》

Flower Market（prose）《花市》

1986 *A Mundane World*（novel, four volumes, over 1.9 million words）《紅塵》

1987 *Remarks on All Poems of the Tang Dynasty*（theory）《全唐詩尋幽探微》

1988 *Remarks On All Tsyr*（prose poem）*of the Tang and Sung Dynasties*（theory）《全唐宋詞尋幽探微》

1991 *The Breeze That Came From The East Last Night in My Little garden Again*（prose）《小園昨夜又東風》

1992 *Travel for Literature in Mainland China*（prose）《大陸文學之旅》

1995 *Selection of Mo Jen's Poems, 1992-1994*《墨人半世紀詩選》

1996 *I'll look upon the World*《紅塵心語》

Chang Edition of the Dream of Red Chamber《張本紅樓夢》（修訂批註）

1997 *Cherish thy guests and the Muses*《年年作伴寒窗》

1999 *Saha Shih Gai*《娑婆世界》

1999 *Remarks on All Poems of the sung Dynasties*《全宋詩尋幽探尋》

1999 *Mo Jen's Classical Poems and Prose Poems*《墨人詩詞詩話》

2004 *Poussiere Rouge*《紅塵》法文譯本

墨人博士創作年表（二〇〇五年增訂）

年度	年齡	發表出版作品及重要文學紀錄摘要
民國二十八年己卯（一九三九）	十九歲	在東南戰區《前線日報》發表〈臨川新貌〉。淪陷區著名的上海《大美晚報》隨即轉載。
民國二十九年庚辰（一九四〇）	二十歲	在《前線日報》發表〈希望〉、〈路〉等新詩作品。
民國三十年辛巳（一九四一）	二十一歲	在《前線日報》發表〈評夏伯陽〉書評等文。
民國三十一年壬午（一九四二）	二十二歲	在各大報發表〈苦難的行列〉、〈贛州禮讚〉（長詩）、〈老船夫〉、〈盲歌者〉、〈自己的輓歌〉、〈抹去那怯弱的眼淚吧〉、〈生命之歌〉、〈快割鳥〉、〈鷂鷹與雲雀〉等詩及散文多篇。
民國三十二年癸未（一九四三）	二十三歲	在各大報發表長詩〈鋤奸隊長〉、〈搜索連長〉、〈遙寄〉、〈寫在第七個七七〉、〈父親〉、〈受難的女神〉、〈城市的夜〉及〈火把〉、〈擊柝者〉、〈橋〉、〈古鐘〉、〈汽笛〉、〈山居〉、〈沙灘〉、〈夜行者〉、〈孤芳〉、〈蚊蟲〉、〈蒼蠅〉、〈園圃〉、〈陽光〉、〈深秋〉、〈贈某詩人兼寫自己〉、〈哀亡命詩人〉、〈自供〉、〈白屋詩抄〉、〈哀歌〉、〈生活〉、〈給偶像崇拜者〉、〈戰書〉、〈燈下獨白〉、〈夜歸〉、〈失眠之夜〉、〈悼〉、〈殘英〉、〈黃昏曲〉、〈補綴〉、〈復活的季節〉、〈擬戀歌〉、〈晨雀〉、〈春耕〉、〈天空的搏鬥〉等長短抒情詩。另發表散文及短篇小說多篇。

民國三十三年甲申（一九三九）	二十四歲	發表〈山城草〉五首及〈沒有褲子穿的女人〉、〈襤褸的孩子〉、〈駝鈴〉、〈無聲的哭泣〉、〈長夜草〉、〈春夜〉、〈擬某女演員〉、〈蛙聲〉、〈麥笛〉等詩及散文多篇。
民國三十四年乙酉（一九四五）	二十五歲	發表〈最後的勝利〉及〈煉獄裏的聲音〉、〈神女〉、〈問〉等長詩與散文多篇。
民國三十五年丙戌（一九四六）	二十六歲	發表〈夢〉、〈春天不在這裡〉等詩及散文多篇。
民國三十六年丁亥（一九四七）	二十七歲	發表〈冬天的歌〉、〈流浪者之歌〉、〈手杖、煙斗〉及長詩〈上海抒情〉等與散文多篇。
民國三十七年戊子（一九四八）	二十八歲	主編軍中雜誌、撰寫時論，均不署名。
民國三十八年己丑（一九四九）	二十九歲	七月渡海抵臺，發表〈呈獻〉、〈滿妹〉，及長詩〈自由的火燄〉、〈人類的宣言〉等及散文多篇。
民國三十九年庚寅（一九五〇）	三十歲	發表〈站起來，捏死他！〉、〈滾出去，馬立克！〉、〈英國人〉、〈海洋頌〉等詩。出版《自由的火燄》詩集。
民國四十年辛卯（一九五一）	三十一歲	發表〈春晨獨步〉、〈炫與殉〉、〈悼三閭大夫屈原〉、〈詩聯隊〉、〈心靈之歌〉、〈子夜獨唱〉、〈真理、愛情〉、〈友情的花朵、〈啊，西風啊！〉、〈歲暮吟〉、〈師生〉、〈往事〉、〈天書〉、〈歷程〉、〈雨天〉、〈火車飛馳在海岸淚上〉、〈帶路者〉、〈送第一艦隊出征〉等詩，及〈哀祖國〉長詩。
民國四十一年壬辰（一九五二）	三十二歲	發表〈未完成的想像〉、〈廊上吟〉、〈窗下吟〉、〈白髮吟〉、〈秋夜輕吟〉、〈秋訊〉、〈渴念，追求〉、〈寂寞、孤獨〉、〈冬眠〉、〈我想把你忘記〉、〈想念〉、〈成人的悲歌〉、〈訴〉、〈詩人〉、〈詩〉、〈貝絲〉、「春天的懷念」五首，〈和風〉、〈夜雨〉、〈臺灣海峽的霧〉等及散文、短篇小說多篇。出版《哀祖國》詩集。

民國四十二年癸巳（一九五三）	三十三歲	發表〈寄台北詩人〉等詩及散文短篇小說多篇。高雄百成書店出版短篇小說集《最後的選擇》，收入〈華玲〉、〈生死戀〉、〈梅蘭馨〉、〈敵人的故事〉、〈最後的選擇〉、〈蔣復成〉、〈姚醫生〉等七篇。大業書店出版長篇小說《閃爍的星晨》一、二兩冊。
民國四十三年甲午（一九五四）	三十四歲	發表〈雪萊〉、〈海鷗〉、〈鳳凰木〉、〈流螢〉、〈鵝鑾鼻〉、〈海邊的城〉、〈長夏小唱〉及散文、短篇小說多篇。
民國四十四年乙未（一九五五）	三十五歲	發表〈雲〉、〈F-86〉、〈題 GK〉等詩及散文、短篇小說多篇。香港亞洲出版社出版長篇小說《黑森林》，並獲中華文獎會國父誕辰長篇小說第二獎（第一獎從缺）。
民國四十五年丙申（一九五六）	三十六歲	發表〈四月〉等詩及散文、短篇小說多篇。
民國四十六年丁酉（一九五七）	三十七歲	發表〈月亮〉、〈九月之旅〉、〈雨和花〉等詩及長篇小說《魔障》。
民國四十七年戊戌（一九五八）	三十八歲	暢流半月刊雜誌社出版長篇連載小說《魔障》。
民國四十八年己亥（一九五九）	三十九歲	發表短篇小說、散文多篇。文壇雜誌社出版長篇小說《孤島長虹》（全集中易名爲《富國島》）。
民國四十九年庚子（一九六〇）	四十歲	發表〈橫貫小唱〉等詩及散文、短篇小說多篇。
民國五十年辛丑（一九六一）	四十一歲	發表〈熱帶魚〉、〈豎琴〉、〈水仙〉等詩及短篇小說甚多。奧國維也納納富出版公司編選的《世界最佳小說選》選入短篇說〈馬腳〉，同時入選者有諾貝爾文學獎得主威廉福克納、拉革克菲斯特等世界各國名作家作品。

民國五十一年壬寅（一九六二）	四十二歲	發表〈青鳥〉、〈兩腳獸〉、〈晚會〉、〈祈禱〉等詩及短篇小說甚多。奧國維也納納富出版公司又將短篇小說《小黃》（以江州司馬筆名撰寫者）選入《世界最佳小說選》，同時入選者有諾貝爾獎得主蕭洛霍夫，郭沫若及世界各國名作家作品。
民國五十二年癸卯（一九六三）	四十三歲	香港九龍東方文學出版社出版中篇小說《古樹春藤》。發表短篇小說、散文甚多。
民國五十三年甲辰（一九六四）	四十四歲	香港九龍東方文學社出版短篇小說集《花嫁》，收入〈教師爺〉、〈劉二爹〉、〈二媽〉、〈異鄉人〉、〈花嫁〉、〈扶桑花〉、〈南海屠鮫〉、〈高山曲〉、〈古寺心聲〉、〈誘惑〉、〈隱情〉、〈美珠〉、〈新苗〉、〈心聲淚影〉等十四篇。高雄長城出版社出版中短篇小說集《水仙花》，收入〈水仙花〉、〈銀杏表嫂〉、〈圓房記〉、〈江湖兒女〉、〈天鵝〉、〈賭徒〉、〈搶親〉、〈黃龍〉、〈風雪歸人〉、〈花子老趙〉、〈景雲寺的居士〉、〈人與樹〉、〈過客〉、〈阿婆〉、〈馬腳〉、〈小黃〉等十六篇。高雄長城出版社出版中短篇小說集《白夢蘭》。收入〈情敵〉、〈空手〉、〈師生〉、〈斷夢〉、〈黃昏曲〉、〈白夢蘭〉、〈平安夜〉、〈凱塞琳、萊蒙托夫與我〉、〈陽春白雪〉、〈亂世佳人〉、〈傷心之旅〉、〈白衣清淚〉、〈護士與病人〉、〈如夢記〉、〈除夕〉等十五篇。　高雄長城出版社出版《中華日報》連載的二十五萬字長篇小說《白雪青山》。　發表短篇小說、散文甚多。
民國五十四年乙巳（一九六五）	四十五歲	高雄長城出版社出版連載長篇小說《洛陽花似錦》、《春梅小史》、《東風無力百花殘》三部。　發表短篇小說、散文甚多。省政府新聞處出版長篇小說《合家歡》。
民國五十五年丙午（一九六六）	四十六歲	是年五月赴馬尼拉華僑文教講習會講授「紅樓夢的寫作技巧」及新詩課程一個月。商務印書館出版文學理論專著《紅樓夢的寫作技巧》，全書共十五萬字。商務印書館出版中短篇小說集《塞外》。收入〈塞外〉、〈鬍子〉、〈百合花〉、〈天山風雲〉、〈白金龍〉、〈白狼〉、〈秋圃紫鵑〉、〈曹萬秋的衣缽〉、〈半路夫妻〉、〈百鳥聲喧〉、〈風竹與野馬〉、〈美人計〉、〈夜襲〉、〈花燭劫〉等十四篇。

民國五十六年丁未（一九六七）	四十七歲	發表短篇小說、散文甚多。小說創作社出版連載長篇小說《碎心記》。
民國五十七年戊申（一九六八）	四十八歲	小說創作社出版《中華日報》連載長篇小說《靈姑》。水牛出版社出版散文集《鱗爪集》，收入〈家鄉的魚〉、〈家鄉的鳥〉、〈雪天的懷念〉、〈秋山紅葉〉、〈學問與創作之間〉等散文七十六篇、舊詩三首。。
民國五十八年己酉（一九六九）	四十九歲	商務印書館出版中短篇小說集《青雲路》。收入〈世家子弟〉、〈青雲路〉、〈空棺記〉、〈久香〉等四篇。
民國五十九年庚戌（一九七〇）	五十歲	商務印書館出版中短篇小說集《變性記》。收入〈變性記〉、〈嬌客〉、〈歲寒圖〉、〈泥龍〉、〈祖孫父子〉、〈秋風落葉〉、〈老夫老妻〉、〈恩愛夫妻〉〈布販與偷雞賊〉、〈芳鄰〉、〈沙漠王子〉、〈沙漠之狼〉、〈世界通先生〉、〈寶珠的祕密〉、〈奇緣〉等十五篇。幼獅文化事業公司出版長篇小說《龍鳳傳》。臺北立志出版社出版長篇《火樹銀花》出版全集時易名《同是天涯淪落人》。
民國六十年辛亥（一九七一）	五十一歲	立志出版社出版長篇小說《火樹銀花》。發表散文多篇及在高雄《新聞報》連載長篇小說《紫燕》。
民國六十一年壬子（一九七二）	五十二歲	聞道出版社出版散文集《浮生集》。收入〈文藝的危機〉、〈貝克特高風〉、〈五十年華〉等散文十三篇，舊詩六首。學生書局出版短篇小說散文合集《斷腸人》。收入短篇小說〈斷腸人〉、〈薇薇〉、〈相見歡〉、〈滄桑記〉、〈恩怨〉、〈夜宴〉等七篇及散文〈文學系與文學創作〉、〈大學國文教學我見〉、〈作家之死〉等十五篇。　中華書局出版《墨人自選集》五大冊。包括長篇小說《白雪青山》、《靈姑》、《鳳凰谷》、《江水悠悠》（《東風無力百花殘》易名）及《短篇小說、詩選》（精選短篇小說二十八篇，抒情詩一〇六首），共一百五十萬字。
民國六十二年癸丑（一九七三）	五十三歲	發表散文多篇。列入英國劍橋國際傳記中心（International Biographical Centre Cambridge England）出版的《國際詩人名錄》（*International Who's Who in Poetry. 1973*）。

民國六十三年甲寅（一九七四）	五十四歲	出席第二屆世界詩人大會。發表散文多篇。
民國六十四年乙卯（一九七五）	五十五歲	列入正中書局出版的《中華民國文藝史》（1975）。發表〈臺北的黃昏〉新詩一首及散文多篇。
民國六十五年丙辰（一九七六）	五十六歲	列入英國劍橋國際傳記中心出版的 *Men of Achievement. 1976* 發表〈歷史的會晤〉新詩及散文、短篇小說多篇。
民國六十六年丁巳（一九七七）	五十七歲	應 I.B.C 邀請於三月間赴義大利翡冷翠出席國際文藝交流大會（The 3rd I.B.C. International Congress on Arts and Communications）。會後環遊世界。發表〈羅馬之雲〉、〈羅馬之松〉、〈翡冷翠的女郎〉、〈翡冷翠之柳〉、〈塞納河〉等詩及羅馬掠影」、〈單城記〉、〈威尼斯之旅〉、〈藝術之都翡冷翠〉、〈西雅奈與比薩斜塔〉、〈美國行〉、〈江戶、皇宮、御苑〉、〈環球心影〉等遊記。在《中國時報》發表有關中國文化論文〈中國文化的三條根〉，在《新生報》發表〈文藝界的『洋』癇瘋〉等多篇。
民國六十七年戊午（一九七八）	五十八歲	近代中國社出版長篇傳記小說《詩人革命胡漢民傳》。列入英國劍橋國際傳記中心出版的《國際名人辭典》（*Dictionary of International Biography.1978*）。《國際知識分子名錄》(*International Who's Who of Intellectual.1978*、《國際人名剪影》 *International Register of Profiles*）、《國際社會名人錄》（*International Who's Who in Community Service*），發表〈六月之荷〉詩一首。在各報發表〈中國文化的宇宙觀〉、〈中國文化的真面目〉、〈文化、社會形態與當代文學創作（爲亞洲文學會議而作）〉、〈人與宇宙自然法則〉等。出席亞洲文學會議。 列入中華書局出版的《中華民國當代名人錄》（*Who's Who of R.O.C. 1978*） 列入行政院新聞局編印的一九七八年英文《中華民國年鑑名人錄》（*China Yearbook Who's Who*）。

民國六十八年己未（一九七九）	五十九歲	學人文化事業有限公司出版長篇小說《心猿》（《紫燕》易名）。發表短篇小說〈春〉、〈杏林之春〉、長詩〈哀吉米‧卡特〉及〈山之禮讚〉五首。短篇〈客從故鄉來〉、〈人瑞〉。理論〈中國古典小說戲劇〉、〈抗戰文學的整理與再創作〉（《中央日報》）等多篇。
民國六十九年庚申（一九八〇）	六十歲	秋水詩刊社出版詩集《山之禮讚》、收集六十四年以後新詩四十四首及七言絕律詩十首。　中華日報社出版散文集《心在山林》、收集〈花甲雲中過〉、〈老當益壯〉、及抒情寫景散文數十篇。臺中學人文化事業出　版有限公司出版《墨人散文集》收集〈文化、社會形態與當代文學創作〉、〈人與宇宙自然法則〉、〈中國文化的三條根〉、〈宇宙爲心人爲本〉、〈文藝界的『洋』痼瘋〉等理論性散文數十篇。在《中央日報‧副刊》發表〈紅樓夢研究的正確方向〉，《中華日報‧副刊》發表〈人生六十樹常青〉，《青年戰士報‧新文藝副刊》發表〈山中人語〉專欄文章〈山水之間〉、〈生命長短價值觀〉、〈寶刀未老〉、〈七進七出鬼門關〉、〈報人甘苦〉、〈杏壇生涯〉等。接受《大華晚報》採訪組副主任程榕寧兩次訪問，一爲談胡漢民生平，一爲談《易經》、《道德經》、命學，並發表〈醫學命學與人生〉專文。
民國七十年辛酉（一九八一）	六十一歲	繼續撰寫《山中人語》專欄。應臺中市《自由日報》特約撰寫《浮生小記》專欄。應行政院新聞局邀請參觀本省農漁畜牧事業單位，並在《中央日報》發表〈人在福中〉散文。接受臺灣廣播公司《成功之路》節目訪問，於四月廿七日晚八時半播出。在高雄《新聞報》發表〈撥亂反正說紅樓〉（六月十七、十八日）論文。
民國七十一年壬戌（一九八二）	六十二歲	九月赴漢城出席第二屆中韓作家會議，並在東京參加中日作家會議，曾暢遊南韓、北海道、大阪至東京名勝地區，歸後撰寫〈韓國掠影〉、〈秋遊北海道〉，發表於《中央日報》。列入中華民國名人傳記中心出版的《中華民國現代名人錄》。

		列入英國劍橋國際傳記中心出版的《傑出男女傳記》（*Men and Women of Distinction*）並附照片。 列入美國 MarQuis 公司出版的《世界名人錄》（*Who's Who in the World*）第六版。 接受義大利藝術大學授予的文學功績證書。
民國七十二年癸亥（一九八三）	六十三歲	商務印書館出版散文集《山中人語》，收集散文七十篇。
民國七十三年甲子（一九八四）	六十四歲	商務印書館出版《論墨人及其作品》上、下兩冊，包括評論文章六十餘篇。 列入義大利 Accademia Itlia 出版英、法、德、義四種文字的《國際文學史》（*The History of International Literature*）及《百科全書：當代人物（*The Encyclopadeia: Contemporary Personalities*）。 端午節（六月四日）開筆撰寫已構思準備十餘年的一百餘萬字的大長篇小說《紅塵》，年底完成初稿四十餘萬字。 十月在韓國漢城舉行的第四屆中韓作家會議，事忙未能出席，但提出一萬餘字的論文〈古典與現代〉一篇。
民國七十四年乙丑（一九八五）	六十五歲	由江山出版社出版《三更燈火五更雞》、《花市》散文集等兩本，前者收入散文，理論二十四篇，後者收入散文遊記二十七篇。 八月一日退休，專心寫作《紅塵》，於十二月底完成九十二章，告一段落，共一百二十萬字，超出《紅樓夢》十餘萬字，內有絕律詩（聯）三十一首。
民國七十五年丙寅（一九八六）	六十六歲	年初開始研讀《全唐詩》，撰寫《全唐詩尋幽探微》，十一月完成，共十二萬餘字，一面在《新聞報・西子灣》發表，並連同歷年所作絕律詩三十七首，定名爲《墨人絕律詩集》，一併交與臺灣商務印書館簽約出版。 列入美國 A.B.I.出版的 5000 Personalities of the World；英國 I.B.C.出版的 *The Intemational Authors and Writers Who's Who.*

民國七十六年丁卯（一九八七）	六十七歲	訪問考察東南亞地區、國家馬來西亞、新加坡、泰國、菲律賓、香港十七天，並出席多次座談會。 商務印書館出版《全唐詩尋幽探微》（附《墨人絕律詩集》）。 《紅塵》長篇小說於三月五日開始在（臺灣新生報）連載。 七月四、五日出席在臺北市召開的抗戰文學研討會。 八月一日出席在高雄市召開的第七屆中韓作家會議。
民國七十七年戊辰（一九八八）	六十八歲	元月二日完成《全唐宋詞尋幽探微》（附《墨人詩餘》）全書十六萬字。設於美國深受世界尊重的「國際大學基金會」（The Marguis Giuseppe Scicluna 1855-1907 Intemarional University Foundation）（Founded 1973）授予榮譽文學博士學位。
民國七十八年己巳（一九八九）	六十九歲	臺灣商務印書館出版《全唐宋詞尋幽探微》。 臺北大地出版社三版長篇小說《白雪青山》。 世界大學（World University）授予榮譽文學博士學位。
民國七十九年庚午（一九九〇）	七十歲	五月應大陸黃河文化實業公司邀請，作四十天文學之旅，與北京、上海、杭州、九江、武漢、西安、蘭州等地作家座談中華文化、文學創作，坦誠交換意見，獲得一致共識、真摯友情與尊敬，廣州電視臺並全程錄影，製作專輯播出，六月底返臺後即撰寫《大陸文學之旅》專著。 艾因斯坦國際學院基金會（Albert Einstein 1879-1955 Intemational Academy Foundation）授予榮譽人文學博士學位。 榮列英國劍橋國際傳記中心出版的 IBC Book of Dedications.占全書篇幅五頁，刊登照片五張，介紹五十年創作生涯，十分翔實，篇幅之大，爲全書冠，並禮聘爲 IBC 副總裁。
民國八十年辛未（一九九一）	七十一歲	二月底新生報出版《紅塵》，二十五開本，上、中、下三鉅冊。黎明文化事業公司出版《小園昨夜又東風》散文集。 應香港廣大學院禮聘爲中國文學研究所客座指導教授。 《紅塵》榮獲新聞局著作金鼎獎及嘉新優良著作獎。

民國八十一年壬申（一九九二）	七十二歲	文史哲出版社出版《大陸文學之旅》。 應聘香港廣大學院中研所客座指導教授。 一月五日開筆寫《紅塵續集》，自九十三章起至一百二十章止，共四十萬字，六月十日完稿，《紅塵》全書共一百九十萬字。續集自十二月一日開始在《臺灣新生報・副刊》連載近年，雙破長篇鉅著及連載紀錄。中國廣播公司《中廣小說選播》節目，亦於十二月一日十四時三十分，在AM657千赫第一廣播網開始播出長篇鉅著《紅塵》上、中、下三冊，由戴愛華小姐導播，集該公司播音精英，通力合作，龍老夫人一角由播音元老白銀飾演，其餘人物均爲一時之選，效果奇佳，前所未有。　北京「中國文聯出版公司」出版《也無風雨也無晴》。 墨人故鄉九江《師專學報》，於本年起開闢《墨人研究》專欄，與《陶淵明研究》、《黃山谷研究》，並稱三大專欄，甚受教育、學術界重視。
民國八十二年癸酉（一九九三）	七十三歲	十月下旬，偕《秋水》詩刊同仁涂靜怡、雪柔、麥穗、汪洋萍、風信子、林蔚穎等爲慶祝《秋水》創刊二十周年，訪問哈爾濱、北京、西安三大都市，與當地詩人座談交流，水乳交融，兩岸詩人因而建立深厚友誼。十一月初，隻身訪問昆明、探親，昆明作協主席曉雪、八十多歲老作家李喬、小說家張昆華、《春城晚報》副總編輯熊廷武、副刊主編原因、理論家教授余斌、作家湯世傑、李錦華等集會歡迎，其中多爲白族、彝族等少數民族作家，乃以雲南少數民族文化資源努力創作相勉，深獲共鳴。資深作家彭荊風，晚間並來下榻處暢談。 繼續應聘香港廣大學院中研所客座指導教授三年。 十二月新生報社出版《紅塵續集》，全書共四大冊，其實前後一貫，爲一整體，該報爲方便，乃以《續集》名之。一生心願心血得以完成，在輕、薄、短、小及商品文學獨占市場情況下，亦一大異數。北京「中國文聯出版公司」出版《紅樓夢的寫作技巧》。

民國八十三年甲戌（一九九四）	七十四歲	一月開始研讀自北京購回的《全宋詩》，擬續寫《全宋詩尋幽探微》。 四月十一日接受臺北復興廣播電臺《名人專訪》節目主持人裴雯小姐訪問：談一生寫作歷程及大長篇《紅塵》寫作經過。 臺北《世界論壇報》副社長兼副刊主編詩人評論家周伯乃先生，特自五月三十一日起一連三天出版特刊，慶祝七十晉五誕辰暨創作五十五周年，除刊出〈小傳〉、〈七五人生一首詩〉、〈中國新詩與傳統詩詞的整合〉、〈叩開生命之門〉三篇新作外，並刊出蒙古族女詩人作家薩仁圖婭的〈墨人：屈原風骨中華魂〉，及馬來西亞霹靂州立女子中學校長，詩詞家、散文作家彭士麟女士論《紅塵》與大陸作家作品比較的書信，墨人著作校長，詩詞家、散文作家彭士麟女士論《紅塵》與大陸作家作品比較的書信，墨人著作目錄、美國兩個榮譽文學博士、一個人文學博士照片三張，《紅塵》獲獎照片一張，及周伯乃〈無限的祝禱〉文等。 八月七日，中國時報系的《工商日報．讀書版．大書坊》刊出蓓齡的《紅塵》墨人專訪文章，並配合攝影記者何日昌拍攝的墨人及《紅塵》四冊照片。 大陸廣州暨南大學中文系教授兼臺港暨海外華文文學研究中心主任、評論家潘亞暾，費時月餘撰寫《紅塵續集》論文達一萬餘字的〈偉大史詩的歸結〉，於九月二十一至二十五日在臺北市《世界論壇報．副刊》全文刊出，見解不凡，對《續集》的成功更使他大吃一驚，因此，更肯定《紅塵》的史詩價值、地位。 八月二十八日第十五屆世界詩人大會在臺北召開，僅提出〈中國新詩與傳統詩詞的整合〉論文一篇，並未出席、論文則由《中國詩刊》主編曾美霞女士代讀。
民國八十四年乙亥（一九九五）	七十五歲	一月，臺北文史哲出版社出版《墨人半世紀詩選》（一九四二—一九九四）。 一月十日應臺北廣播電臺《藝文夜話》主持人宋英小姐訪問，許導播秀玲決定十日開播《紅塵》全書四冊，每日廣播兩次。 中國詩歌藝術學會主辦、中國文藝協會協辦，於五月二十二日在臺北市中國文藝協會舉行《墨人世半紀詩選》學術研討會，與會詩人、評論家六十餘人，討論情況熱烈，並印發海峽兩岸評論家王常新、古繼堂、古遠清、李春生、楊允達、周伯乃等十三家論文專集。各家均推崇、肯定新舊詩兩方面的成就與半個多世紀的貢獻。

		英國劍橋國際傳記中心頒贈二十世紀文學傑出成就獎。榮列一九九五年英國劍橋國際傳記中心出版的 The Definitive Book of the Deputy Directors General of the IBC.佔全書篇幅五頁，刊登照片五張，爲全書之冠。
民國八十五年丙子（一九九六）	七十六歲	臺北圓明出版社出版涵蓋儒、釋、道三家思想的散文集《紅塵心語》。卷首有珍貴的文學照片十餘張。 臺北中國詩歌藝術學會出版《十三家論文》論《墨人半世紀詩選》。
民國八十六年丁丑（一九九七）	七十七歲	臺北中天出版社出版與《紅塵心語》爲姊妹集的散文集《年年作客伴寒窗》，各篇亦均以五、七言詩作題，內中作者詩詞亦多，並附錄珍貴文學資料訪問記、特寫、著作目錄等十餘篇。出任「乾坤」詩刊顧問，並主編該刊古典詩詞。 完成《墨人詩詞詩話》、《全宋詩尋幽探微》兩書全文。
民國八十七年戊寅（一九九八）	七十八歲	構思六年的以佛學精義結合修行心得化爲文學創作的長篇小說《娑婆世界》，於三月二十八日開筆，十二月脫稿。共三十八章，五十多萬字。 英國劍橋國際傳記中心（IBC）出版《二十世紀傑出人物》以照片配合文字將墨人傳記刊卷首重要位置，並頒發獎狀。大陸中國國際經濟文化交流促進會、燕京國際文化藝術研究會等七大單位編纂出版的《世界華人文學藝術界名人錄》，中國國際交流出版社出版的《世界名人錄》，均爲十六開巨型中文本。
民國八十八年己卯（一九九九）	七十九歲	本年爲來臺五十周年，創作六十周年，中國習俗八十歲，昭明出版社出版長篇小說《娑婆世界》。 美國傳記學會（ABI）出版二十世紀《五百位有影響力的領袖》，以照片配合文字將墨人傳記刊於卷首重要位置並頒發獎狀。照片及詩詞五首編入中國《當代吟壇》巨著。　美國「世界智庫」與艾因斯坦國際學會基金會」聯合頒贈墨人傑出成就榮譽獎，以紀念千禧年，並榮列中國出版的《中華精英大全》。 美國傳記學會頒贈墨人「二十世紀成就獎」。

民國八十九年庚辰（二〇〇〇）	八十歲	臺北昭明出版社陸續出版定本長篇小說《白雪青山》、《滾滾長江》、《春梅小史》；文學理論《紅樓夢的寫作技巧》，連同民國八十八年出版的長篇小說《娑婆世界》，並列爲墨人一系列代表作品，以慶祝墨人八十整壽。 臺北詩藝文出版社出版《墨人詩詞詩話》。 臺北文史哲出版社出版《全宋詩尋幽探微》。
民國九十年辛巳（二〇〇一）	八十一歲	臺北昭明出版社出版長篇小說定本《紅塵》全書六冊及長篇小說《紫燕》定本。
民國九十一年壬午（二〇〇二）	八十二歲	五月三日偕長子選翰赴上海訪友小住。 英國劍橋國際傳記中心授予「終身成就獎」。
民國九十二年癸未（二〇〇三）	八十三歲	八月底偕夫人及在臺子女四人經上海轉往故鄉九江市掃墓探親並遊廬山。
民國九十三年甲申（二〇〇四）	八十四歲	準備出版全集（經臺北榮民總醫院檢查無任何疾病。）巴黎 you-Feng 書局出版豪華典雅法文本《紅塵》。
民國九十四年乙酉（二〇〇五）	八十五歲	此後五年不遠行，以防交通意外，準備資料。計劃百歲前開筆撰寫新長篇小說。 北京「中央出版社」出版《強國丰碑》，以著名文學家張萬熙爲題刊出墨人傳略，爲臺灣及海外華人作家唯一入選者。並先後接到北京電話、書函邀請寄送資料編入《一代名家》、《中華文化藝術名家名作世界傳播錄》。
民國九十五年丙戌（二〇〇六）至民國一百年（二〇一一）——	八十六歲至九十二歲——	重讀重校全集，已與臺北市文史哲出版社簽訂出版《墨人博士作品全集》合約， 民國一百年年內可以出版。此爲「五四」以來中國大陸與臺灣所未有者。